서울, 공간으로 본 역사

서울,
공간으로 본 역사

장규식

책 머리에

지금부터 8~9년 전쯤의 일로 기억된다. 대학에 학부제가 실시되면서 문학·사학·철학으로 대표되는 인문학은 설 자리를 못 찾아 갈팡질팡 했고, 신문지상에는 '인문학의 위기'란 말이 공공연히 나돌았다. 또 수요자 중심의 교육이 이야기되는 가운데, 역사나 철학을 전공하는 학생들이 취직 잘되는 학과로 전과를 하겠다고 줄을 서기도 했다. 역사 공부를 평생의 업으로 삼고 있는 필자의 입장에서도 인문학 전공자가 그렇게 많을 필요는 없다고 생각한다. 그러나 그렇다고 해서 인문학적 소양마저 철지난 쓸모없는 것쯤으로 치부되어야 할까?

세계는 지금 이른바 굴뚝산업이 경제발전을 좌우하던 산업사회에서 무형의 지식과 정보가 경제발전의 원동력이 되는 지식정보사회로 나아가고 있다. 정보화혁명은 세계를 하나의 지구촌으로 만들며 국민경제시대로부터 세계경제시대로의 전환을 이끌고 있다. 그래서 지구촌 단위의 의사소통 수단으로 영어에 대한 관심이 어느 때보다 높고, 정보통신과 관련된 IT산업이 각광을 받고 있다. 그러나 영어를 아무리 능숙하게 구사하고, 인터넷이 아무리 발달되어 있어도 거기에 실어나를 문화 콘텐츠가 없다면 그것은 결국 속빈 강정이 아닐까?

필자의 '공간으로 본 역사' 탐사는 그러한 문제의식에서 시작되었다. 사회적 요구라는 미명하에 대학사회가 온통 취업 준비기관으로 변질된 속에서 이제는 빛바랜 고전이 되고 말았지만, 자유로운 진리 탐구와 창조적 지성의 연마야말로 '경쟁력' 있는 인재 양성의 요체라는 사실을 고고한 상아탑이 아닌 시장의 논리가 지배하는 일선 현장에서 설파할 필요를 느낀 때문이다. 그래서 '역사 + 공간 = 문화자원'이라는 정식을 세우고, 역사와 공간을 결합시켜 이를 문화자원으로 발굴해 내는 가운데 21세기의 기간산업이라 할 수 있는 문화산업의 수요에 부응하는 응용인문학으로서 역사학의 가능성을 타진해 보았다.

  독일 하이델베르크에 가면 그 곳을 찾는 관광객들이 한 번씩 들르는 오솔길이 하나 있다고 한다. 세계적인 대문호 괴테와 독일 관념철학을 대표하는 철학자 헤겔이 사색하며 산책하던 길이라 해서 '철학자의 길'이라는 이름이 붙은 산책로다. 어디서나 흔히 볼 수 있는 길인데도 사람들이 빼놓지 않고 찾는 것은 거기에 괴테와 헤겔의 자취가 남아 있어서다. 여기서 우리는 요사이 자주 거론되는 문화자원, 문화 콘텐츠의 개발과 관련하여 중요한 시사를 얻는다. 평범한 오솔길에 괴테와 헤겔의 숨결이 있어 문화적인 명소로 되살아나듯, 우리가 늘상 스쳐 지나는 거리의 역사적 현장성, 문화적 공간성을 찾아내 그에 걸맞는 의미를 담아낼 때 그 공간은 소중한 문화자원으로 전혀 새로운 가치를 갖게 된다. 근자에 드라마 '모래시계'의 무대로 명소가 된 정동진과 '겨울연가'로 한류열풍의 기착지가 된 남이섬의 사례가 잘 말해주듯이. 이번에 펴내는 『서울, 공간으로 본 역사』는 그러한 모색의 자그마한 결실이라고 할 수 있다. 서울시립대 국사학과의 정재정·염인호 교수님과 함께 처녀작으로 『서울 근현대 역사기행』을 출간한 게 1998년이니까 6년 농사의 수확인 셈이다.

그동안 필자는 박사학위논문으로 한국 민족주의 사상사·지성사의 흐름과 구도를 밝히는 글을 준비하는 틈틈이 역사공간에 관한 자료가 나올 때마다 그것들을 따로 모아, 서울을 무대로 해서 일어난 역사적 사건의 현장과 문화 공간을 발굴하고 고증하는 작업을 하였다. 또 현장을 실지 답사하며 문화자원으로서 그 공간이 갖는 가치를 검토해 보고, 문화지도와 매뉴얼을 만들어 정리하기도 하였다. '역사공간 발굴하기'[논문], '현장 찾아가기'[답사기], '문화지도 만들기'[문화편람]라고 이름붙인 이 책의 세 마당은 그렇게 해서 만들어졌다.

먼저 첫째 마당은 서울의 역사공간에 관해 쓴 필자의 논문들을 단행본 체제에 맞게 고치고 다시 써서 묶은 것이다. 여기에 실은 「개항기 서울의 개화 개혁운동 공간」(『전농사론』 5, 1999. 3), 「일제하 종로의 민족운동 공간」(『한국근현대사연구』 26, 2003. 9), 「일제하 종로의 문화공간」(『종로시간·장소·사람』, 서울학연구소, 2002. 4) 등 세 편의 논문은 개항기 이래 서울의 역사현장과 문화공간을 발굴 고증하고 역사적 사건 또는 운동과 그 공간 거점 사이의 상관관계를 추적한, 역사공간에 관한 기초적인 조사연구라 할 수 있다.

다음으로 둘째 마당은 연세대에서 발행하는 계간지 『진리 자유』와 인터넷신문 프레시안(pressian.com)에 연재한 '서울 문화유산 답사기'를 다시 손질하여 엮었다. 여기서 필자는 개항후 개화 물결이 넘실대던 거리 정동길을 걸으며 서구문화를 처음 받아들이던 당시의 장면들을 그려보고, 북촌길을 걸으며 대원군 집권에서 3·1운동, 해방후 건국운동에 이르는 한국 근현대 100년의 자취를 되짚어 보았다. 그리고 피마골 풍물기행을 통해 양반 전통과 대비되는 서민들의 생활문화 전통이 오늘의 우리에게 어떻게 이어지고 있는지를 질그릇과 뚝배기를 화두 삼아 살펴보았다.

마지막으로 셋째 마당은 역사공간에 관한 기초 조사와 답사의 결과물을 문화지도와 매뉴얼로 가공하는 과정을 보여주기 위해, 앞서 소책자로 발행한 『종로·북촌 문화산책』(서울YMCA, 2000. 12)을 다시 손질해서 꾸몄다. 책을 엮으면서 독자들이 부담없이 접할 수 있는 답사기를 맨 앞에 놓자는 의견이 있었으나, 역사공간을 소재로 문화자원과 콘텐츠를 개발해 나가는 전체적인 절차를 보다 일목요연하게 보여주고픈 욕심에서 그대로 두었다. 아마도 실제 책을 읽을 때는 둘째 마당의 답사기를 먼저 보고, 첫째 마당으로 거슬러 올라가는 것이 더 효과적이지 않을까 싶다. 서울의 특정 역사·문화공간에 대해 알고 싶은 분들은 이 책 끄트머리의 '찾아보기'를 길라잡이로 활용하기 바란다.

막상 책을 내놓으려고 하니 아쉬운 점 투성이다. 그러나 이나마도 책으로 엮을 수 있게 된 것은 주위 여러분들의 사려깊은 도움과 격려가 있었기 때문이다. 서울학 프로젝트를 통해 역사공간 연구의 발판을 마련해 준 서울시립대 서울학연구소와 국사학과의 이존희·박희현·이우태·정재정·염인호 교수님, 『진리 자유』의 편집 책임을 맡아 원고 독촉을 하느라 꽤나 맘고생을 했을 이황직 박사와 '프레시안'에 고정란을 주며 연재를 주선해 준 정관용 상임편집위원, 그리고 종로·북촌에 관한 문화지도와 매뉴얼을 만드는 데 지원을 아끼지 않은 서울YMCA 시민사회개발부의 신종원 부장과 실무자 여러분들께 감사를 드린다. 필자의 서울학 강의와 답사에 참여한 서울시민대학 수강생 여러분들과 서울교육연수원의 여러 선생님들, 그리고 '프레시안' 독자 여러분들께서 보내주신 분에 넘치는 성원과 격려 또한 이 책을 내는 데 큰 힘이 되었다. 지도와 사진들이 많아 손이 많이 가는 원고를 깔끔한 책으로 만들어 준 도서출판 혜안의 오일주 사장님과 김현숙 선생을 비롯한 편집부 여러분께도 이 자리를 빌어 감사를 드린다.

갑신년 봄, 이국 땅 이타카의 석양을 바라보며

차 례

책 머리에 5

첫째 마당, 역사공간 발굴하기 [논문] 15

개항기 서울의 개화·개혁운동 공간 17
    1. 갑신정변과 북촌 일대 18
    2. 독립협회운동과 정동·서대문밖 일대 25
    3. 자강계몽운동과 거점의 다변화 33

일제하 종로의 민족운동 공간 48
    1. 3·1운동의 진원지 북촌 49
    2. 사회운동의 공간과 조선물산장려회 54
    3. 민족협동전선 신간회와 종로경찰서 62

일제하 종로의 문화공간 68
    1. 종로상가의 경관과 풍물 – 전통과 근대의 엇물림 70
    2. 시민들의 일상과 생존의 이모저모 79
    3. 창조와 배설의 공간 90

둘째 마당, 현장 찾아가기 [답사기] 121

정동 일대의 개화 물결 123

백범과 경교장-통일운동의 상징공간 / 경교장 앞의 4·19혁명기념도서관-민주 화와 민족통일의 이중주 *24*

옛 러시아공사관-'아관파천'의 현장 *133*

예원학교 교정의 미 북장로회 선교본부 / 정신여고의 요람 정동여학교 / 이화여고 심손기념관 자리의 언더우드학당 *136*

손탁호텔 터-독립협회의 산실 *146*

이화학당-한국 여성 신교육의 발상지 / '유관순 신화'와 역사 *151*

정동제일교회 일대의 미 북감리회 선교기지 / 정동제일교회 '문화재 예배당'-우리나라 개신교 예배당의 원형 *158*

배재학당-신문화의 요람지 / 독립신문사 터-신아빌딩 앞 *163*

덕수궁 중명전-'을사조약'이 억지 체결된 장소 *170*

북촌 일대, 개항후 한 세기의 발자취 *176*

북촌 일대의 문화지형 *176*

운현궁-대원군 개혁정치의 산실 : 대원군의 집권과 노안당 / 대원군, 그는 누구인가? / 대원군의 집권, 60년만의 정권교체 / 노락당과 이로당의 사계(四季) / 유물전시관에서 *179*

교동초등학교와 서북학회 회관터 *193*

천도교 중앙총부 일대의 역사 지층 : 갑신정변의 현장, 일본공사관 터와 박영효의 집 / 3·1운동 이후의 '천도교 타운' / 천도교 민족운동의 진앙지 중앙종리원 터 / 중앙대교당과 수운기념관, 조선 민족의 민간 의사당 *199*

현대사옥과 그 주변 : 경우궁과 계동궁 터-갑신정변의 자취 / 현대사옥으로 변한 옛 휘문학교 교정 / 해방직후 건국운동의 현장 *209*

3·1운동의 역사공간 : 계동 김성수의 거처-천도교계와 기독교계의 첫 접촉 / 한용운의 거처-불교계의 민족대표 합류 / 중앙고 숙직실 터와 손병희 집터-3·1운동 거사준비의 시작과 매듭 *220*

헌법재판소 구내의 역사지층 : 개화파의 산실 박규수 집터 / 홍영식의 집터와 광혜원의 개원 / 경기여고와 그 주변 *229*

피마골 풍물기행 240

    질그릇과 뚝배기, 서민 전통문화의 화두 240
    피마병문과 단성사 / 명월관과 선술집들 242
    조선극장과 승동교회 / 자본주의 유흥문화의 유입과 인사동의 바 비너스 / '인사동 전
    통문화 거리'의 산파 계명구락부와 한남서림 250
    이문설렁탕과 피마골의 음식문화 / 청진동 해장국 골목에서 260

셋째 마당, 문화지도 만들기 [문화편람] 267

  종로·북촌 문화산책 269

    1. 종로·북촌의 역사와 문화 269

    2. 종로·북촌 일대의 문화유적지 표지석 272

    3. 종로·북촌 일대의 문화유적과 역사현장 274

        1) 북촌 일대Ⅰ : 가회동, 화동, 소격동, 사간동, 송현동, 안국동 274
        2) 북촌 일대Ⅱ : 재동, 계동, 원서동, 와룡동 279
        3) 종로1가 일대 : 세종로, 중학동, 수송동, 청진동, 서린동 285
        4) 종로2가 일대 : 견지동, 관훈동, 경운동, 공평동, 인사동, 종로2가, 관철동 292
        5) 종로3가 일대 : 운니동, 익선동, 낙원동, 돈의동, 묘동, 관수동 307

    4. 역사와 함께 하는 테마기행 코스 313

    5. 주제별 색인 318

찾아보기 325

종로·북촌 문화지도

첫째 마당,

역사공간 발굴하기
[논문]

개항기 서울의 개화·개혁운동 공간

1876년 '강화도조약'의 체결을 통해 조선은 서구 열강이 주도하는 세계자본주의체제에 발을 들여놓았다. 강화도조약은 만국공법에 입각하여 우리가 외국과 맺은 최초의 근대적 불평등조약으로, 그 제1조의 "조선은 자주국이며 일본과는 평등한 권리를 가진다"는 조항은 알았든 몰랐든 사대교린의 전통적인 중화체제로부터의 탈피를 의미하는 것이었다. 때문에 문명개화와 부국강병을 통해 자주독립의 근대 국민국가를 건설해 나가는 일은 '약육강식'의 변화된 세계질서 속에서 더 이상 선택의 문제일 수가 없었다. 다만 어떠한 내용의 근대국가냐라는 선택만이 있을 뿐이었다. 그러나 현실의 정치과정은 개화냐, 반反개화냐의 대립구도로 흐르고 말았다. 개항기 개화 개혁운동은 바로 이러한 지반 위에서 등장한 근대국가건설운동이었다.

이 글은 개항기 개화 개혁운동의 자취를 정치·경제·사회·문화의 중심지라 할 수 있는 서울의 지리적 공간에 초점을 맞추어 살펴보려는 시도의 하나다. 역사적 사건에 '공간' 개념을 대입해 봄으로써 당대의 역사상을 보다 입체적으로 재구성해 볼 수 있지 않을까 하는 기대에서다. 또한 문화산업의 시대를 맞이하여 민족문화와 역사를 소재로 한 다양한 문화 콘텐츠의 개발을 생각할 때, 역사와 그 공간의 결합이 우리의 문화자원을 새롭게 발굴해 내고 상품화하는 데 중요한 실마리를 제공해 줄 수 있으리라는 기대도 있다. 이에 여기서는 그러한 문제의식에 바탕하여 갑신정변-독립협회운동-자강계몽운동으로 이어지는 개항기 개화 개혁 운동의 공간적 입지와 그 변화 추이가 갖는 역사적 의미에 대해 살펴보고자 한다.

1. 갑신정변과 북촌 일대

우리나라 근대국가건설운동의 불길을 당긴 갑신정변의 주무대는 북촌北村이었다. 경복궁과 창덕궁 사이, 백악과 응봉을 연결하는 산줄기 남쪽 기슭 양지바른 곳에 위치한 북촌은 풍수지리상의 길지성과 궁궐·관청·교육기관과의 근접성으로 인해 예로부터 고위관료들이 모여 살던 곳이었다. 황현이 『매천야록』梅泉野錄에서 "서울의 대로인 종각 이북을 북촌이라 부르는데 노론이 그 곳에 살고 있고, 그 남쪽을 남촌南村이라 부르는데 소론 이하 삼색三色이 섞여 살았다"고 적고 있듯이, 정변 당시 북촌에는 당대의 세도가문인 노론들이 살고 있었다. 아이러니컬하게도 이 같은 기득권 세력의 본거지에서 근대국가를 지향하는 정변이 일어나게 되는데, 그것은 갑신정변의 성격과도 관련하여 중요한 시사점을 던져주는 문제다.

김옥균의 집

갑신정변을 주도한 개화 개혁운동의 선구자 김옥균의 집은 지금의 화동 정독도서관 자리(옛 경기고 남쪽 교정)에 있었다. 『개벽』지 1920년 8월호에 "현 화동 경성고등보통학교 기지는 당년 선생의 주택 소재처라 한다"는 기사가 있고, 『경성京城의 광화光華』(1926)라는 서울 안내책자에도 "경성제일고등보통학교의 부지는 고 김옥균 씨의 집터로, 그 전신은 구

한국시대의 관립 한성중학교이다"라는 기록이 있다.1) 김옥균이 살던 무렵 그의 집은 붉은 언덕에 있다고 하여 홍현댁紅峴宅이라 불렸다고 한다.

그런데 김옥균의 집이 있었다고 하는 경기고 화동 교사에 대해서는 다음과 같이 다소 엇갈리는 회고담도 있다.

> 북악을 등지고 삼청골을 끼고 내리달리면서 도읍을 내려다볼 수 있는 산록에 대지 3천 50여 평이 정지되고 이 곳에 1백여 평의 단층 교사가 건축되었다. 이 곳은 당시 홍현이라고 불리던 곳이었다. 단층 교사는 갑신정변 때 일본을 거쳐 미국으로 망명한 개화파 서재필의 빈집을 개수한 것이었다. '쿠데타' 후 3일천하 만에 망명한 서재필의 집은 정부에 몰수되어 있었다. 워낙 대가집이었던 까닭에 일자一字 행랑채에 방이 여남은 개나 되었던 것으로 기억된다.2)

이 기록은 아마 김옥균을 서재필로 착각한 데서 비롯된 것이 아닌가 싶다. 그러나 김옥균이 『갑신일록』 1884년 12월 4일(음력 10월 17일)조에 "나는 이내 서군 재필의 집에 갔다. 그의 집은 바로 내 집 이웃이다"라고 적고 있고, 『경기90년사』에도 화동 교사가 확장되는 과정에서 서재필의 옛 저택을 편입하였다는 기록이 있어, 한성중학교가 화동 김옥균 집터에 자리잡은 이후 서재필의 집까지 포괄하였다는 것을 추측할 수 있다.3)

박영효의 집

인사동길 동쪽에 위치한 경인미술관은 갑신정변은 물론 갑오개혁 과정에서 그 주역의 하나로 활약했던 금릉위 박영효朴泳孝의 교동 집터로 알려져 있다. 동북쪽에 이웃한 천도교 중앙대교당이 보이는 곳이다. 이와 관련해 이광수는 다음과 같이 적고 있다.

> 박영효 씨는 금릉위요 그의 주택이 궁이기 때문에 숙위宿衛라는 명목으로 사람들이 다수로 출입하더라도 눈에 띄이지 아니하는 편의도 있어서 김옥균, 홍영식, 서광범 등이 교동 금릉위궁錦陵尉宮(김좌근金左根의 구기舊基로서 지금 민영휘 가의 직후直後에 해당하는 곳)에 모여서 밤을 새어가며 연일연야 혁명의 모의를 하였다.[4]

여기서 이광수가 이야기한 곳을 『경성부관내 지적목록』(1917・1927)과 『경성부 지형명세도』(1929)를 통해 확인해 보면 지금의 관훈동 30번지 경인미술관 자리임을 알 수 있다. 일제하 이 집은 민영휘의 서자 민대식의 소유였는데, 그 동남쪽으로 이웃해 있는 경운동 64번지에는 앞서 이광수가 말한 대로 민영휘의 집이 있었다.

그런데 『갑신일록』 12월 1일조에는 "(교동 일본공사관에서) 돌아오는 길에 바로 니동泥洞(진골, 지금의 운니동)에 있는 박군의 집으로 갔다. 여기에는 일찍부터 약속이 있어 여러 장사들이 여기에 모여 있었다"고 하여, 교동 근처 진골에 박군의 집이 있었던 것으로 묘사하고 있다. 그리고 『경성기략』에는 1884년 1월 일본공사관을 짓기 위해 한성 중부 정선방 교동 금릉위궁을 샀는데 면적이 2,177평이었으며, 관립 경성여자고등보통학교(지금의 경기여고)의 일부가 그 터에 해당한다고 적고 있다.[5]

『경성부 명세신지도』(경성일보사, 1914)에 '고등여학교'라고 표시되어 있는 경기여고 교동 교사는 『경성부관내 지적목록』(1917)과 『경성부 지형명세도』(1929)에 국유지로 나와 있는 경운동 90번지 2,900여 평에 이르는 대지(지금의 종로경찰서에서 서울노인복지센터 일대)를 말한다.[6] 그러나 윤효정尹孝定은 갑신정변 당시 교동, 지금의 천도교 중앙대교당 터

(경운동 88)에 일본공사관을 신축하였다고 회고하고 있다.[7] 경기여고 교동 교사에서 남쪽으로 약 50m가량 되는 지점이다.

이러한 기록들을 종합해 볼 때 적어도 1884년 1월까지 박영효가 교동에 살았던 것은 확실해 보이나, 이후의 부분은 분명치 않다. 김옥균이 찾아갔다고 하는 진골 박군의 집이 박영효의 집이었는지, 아니면 그의 큰형 박영교朴泳教의 집이었는지도 불분명하다.

사실 두 차례의 망명과 한 차례의 귀양으로 얼룩진 파란만장한 삶을 살았던 박영효의 처소는 변화무쌍하기 이를 데 없었다. 기록에서 확인되는 집자리만 해도 한둘이 아니다. 앞서의 것 외에도 정변 실패로 가산을 몰수당한 뒤 1894년 일본망명에서 돌아와 복권되었을 때, 민비가 대안동大安洞 민영주閔泳柱의 저택(정독도서관 부지 북편)을 특별히 하사하였다고, 전 일본공사관 서기관 스기무라 후카시는 회고하고 있다.[8] 그리고 1907년 망명에서 재차 돌아왔을 때는 고종이 금 130냥에 민영찬閔泳贊의 집을 사서 하사하였다고 한다.[9] 1911년 『조선신사명감』朝鮮紳士名鑑에는 교동 24통 11호에 거주하는 것으로 나와 있고, 1931년 이광수가 대담할 당시에는 동묘東廟 앞 전차 정거장에서 동대문 방향으로 수십 보 거리에 살고 있었다. 집시귀족이었다고나 할까? 아무튼 그가 살았던 교동 집은 현재 남산골 한옥마을(옛 조선헌병대사령부, 수도방위사령부 터)에 이전 복원되어 있다.

서광범의 집

김옥균의 단짝으로 그와 함께 갑신정변을 주도한 서광범徐光範의 집은 지금의 덕성여고 남쪽 구내에 자리하고 있었다. 『갑신일록』 11월 30일조에 "여러 사람들과 약속하고 동동東洞에 모였다. 그리고 이 자리에서 별궁安洞 別宮에 불을 놓기로 결정했다. 별궁이란 세자의 혼례 때에 행사하는 궁으로 몹시 소중한 곳이다. 이 곳은 또 서군 광범의 집과는 담 하나를 사이에 두고 궁의 후문이 있어 서군의 집마당에서 하수下手할 수가 있기 때문에 그렇게 결정했던 것이다"라는 기록이 이를 잘 말해준다.

 12월 1일조에도 거사에 대한 구체적인 역할분담을 하면서 이인종에게 별궁에 불을 놓는 일을 맡겨 서광범의 집 남쪽 뜰, 즉 별궁 북문으로 어둠을 타 담을 넘어가 별궁 안에 불을 지르는 데 쓸 장작·석유·화약 등을 장치하도록 조치한 내용이 나온다. 『경성부 명세신지도』(1914)에 표시된 안동 별궁의 위치를 지금의 지도와 비교해 보면 대략 풍문여고 자리와 일치한다. 따라서 서광범의 집은 지금의 풍문여고 뒤편 덕성여고 남쪽에 위치하고 있었음을 알 수 있다.

홍영식의 집

 갑신정변의 무대가 되었던 우정국 개국연의 주인공 홍영식洪英植의 집은 지금의 헌법재판소 서북쪽 빈터에 있었다. 정변 후 정부에 압류되어 광혜원廣惠院(제중원濟衆院)으로 사용된 홍영식 집의 위치에 대해 이광린은 "그런데 외아문外衙門에서 마련한 집이란 갑신정변 때 우정국 총판이었던 홍영식의 집이었다. 정변으로 홍영식이 역적으로 몰리게 됨에 그의 집은 흉가가 되어 있었다. 이 집은 외아문 바로 이웃에 있었다. 그러니까 오늘의 서울 재동 창덕여고 본관(이전 경기여고, 지금의 헌법재판소 청사ㅣ인용자 주)이 외아문 자리이고, 그 운동장 서북쪽에 있는 건물이 홍영식 집 자리였다"고 추정하였다.[10] 여기에 따르면 현재 헌법재판소 청사 정면 오른쪽에 있는 '광혜원 터'(홍영식 집터)라는 표지석은 잘못된 것이다. 그 곳은 예전 경기여고-창덕여고 본관 자리로 갑신정변 당시 외아

문이 있던 곳이었기 때문이다.[11]

고종 22년 2월 18일(양력 1885년 4월 3일) 정변 실패 후 몰수한 홍영식의 집에 광혜원을 개원하면서 외아문에서 4대문과 종각에 게시한 「고시문」에도 그 위치를 '북부 재동 외아문 북편의 두 번째 집'이라고 적고 있다.[12] 따라서 홍영식의 집은 헌법재판소 뒤편 재동 백송白松북쪽이라고 보아야 옳다. 스승 박규수朴珪壽가 1869년경부터 살던 집과 담을 맞대고 있었던 것이다. 일찍이 문일평이 「구거유화」舊居遺話라는 글에서 밝혔듯이, 재동 백송은 개화파의 산실이기도 한 박규수 집 사랑채 뒤뜰에 서있던 것이기 때문이다.

이를 『경성부관내 지적목록』(1927)과 『경성부 지형명세도』(1929)에 비추어보면 당시 경성공립여자고등보통학교(현 경기여고) 본관이 위치한 재동 83번지 일대가 1880년대 전반 외아문이 있던 곳에 해당되고, 그 북쪽 재동 35번지 박규수의 백송집 위쪽이 뒤에 광혜원이 된 홍영식의 집에 해당한다. 두 곳은 모두 지적목록에 국유지로 표기되어 있다.

당시 광혜원을 설립하였던 알렌H. N. Allen은 1885년 3월 1일자 일기에서 다음과 같이 그 집안의 정경을 그리고 있다.

> 나는 어제 시간의 일부를 할애하여 병원건물을 검사하고 어지러이 흩어져 있는 가재기물을 정돈하였다. 이 집은 지난 번 갑신정변에서 참살당한 고 홍영식의 저택이다.……그의 집 방바닥은 유혈이 낭자하여 그의 가족들이 이 곳에서 살해되었음을 입증해 주고 있다. 홍영식의 집은 철저하게 약탈된 상태였다. 심지어 문짝·창문·스토브·서류·벽에 걸린 물건까지 노략질해 갔다. 위패 두 개가 있었는데, 신주는 없어졌고 껍데기만 나뒹굴고 있었다.[13]

미국의 해외선교 보고서에도 이와 같은 내용이 나오는데,[14] 정변 이후 홍영식 저택의 운명을 잘 보여주는 기록들이라 할 것이다.

이와 같이 김옥균·박영효·서광범·홍영식 등 갑신정변 4대 주역들의 거처는 그들이 모여 개화사상을 익혔다고 하는 스승 박규수의 재동 백송집을 중심으로 반경 300m 안팎의 권역 안에 들어 있었다. 이러한 입지조건이 갖는 의미에 대해 일찍이 문일평은 다음과 같이 지적한 바 있다.

> 가회동 막바지에……유아한 명원名園이 있으니 이것이 취운정翠雲亭인 바 백악白岳 동봉의 일지맥의 기슭에 속한다. 취운정의 일부인 백록동白鹿洞엔 심상훈의 정자가 있었는데 1884년 갑신에 김옥균 등이 개혁을 꾀할 때 애초 계획의 하나는 이 정자에서 연회를 열고 비상처분하려던 것이 그만 틀어지게 되매 우정국 낙성연에서 거사하게 된 것이다.……백록동 정자는 본래 홍영식의 것으로 그 후 심상훈에게 돌아간 듯하다. 어쨌든 지 이 백록동에서 멀지 아니한 곳에 갑신정변의 4대 영수가 거주하였다는 것도 아울러 고찰할 필요가 있다. 오늘날 제일고보는 김옥균의 집이요, 조금 내려와서 감고당感古堂 앞에 시탄장柴炭場은 서광범의 집이요, 거기서 좀더 가서 재동 여고 부근은 홍영식의 집이요, 그리고 운현궁 앞에는 박영효의 집이니 그들의 집이 가깝기 때문에 서로 모일 기회도 잦았었고 또 이같이 백록동 정자를 이용하려던 것이다.[15]

정변 주역들이 얼마 안 되는 권역 안에 모여 살았기 때문에 모일 기회 또한 잦았다는 지적이다. 우리는 이와 같은 사례를 일본의 메이지유신을 통해서도 확인할 수 있다. 사쓰마 번薩摩藩 가고시마鹿兒島의 가지야 정加治屋町이라는 하급무사 마을이 바로 그러한 경우였다. 70호 정도로 이루어진 조그마한 이 마을은 당시 죠슈 번長州藩과 함께 막부타도 쿠데타를 주도하였던 사쓰마의 번사 사이고 다카모리西鄕隆盛와 오쿠보 도시미치大久保利通를 비롯하여 오야마 이와오大山巖 도고 헤이하치로東鄕平八郎 구로다 기요다카黑田淸隆 야마모토 곤베山本權兵衛 무라타 신파치村田新八 구로키 다메모토黑木爲楨 사이고 쓰구미치西鄕從道 등 메이지 신정부의 수많은 주역들을 배출하였다. 사쓰마 번은 향중교육鄕中敎育이라는 제도를 통해 번사의 자제들에게 양명학과 난학蘭學 등을 가르쳤는데 특히 사쓰마 번에 대한 충군애국주의를 강조하였다고 한다. 말하자면 사이고와 오쿠보는 어려서부터 같은 마을에서 이 같은 교육을 받고 자라나 유신극의 주역으로까지 떠올랐던 것이다.[16]

그런데 여기서 또 하나 주목할 점은 노론 기득권 세력의 본거지로서 북촌이라는 입지가 갖고 있는 사회적 규정성이다. 김옥균은 안동김씨 세도가문 출신이었고, 박영효는 철종의 부마로 정1품 금릉위에 봉해진 인물이었으며, 홍영식은 영의정 홍순목의 아들이었다. 서광범 또한 5대에 걸쳐 각신閣臣을 배출한 소론 명문의 후예였다. 신채호가 「조선혁명선언」에서 갑신정변을 "특수세력이 특수세력과 싸우던 궁중 일시의 활극"이라고 비판한 까닭이 바로 여기에 있었다. 그들 모두는 명문 양반가의 영민한 자제들로서 국정혁신의 사명감에 불타고 있었다. 그러나 '민중의 힘'을 시야에 넣기에는 그들이 가진 북촌 엘리트 의식의 벽이 너무 높았다. 결국 민중의 지지와 참여가 없는, 소수 개화 엘리트들만의 개혁은 '3일간의 꿈'으로 끝을 맺을 수밖에 없었다.

2. 독립협회운동과 정동·서대문밖 일대

정동貞洞 일대는 갑신정변 당시의 북촌에 이어 대한제국의 성립을 전후한 시기 개화 개혁운동의 진원지로 새롭게 부상한 지역이었다. 당시 정동에는 신식학교와 개신교회, 미국·영국·프랑스·러시아 등 서구 열강의 공사관이 밀집해 있었다.

개항통상 이후 서구문물의 수용은 인천-양화진-서대문을 거쳐 서울 도성에 이르는 루트가 주로 이용되었다. 양화진은 이 때 서구인들이 서울로 들어오는 관문이었다.[17] 현재 절두산 천주교 순교자기념관 서북편에 남아 있는 양화진 외국인묘지는 그 부산물이라고 할 수 있다. 그 시절 정동은 서구문화 유입루트의 정점으로서 미국을 비롯한 구미 각국의 외교공관과 선교사들의 거류지가 형성되어 있었다. 서구문물·사람들과의 직접적인 교류가 가능한, 서구풍이 물씬 풍기는 공간이었던 것이다. 대한제국의 성립을 전후하여 이 곳이 개화 개혁운동의 새로운 거점으로 부상한 것은 중국이나 일본을 통해 간접적으로 서구문물을 수용하던 종래와 달리, 이 공간을 통해 직접적인 문화교류가 가능하게 되었다는 사실과도 무관치 않았다.

정동구락부의 결성

정동이 개화 개혁운동의 주요 거점으로 부각된 계기는 정동구락부貞洞俱樂部의 결성에서 비롯된다. 정동구락부는 독립협회의 모체로서 주목을 받는 단체다. 서재필이 독립문과 독립공원의 건설을 구상하면서 정동구락부 계열의 인사들과 손을 잡고 발기한 단체가 바로 독립협회였기 때문이다. 문일평은 1934년 『조선일보』 지상에 「대미관계오십년사」를 연재하면서 정동구락부에 대해 다음과 같이 적고 있다.

당시 사교의 목적으로 조직된 정동구락부가 생기매 씰John M. B. Sill 공사는 그 부원 중의 유력한 1인이었다. 부원을 대별하여 외국인과 조선인으로 볼 때 전자의 저명한 분은 기술한 미 공사 씰 씨를 비롯하여 불 영사 플란씨Collin de Plancy와 조선정부의 고문으로 초빙된 두 미국인인 다이

William McEntyre Dye와 이선득Charles W. Legendre이었으며, 또 두 미국선교사인 원두우Horace G. Underwood와 아편설라Henry G. Appenzeller이었었고, 조선 측에 현저한 분은 민영환 윤치호 이상재와 미국으로부터 새로 귀국한 서재필과 및 이완용 등이었었다. 그런데 이 정동구락부가 나중에 가서는 경성 외교계의 중요한 기관이 되어 궁정과 기맥을 통하여 종종의 획책을 꾀하였는데, 그 중에도 가장 큰 문제는 명성후의 뜻을 받자와 조선을 중립국으로 만들자고 하던 것이다.……이 구락부에는 미국인이 아니면 미국계의 인물이 가장 다수요 또 핵심적 세력이었던 것은 부인할 수 없는 사실이었었다.

정동구락부가 결성된 시기는 『도쿄아사히 신문』東京朝日新聞 1895년 6월 29일자의 "이 파(이채연 이완용 서광범 윤치호 등 영어파)는 대부분이 러·영·미 제국 공사와 친근해서 이번에 위의 각국 공사관원과 협동하여 정동구락부(정동은 서양인의 거주지다)라는 것을 조직하려고 계획중"이라는 기사로 미루어 대략 1895년 6월 무렵이었을 것으로 추정된다.[18] 이 때 모임장소로 주로 이용되었던 곳이 당시 구미 출신 외국인들의 사교장이었던 정동 소재 손탁의 사저였다. 그 장소는 지금의 정동 29번지로 확인되는데, 이화여고 동문안 '손탁호텔 터'라는 표지석이 서 있는 자리다.

독립협회·독립신문과 정동

독립협회는 1896년 7월 2일 예전 중추원 건물인 외부外部(세종로 동편 현 문화관광부 청사 자리) 건물을 빌어 창립총회를 개최하고 정식으로 발족하였다. 당초 독립협회는 독립문·독립공원·독립관의 건립을 목적으로 발족한 단체였다. 그런데 독립협회는 1897년 5월 독립관의 개수가 끝나기 전까지 일정한 사무실이 없었다. 1896년 11월 9일 독립문 정초식 일자(1896. 11. 21)를 정하기 위해 한성부 청사에서 회합한 기록 등이

이를 뒷받침해 준다.[19]

독립협회 창립 직후인 『독립신문』 7월 4일자 「논설」에 독립문 건립기금을 "대정동 조선은행소에 있는 안경수 씨에게로 보내면 안경수 씨가 신문사로 보조금 낸 사람의 이름과 돈 수효를 기별하여 매일 광고할 터이요"라는 기록이 나오고, 『대조선독립협회회보』 제1호(1896. 11. 30)에도 「독립협회 윤고輪告」라 하여 같은 내용이 실려 있는 것으로 보아, 회장인 안경수의 정동 조선은행 사무소가 그 연락처로 이용되었던 것 같다. 그러나 일상적인 모임 장소로는 정동구락부 시절과 마찬가지로 손탁의 저택이 주로 이용되었던 것으로 보인다.

갑오개혁 이후 방치되어 있던 모화관의 개수를 끝내고 1897년 5월 23일 왕태자가 한글로 친서한 '독립관'의 현판식을 거행한 이후 독립협회는 그 곳을 사무실 겸 집회장소로 사용하였다. 1897년 11월 서대문밖 영은문 자리에 독립문이 건립된 직후 인왕산 방향에서 찍은 사진자료를 보면, 아무것도 없는 거리에 독립문이 서 있고, 안쪽으로 조금 떨어진 위치에 영은문의 기둥받침이 있으며, 그 오른쪽으로 독립관이 자리잡고 있다.[20]

독립협회의 독립관 입주는 독립협회가 대중적 단체로 면모를 일신하는데 중요한 계기가 되었는데, 그 시발점을 이룬 것이 바로 토론회였다. 1897년 8월 29일 첫 모임을 가진 이후 토론회는 학생 시민들의 커다란 호응 속에 회를 거듭하며 성황을 이루었다. 그에 따라 독립협회는 종래의 친목단체에서 계몽단체·민중기관으로 자리를 잡아 나갔고, 협회의 주도권 또한 이전의 고위관료들로부터 소장 신진파에게로 넘어갔다. 이러한 독립협회의 변모에 대해 당시 회장을 역임하였던 윤치호는 '국민국가의 새로운 발견'이라고 해서 다음과 같이 평가하였다.

이 사이 약 1개년(1898년)은 곧 독립협회의 전성시대라. 회체會體로 보면 아직 단체적 훈련이 없던 때이니까 백사百事가 유치하였으나 이것이 비로소 '국가'라는 관념을 민중에 고취하던 '국가의 신발견'이었으며 '독립자주' 4자를 외교문서상에만 그치지 않고 국민의 머리로 옮겨오던 시초이던 것이니 차제로 국중國中이 향응하여 일대세력이 되려 하였었다.[21]

당시 독립협회 안에는 서재필·윤치호 등 독립신문 계열, 남궁억 등 황성신문 계열, 갑신·갑오 개화파의 직계라 할 수 있는 안경수 계열로 대별되는 세 부류의 세력이 존재하였다.[22]

먼저 독립신문 계열은 신지식층이 중심을 이루는 가운데, 종래 개화파의 외세의존적 급진노선을 비판하고, 사회진화론을 받아들여 혁명이나 비약이 아닌 꾸준한 진화를 통한 개화 개혁을 추구하였다. 그들은 자주국권의 상징으로 황제권을 높이고, 민중을 계도하여 개화자강의 편에 서게 함과 아울러, 황제와 개화세력이 화합하여 '우매한' 민중도 수긍할 수 있는 점진적인 자주개혁을 추진하려 하였다.

이들은 당시 구미파의 본거지라 할 수 있는 정동을 주요 거점으로 하고 있었다. 당시 정동에는 독립신문사의 사옥은 물론 배재학당·이화학당·정동교회 등 신식학교와 교회들이 밀집해 있었다. 『독립신문』의 인쇄도 처음에는 헐버트Homer B. Hulbert가 책임자로 있던 배재학당 산업부 부설 삼문출판사三文出版社, Trilingual Press에서 하다가, 뒤에 독자적인 인쇄시설을 구입하여 사용했다고 한다.[23]

『독립신문』은 한글전용과 띄어쓰기를 통해 일반 민중과 부녀층까지 독자로 확보할 수 있었으며, 문명개화·자주독립·교육진흥·법치주의 등에 대한 논설을 통해 민중계몽은 물론 특히 도시 상인층을 중심으로 개화 여론을 조성하는 데 많은 역할을 하였다. 또한 한글판 신문의 편집 제작을 전담하다시피 했던 주시경을 중심으로, 1896년 5월부터 신문사 내에 '국문동식회'國文同式會를 조직하여 국문법에 대한 공동연구를 시작함으로써 한글운동의 기틀을 다지기도 하였다.

황성신문사와 그 공간

다음으로 황성신문 계열은 개화 개혁의 당위성에 대해 공감하고 있던 개명된 유학자들과 중인층이 중심을 이루고 있었다. 그들은 특히 이용후생·부국강병·실사구시의 실학적 전통을 발견하고, 거기에서 전통과 근대화의 접점을 찾으려 하였다.

『황성신문』은 순한글로 발간된 『독립신문』과 달리 중류 이상의 지식층, 즉 한학적 소양을 갖춘 개신유학자층을 대상으로 하여 국한문 혼용으로 간행된 데 특징이 있었다. 『황성신문』은 순한글 신문인 『경성신문』 -『대한황성신문』을 인수하여 1898년 9월 5일 창간되었다. 『황성신문』의 전신인 『경성신문』은 상무商務에 도움을 준다는 것을 기치로 내걸고 1898년 3월 2일 창간되었는데, 사무실은 사장인 전 협판 윤치호의 전동典洞 집(견지동 68번지, 현 신한은행 종로지점)에 있었다. 4월 6일 『경성신문』은 『대한황성신문』으로 제호를 바꾸고 주식회사제를 채택하여 운영하였다. 이 때 판권도 이상재·남궁억 등에게로 넘어간 것으로 보인다.

대한황성신문은 1898년 6월 무렵 사옥을 전 우순청右巡廳(순무사巡撫使의 임시군영, 지금의 광화문 네거리 기념비전 자리)으로 옮겼다.24) 그리고 9월 6일 장지연을 주필로 하여(사장 남궁억) 국한문 혼용의 『황성신문』으로 면모를 일신하였다. 1902년 9월 우순청 자리에 고종즉위 40년 칭경기념비전稱慶 紀念碑殿이 세워지게 됨에 따라 황성신문은 9월 11일 부득이

정간을 하고, 지금의 소공동 조선호텔 부근南署 會賢坊 大公洞 前紅箭門內 北邊 2谷 內 27統 10戶으로 이전하여 10월 21일부터 속간하였다. 그리고 1904년 5월 고종황제가 중서中署 수진방壽進坊 소재 전 관리서管理署(제용감濟用監 자리, 현 국세청 본청) 건물을 하사함에 따라 셋집살이를 청산하고 5월 27일부터 그 곳에서 신문을 간행하였다. 그러나 얼마 안 되어 그 자리에 정부에서 새로 설립한 농상공학교 교사가 들어서게 되자 고종의 하사금으로 종로 보신각 서쪽, 현 영풍문고 자리의 건물을 매입하여 8월 6일 이사를 하였다. 정확한 주소는 중서 종로 백목전白木廛 후곡後谷(전 면주전 도가綿紬廛 都家)20통 2호로, 1904년 8월 8일부터 1910년 '한일합병'으로 폐간당할 때까지 6년간 이 곳에서 신문을 발행하였다.[25]

독립협회운동은 이들 독립신문 계열의 점진적 개화노선과 황성신문 계열의 신구절충론에 의해 주도되었다. 1898년 10월 29일 관민공동회官民共同會에서 채택한 '헌의 6조'에 잘 나타나 있듯이, 그들은 외국에 기대지 않고 관민이 동심합력同心合力하여 전제황권을 견고히 하는 가운데, 조약 체결·재정운영·법집행·관료임명 등에서 황제권의 무제한적 남용을 막고 황제와 개혁세력의 화합을 통해 점진적인 개화 개혁을 이루려 하였다.[26]

배재학당 협성회

독립협회운동 당시 개혁운동의 선봉대로 활약하였던 협성회는 서재필의 지도 아래 1896년 11월 30일 정동 배재학당 안에 조직된 학생단체였다. 서재필은 1896년 5월 교장 아펜젤러H. G. Appenzeller의 요청으로 배재학당에서 1년여 동안 특별 연속강의를 하였다. 이 때 그는 학생들에게 토론회를 열도록 주선하여 그 결과 협성회라는 토론회가 조직되기에 이르렀다. 이에 대해 『독립신문』 1896년 12월 1일자 「잡보」에서는 다음과 같이 기술하고 있다.

> 배재학당 학도들이 학원중에서 협성회를 모아 일주일에 한 번씩 모여 의회원 규칙을 공부하고 각색 문제를 내어 학원들이 연설공부들을 한다니 우리는 듣기에 너무 즐겁고, 이 사람들이 의회원 규칙과 연설하는 학문을 공부하여 조선 후생들에게 선생들이 되어 만사를 규칙이 있게 의논하며, 중의를 좇아 일을 처리하는 학문들을 퍼지게 하기를 바라노라.

이후 협성회는 1898년 3월 중순까지 42회에 걸쳐 매주 토요일 오후 2시 배재학당에서 토론회를 개최하였다. 토론회의 방청은 완전히 개방하여 방청원 가운데 회원이 되고자 할 때에는 배재학당 학도와 학원은 회원으로, 그 밖의 사람들은 찬성원으로 입회시켰다. 회원은 찬성원까지 합쳐 1898년 2월 현재 약 300명에 달하였는데, 양홍묵·노병선·이승만·주상호(시경)·오긍선·민찬호·최재학·신흥우 등이 회원으로 참여하였으며, 안창호도 찬성원으로 여기를 거쳐 갔다. 협성회는 토론회가 성공을 거두자 1898년 1월 1일부터 주간으로 『협성회회보』를 창간하였다. 회보는 제14호(1898. 4. 2)를 마지막으로 4월 9일부터 『매일신보』란 이름의 일간으로 발전하였다.[27]

우리나라 근대 학생운동 제1세대의 산실로서 협성회의 토론회는 독립협회운동에 자극을 주어 독립협회가 민중기관으로 발전할 수 있는 계기를 제공하였고, 그 지도력들은 만민공동회운동 당시 개혁운동의 일선 선봉대로 중요한 역할을 하였다. 이승만·안창호를 비롯한 소장 개혁운동가들이 민족운동의 지도력으로 부각된 것도 이 과정에서였다.

이와 같이 정동·서대문밖 일대가 대한제국기 개화 개혁운동의 새로운 거점으로 부각될 수 있었던 것은 독립협회운동을 통해서였다. 독립협회 운동은 우리의 개화 개혁운동 과정에서 대중참여의 새로운 장을 연 운동이었다. 독립협회는 열강의 이권침탈과 내정간섭에 대한 반대운동을 통해 민족공동체의 주체성을 일깨웠고, 토론회와 의회개설운동을 통해 민중의 언로를 터주면서 '우리' 라는 민족적 동질의식을 이끌어 내었다. 또한 자주독립의 상징물로서 독립문의 건립, 개국기원절과 만수성절萬壽聖節(고종탄신기념일) 경축행사의 개최, '독립협회 충군애국' 을 새긴 회원용 배지의 배부, 태극기의 게양과 애국가의 보급 등 다양한 형태의 '충군애국' 의 상징조작을 통해 대중적 차원에서 애국심과 민족적 자부심을 고취하였다.

이와 관련해서는 정동 · 서대문밖 일대의 입지가 갖는 의미 또한 다시금 되새겨질 필요가 있다. 앞서 언급했듯이 서대문-정동은 서구문화와의 직접적인 교류를 가능케 했던 통로였으며, 도성밖 독립관을 거점으로 한 대중집회의 개최는 개화 개혁운동의 대중화, '국민국가의 새로운 발견' 과정과 잇닿아 있었기 때문이다.

3. 자강계몽운동과 거점의 다변화

러일전쟁 이후 일제의 주권침탈이 본격화하는 가운데, 국권회복을 목표로 하는 자강계몽운동이 독립협회 이래 개화 개혁운동의 연장선상에서 개신유학자층과 신지식층을 중심으로 활발하게 전개되었다. 그들은 우리가 일제에 주권을 침탈당한 것은 기본적으로 나라의 힘이 부족해서라는 전제하에, 정치 · 교육 · 산업의 진흥을 통해 실력을 양성하고 부국강병을 달성하여 국권을 회복해 나갈 것을 주창하였다. 이 시기 자강계몽운동은 정치·사회단체의 조직, 학회의 설립과 신교육의 보급, 언론계몽운동, 식산흥업운동과 국채보상운동, 국학운동과 신종교운동 등 다방면에 걸쳐 전개되었다. 따라서 그 거점 또한 다양하게 바뀌지 않을 수 없었다.

대한자강회와 대한협회

이 시기 자강계몽운동 가운데 가장 조직적으로 이루어진 것은 대한자강회와 대한협회를 비롯한 정치·사회단체의 활동이었다. 대한자강회는 교육과 산업을 일으킴으로써 민중을 깨우치고 국력을 기르는 것을 목적으로 1906년 4월에 조직된 단체였다. 발기인으로는 장지연 심의성 윤효정 임진수 김상범 등이 참여하였으며, 회장에는 독립협회의 회장을 역임한 윤치호가 추대되었다. 발기 당시에는 원동園洞윤효정의 집(지금의 낙원상가 부근)을 임시사무소로 사용하다가, 5월 12일 회장인 윤치호의 집 근처인 전동 9통 2호 입전도가立廛都家를 사무소 겸 회관으로 임차하여 내부수리를 마친 뒤 5월 18일 이전하였다.[28] 그리고 7월부터는 『대한자강회월보』를 간행하였다. 『월보』는 처음에 하한동下漢洞(탑골공원 동편, 지금의 돈의동) 제국신문사 내에 사무소를 두었으나, 제5호(1906. 11)부터 전동 대한자강회 사무소 내로 인계하였다.[29] 이후 제13호(1907. 7)를 끝으로 폐간당할 때까지 이 주소가 발행소로 나와 있는 것으로 보아, 전동 입전도가 건물을 사무소 겸 회관으로 줄곧 사용하였음을 알 수 있다.

대한협회는 대한자강회가 고종황제의 양위와 정미 7조약 강제 체결에 반대하였다가 1907년 8월 해산당한 이후 자강회의 사업을 계승하여 정치·교육·산업의 진흥을 내걸고 그 해 11월 설립되었다. 대한협회는 12월 14일 관인구락부에서 제3회 총회를 열어 회장에 남궁억을 추대하고 사무소를 탑동 32통 1호(탑골공원 동문밖)로 정하였다.[30] 1908년 4월부터는 『대한협회회보』를 월간으로 발행하였는데, 종간호인 제12호(1909. 3)에도 발행소가 같은 주소로 나와 있는 것으로 보아, 탑동 건물을 줄곧 사무소로 사용하였음을 알 수 있다.

대한자강회와 대한협회는 전국에 지회까지 갖추고 계몽활동을 벌여 나갔는데, 이는 개화 개혁운동의 거점이 다변화해 가는 것을 보여주는 중요한 지표였다. 대한자강회의 경우 전국 25개 도시에 지회를 설치하고 정기적으로 연설회 등을 개최하였으며, 대한협회의 경우는 전국 60여 개 지회에 회원이 수만 명에 이르렀다. 대한자강회와 대한협회의 지회들을 도별로 정리해 보면 다음과 같다.[31]

경기 : 개성(협) 수원(자) 인천(자) 장단(협) 남양(자) 포천(협) 가평(협)
충남 : 홍주(협) 은진(협) 정산(협) 부여(협) 직산(자 · 협)
전북 : 전주(협) 남원(협) 고부(협) 김제(협) 태인(협) 여산(자) 금구(협) 함열(협) 부안(협) 순창(협) 임실(협) 만경(협) 고산(협) 군산(협) 정읍(협) 장수(협) 흥덕(협) 고창(협) 무장(협)
전남 : 광주(협) 제주(자 · 협) 목포(협) 남평(협) 지도(협) 정의(협)
경북 : 경주(협) 대구(협) 성주(협) 영천(협) 안동(협) 김천(협) 선산(협) 청도(자) 인동(협) 칠곡(협) 자인(협) 고령(자)
경남 : 동래(자 · 협) 진주(협) 김해(자 · 협) 밀양(협) 창원(협) 하동(협) 합천(협) 함안(협) 칠원(협) 남해(협)
황해 : 해주(자 · 협) 곡산(협) 재령(협)
평남 : 평양(자 · 협) 삼화(자 · 협) 영유(자 · 협) 강서(자) 증산(자)
평북 : 의주(자 · 협) 정주(자 · 협) 영변(자) 선천(협) 창성(자 · 협) 귀성(협) 용천(협) 철산(자 · 협) 운산(자 · 협) 태천(협)
함남 : 덕원(원산 : 자 · 협) 함흥(협) 단천(자 · 협) 영흥(자 · 협) 북청(협) 이원(협)

흥원(협)
　함북 : 길주(협) 성진(자) 경성(협)
　* 자 : 대한자강회, 협 : 대한협회

신민회의 활동반경

　대한제국 말기 자강계몽운동 단체 가운데 특기할만한 것은 "아한我韓의 부패한 사상과 관습을 혁신하여 국민을 유신케 하며, 쇠퇴한 발육과 산업을 개량하여 사업을 유신케 하며, 유신한 국민이 통일연합하여 유신한 자유문명국을 성립케 함"[32]을 목적으로 조직된 비밀결사 신민회였다. 3·1운동 이후 출범한 대한민국임시정부의 모체로서 신민회는 안창호의 주도하에 양기탁·신채호 등 대한매일신보 계열, 전덕기·이동녕 등 상동청년회 계열, 이승훈 등 서북지방 신흥상공인세력, 이동휘 등 무관출신, 안창호 등 미주 공립협회 계열을 망라한 가운데 1907년 발족하였다. 조직으로는 중앙에 총감독(양기탁)·총서기(이동녕)·재무(전덕기)와 의사원을, 각 도와 군에 총감과 군감을 두었다.

　더불어 신민회는 표면단체로 교육을 위해 대성학교를, 청년들의 인격 수양을 위해 청년학우회를, 서적의 출판과 판매를 위해 태극서관을, 산업진흥을 위해 마산동 자기회사를 설립하였는데, 그 중심거점이 모두 평양이 었다는 점에서 눈길을 끈다. 회원 역시 평안도와 황해도의 기독교인·상공업자·신지식층이 다수를 차지하였다.[33] 대한제국기 국권회복 운동은 물론 일제하 민족운동 과정에서 나타나는 기호畿湖와 서북西北의 양립구도가 여기서부터 나타나고 있었던 것이다.

　한편 당시 서울에 있었던 신민회의 거점으로는 신민회의 기관지 역할을 한 『대한매일신보』, 회원들의 아지트로 이용되었던 상동교회, 청년학우회의 기관지 역할을 한 월간잡지 『소년』 등이 있었다.

대한매일신보

『대한매일신보』大韓每日申報는 러일전쟁이 한창이던 1904년 7월 18일 영국인 신문기자 베델을 발행인 겸 편집인으로 하고, 고종의 영어통역관으로 있던 양기탁을 총무로 하여 창간된 이 시기의 대표적인 항일 민족언론이었다. 서사옥의 위치와 관련하여 창간 당시 『대한매일신보』에는 발행소를 박동礡洞(지금 수송동) '법어法語학교(프랑스어 학교) 앞 영국인 셜필립薛弼林, A. B. Stripling의 집자리'라고 적고 있다. 그런데 『독립신문』에 법어학교가 아어俄語학교(러시아어 학교)와 함께 1895년 5월 4일 박동 예전 육영공원 자리로 이전하였다는 기사가 나오고, 『황성신문』에 러일전쟁후 전 아어학교를 보성학교 설립장소로 학부에서 승인하였다는 기사가 있는 것으로 미루어[34] 법어학교의 위치는 당초 보성학교가 있었던 지금의 조계사 부근으로 추정된다.

따라서 대한매일신보 창간사옥은 조계사 맞은편 예전 중동고 부지, 지금의 연합통신 근처에 있었을 것으로 추정된다. 스트립플링은 1883년 6월 묄렌도르프를 따라와 처음에는 해관海關에서 일하다가 갑오개혁 이후 경무고문으로 근무하던 중 1904년 3월 세상을 떠났다.[35] 대한매일신보가 창간되기 4개월 전이니까 당시 그의 집은 빈집이었던 것이다.

당초 『대한매일신보』는 국문 2면, 영문 4면으로 발행되었으나, 1905년 8월 11일부터는 국한문혼용판과 영문판을 분리하여 발행하고 제자題字도 '大韓每日申報'라고 한문으로 고쳤다. 박은식·신채호 같은 한학자들이 논설위원으로 참여한 것도 이 때부터였다. 이후 사업을 확장하여 1906년 8월 서적인쇄소를 따로 설치하여 서적을 간행하기도 하였다. 사업의 확장과 더불어 대한매일신보는 1907년 1월 5일 지금의 프레지던트 호텔 부근으로 사옥을 이전하였다.36) 그리고 1907년 5월 30일부터는 국한문판을 이해하지 못하는 독자들을 의식하여 국한문판·영문판·순한글판 등 세 종류의 신문을 발행하였다. 발행부수도 1만 부를 헤아리기에 이르렀다. 이 무렵부터 대한매일신보는 비밀결사 신민회의 기관지 역할까지 담당하면서 민족언론으로서 확고히 자리매김하게 된다.

상동청년회

　대한제국기의 대표적인 평민교회로 이른바 '상동파' 청년지사들의 거점이었던 상동교회는 남대문시장 앞 새로나백화점 자리에 있었다. 1973년 옛 교회 건물을 헐고 1977년 새 건물을 건립하여 그 곳에 새로나백화점이 들어섬에 따라 현재 교회는 그 건물의 7, 8층을 사용하고 있다.
　상동교회는 의료선교사로 서울에 온 스크랜튼W. B. Scranton, 施蘭敦(이화학당 설립자 스크랜튼 대부인의 아들)이 1889년 남대문 근처 지금의 교회 자리를 사들여 약국과 병원을 차리고 의료선교를 시작한 데서 출발하였다. 당시 상동의 병원은 벽돌건물 한 동과 한옥 몇 채로 이루어져 있었다고 하는데, 의료사업 외에도 주일마다 특별집회가 열리는 등 병원교회로서의 모습 또한 갖추고 있었다. 이 병원교회가 1893년 스크랜튼을 담임목사로 하여 감리교 정식구역으로 인정받고, 정동에 있던 시병원施病院(스크랜튼의 이름을 따서 그렇게 불렀다)까지 합류함에 따라 교회는 병원과 분리되어 그 건너편 달성궁(지금의 한국은행 자리) 안에 있는 큰 한옥으로 옮겨 갔다. 그리고 시병원이 제중원에 흡수된 뒤, 현재의 자리에 신식 벽돌예배당을 짓고 1901년 6월 다시 이전하였다. 교회이름도 달성궁 안에 있을 때 달성교회라 불리던 것이 예배당 건축에 4천 불을 기부

한 미드의 이름을 따 미드 기념 상동교회로 바뀌었다.[37]

상동교회가 민족운동의 표면에 모습을 드러낸 것은 1897년 9월 교회 안에 엡윗청년회(감리교청년회)가 창립되면서부터였다. 전덕기를 비롯해 44명의 청년회원으로 출발한 상동청년회는 우리 나라에서 최초로 조직된 엡윗청년회였다. 상동청년회는 이후 을사조약 반대투쟁을 주도하며 교회 울타리를 넘어 '상동파'라 불리는 애국지사들의 거점으로 자리잡아 나갔다.[38] 최남선의 회고에 따르면, 당시 상동교회 뒷방에서는 전덕기 목사를 비롯해 이회영·이준 등 우국지사들이 수시로 모여 국사를 도모했다고 한다. 헤이그 특사파견 문제 역시 여기서 논의되었다. 안창호가 귀국한 지 2개월 만인 1907년 4월 무렵 신민회를 조직할 수 있었던 것도 '상동파'와 같은 모임이 뒷받침되어서였다.

신문관과 조선광문회

신민회 표면단체 청년학우회의 기관지 『소년』을 발행하던 신문관新文館은 최남선이 설립한 출판사였다. 최남선이 신문관을 창설한 것은 두 번째 일본 유학에서 돌아온 뒤인 1907년 여름이었다. 이 때 그는 일본에서 인쇄시설과 일본인 인쇄기술자 2명을 대동하고 돌아와 인쇄소 겸 출판사로 신문관을 설립하였다. 장소는 지금의 을지로 2가 2번지, 중소기업은행 본점 뒷골목에 위치한 자신의 집이었다. 맞배지붕의 2층 목조건물이었는데, 1969년에 헐려 지금은 그 모습을 찾을 길이 없다. 아무튼 여기에 간판을 내걸고 처음으로 낸 잡지가 바로 『소년』이었다.

1908년 11월 월간잡지 『소년』이 창간되자 『대한매일신보』는 「소년의 입지立志」라는 논설(1908. 11. 22)에서 소년들에게 '신국가와 신민족을 조造할 입지'를 세울 것을 당부하고 그 창간을 축하하였는데, 신민회와 『소년」지 사이의 관계를 잘 보여주는 대목이라 할 수 있다. 1909년 9월 청년학우회가 설립되면서 『소년』지는 공공연히 그 기관지임을 표방하고, 이후 정기적으로 「청년학우회보」를 실었다. 『소년』지가 1911년 5월 '105인 사건'을 전후하여 폐간된 것도 잡지의 이러한 성격때문이었다.[39]

최남선 등이 중심이 되어 조선 고전의 보존과 간행을 목적으로 1910년 10월 조직한 조선광문회朝鮮光文會 역시 신민회의 외곽 출판사업으로 주목할 만한 존재였다. 신문관과 마찬가지로 최남선의 집에 간판을 내건 조선광문회는 회원제로 운영되었는데, 박은식·유근 등을 고문에 추대하고 최남선 자신이 주간을 맡아 사무를 총괄하였다. 이 곳에서는 『동국통감』『열하일기』 등의 고전을 간행하는 한편, 주시경에게 위촉하여 조선어사전 편찬사업을 추진하기도 하였다. '105인 사건' 이후에도 조선광문회는 최남선의 개인사업으로 3·1운동 직전까지 명맥을 유지하면서 국내에 남아 있던 뜻있는 학자·지사들의 사랑방이자 토론마당으로서 중요한 역할을 담당하였다. 조선광문회와 신문관이 1910년대 한국 지성계의 '양산박' 또는 '아카데미아'로 평가받는 까닭이 여기에 있었다.[40]

서북학회와 서북협성학교

대한제국 말기 자강계몽운동 가운데서도 주종을 이룬 것은 신교육운동이었다. 교육구국운동은 을사조약 이후 서울에서 활동하던 지방출신 인사들에 의해 지방단위 학회가 조직되고 전국 각지에 사립학교 설립붐이 일면서 본격화하였는데, 서북학회와 기호흥학회는 그 대표적인 단체였다.

서북학회는 평안도·황해도 출신 인사들에 의해 조직된 서우학회(1906. 10. 창립)와 함경도 인사들에 의해 조직된 한북흥학회(1906. 11)가 1908년 1월 통합하여 발족시킨 학회였다. 서북학회의 전신이라 할 수 있는 서우학회는 설립취지서에서 "우리 동포청년의 교육을 개도면려하여 인재를 양성하며 중지衆智를 계발함이 곧 국권을 회복하고 인권을 신장하는 기초라"고 하여, 교육을 통한 국권회복과 인권신장을 표방하였다. 서우학회가 설립될 당시(회장 정운복) 회관은 한성 남서南署 하교河橋 48통 10호(지금의 청계천과 을지로 3가 사이 입정동)에 있었다. 이후 서우학회는 1907년 6월 무렵 북서 원동苑洞 12통 12호(지금의 원서동)로 회관을 이전한 데 이어, 11월 14일 중서 교동 29통 2호(지금의 낙원동 282번지)에 정착하였다.[41]

이 자리는 1908년 1월 2일 서우학회와 한북흥학회가 합동하여 서북학회로 새롭게 출범한 이후에도 계속 회관으로 사용되었다. 1월 18일 서북학회 특별총회에서는 양 학회에 교원양성을 위해 설립하였던 서우학교와 한북학교를 합설하여 서북협성학교로 이름할 것을 가결하였다.[42] 서북학회는 1908년 4월 교동의 오래된 건물을 헐고 새로 3층 양옥을 건설하는 공사에 들어가, 이듬해인 1909년 10월 3층 양옥의 서북학회 회관 및 서북협성학교 교사를 준공하였다. 그 사이 서북학회는 수동壽洞에 임시 교사를 마련하였는데, 학회사무 역시 이 곳에서 처리하였던 것으로 보인다. 그 동편에 이웃해 있던 현 조계사 자리의 보성학교도 자주 이용했던 것 같다.[43]

사실 보성학교는 서북학회와 밀접한 관련이 있는 학교였다. 설립자 이용익이 함경도 명천 출신이었으며, 그의 사후 1907년 3월 학교 경영권을 인수한 손자 이종호는 한북흥학회의 핵심인물이자 서북협성학교의 초대 교장이었다. 서북학회가 출범한 뒤 『월보』의 인쇄를 보성사에서 한 것도 그러한 까닭에서였다. 당시 보성학교의 모습에 대해서는 최승만의 다음과 같은 회고가 있다.

보성중학은 1906년 9월 5일 구한국시대에 많이 활동하던 이용익 씨가 창립한 것이다(보성소학교와 보성전문학교는 1905년 4월 개교 | 인용자 주). 지금은 수송동이라고 하지마는 그 때는 박동이라고 하였다. 지금 태고사(1955년 조계사로 개칭) 자리가 되겠는데 한옥으로 된 교사였다. 큰 대문이 서향으로 서 있는데 대문을 들어서면 맞은편에 잿빛 벽돌로 지은 2층건물이 보성사로 교사서를 인쇄하던 곳인데, 여기서 3·1운동 때 독립선언서를 박았다고 하는 곳이다. 5, 6보 왼쪽으로 가면 중문이 있었는데, 이것은 재래 큰 집 지니고 잘 살던 사람의 집모양이라 할 것이다.

중문을 지나면 오른쪽 왼쪽 전부 교사로 되어 있었다. 사무실은 왼쪽 깊숙이 들어가서 남향한 일자一字 집이었다. 그리고 동쪽 조금 높은 곳이 운동장으로 사용하게 되었는데 운동장 남쪽 거의 끝날 무렵에 큰 홰나무가 있었으니……세 아름드리는 더 되지 않나 한다. ……우리가 졸업반이 되었을 때(1914년) 아마 2학기부터가 아닌가 한다. 운동장이던 자리에 2층 목조건물이 생기고 구교사로 쓰던 교사가 운동장이 되었다.[44]

3층 양옥의 서북학회 회관은 1909년 10월 15일 준공되었는데, 당시 서울 도성 안에 황성기독교청년회관·한미전기회사 사옥과 함께 웅립하는 형세를 이루었다고 한다. 그런데 다른 건물들이 황실이나 정부 또는 외국의 원조에 의존한 데 비해 서북학회 회관만은 순연한 한국민의 능력으로 결실을 맺었다는 점에서 서북학회의 자부심은 대단했다. 회관의 건축에는 이종호가 1만 원, 조정윤이 5천 원, 이갑이 1천 원을 기부한 것으로 되어 있다.[45]

기호흥학회와 기호학교

기호흥학회는 기호지방(경기·충남북)의 교육진흥을 목적으로 1908년 1월 19일 서대문밖 천연정天然亭 보성소학교(현 금화초등학교 자리)에서 창립총회를 개최하고 출범하였다. 기호흥학회는 초대회장 이용직을 비롯한 임원 대부분이 전현직 관료 출신들이라는 점에서 서북지방의 평민 출신 신흥 중간계급이 주축을 이룬 서북학회와 대비를 이루었다. 회관으로는 5월 6일 북부 소격동 군부 소관의 전 육군위생원 건물(현 국군 서울지구병원 자리)을 빌려 사용하다가, 5월 18일 교동 23통 1호, 전 법어학교 자리(현 교동초등학교 부근)로 이전하였다. 소격동 전 회관에는 교원을 양성하기 위해 사범학과에 중등학과를 편성한 기호학교를 설립하고 6월 20일 개교식을 거행하였다.[46]

기호학교는 1908년 12월 북부 화동 138번지에 새 교사를 마련하여 이전하였는데, 『경성부 명세신지도』(1914)에 경성고보 남쪽에 담을 맞대고 중앙학교(기호학교의 후신)가 표시되어 있어, 지금의 정독도서관 남쪽에 위치하고 있었음을 확인할 수 있다. 기호학교는 1910년 1월부터 교원을 양성하기 위해 설치한 특별과를 폐지하고 본과만으로 운영을 하다가, 그 해 9월 유길준의 흥사단에서 설립한 융희학교(1908. 12. 수진궁 자리에 설립)와 합병을 하였다. 그리고 1910년 11월 호남·교남·관동학회가 기호흥학회와 통합하여 중앙학회로 이름을 바꿈에 따라 중앙학교로 개칭하였다.[47]

황성기독교청년회

한편 대한제국 말기 자강계몽운동과 관련하여 빼놓을 수 없는 거점 가운데 하나가 황성기독교청년회였다. 황성기독교청년회(서울YMCA의 전신)는 1903년 10월 28일 정동 유니온클럽에서 창설된 기독교 청년운동 단체다. 출범 당시 황성기독교청년회는 여병현·헐버트·게일·질레트 P. L. Gillett 등 5개 국 출신의 37명(정회원 28명, 준회원 9명)이 회원으로 참여하고, 초대 회장 헐버트를 비롯한 이사진 대부분이 미국·캐나다 출신인 데서 알 수 있듯이 민족운동단체는 아니었다. 그러한 가운데 황성기독교청년회가 한국민족운동사에 자리매김을 하게 된 계기는 개화 개혁운동과 관련하여 투옥된 이상재·이원긍·유성준·홍재기·김정식 등 과거 독립협회의 지도자들이 1904년 출옥 후 집단적으로 입회를 하고, 윤치호·김규식 역시 여기에 가세를 하면서부터였다. 이후 이들이 대한자강회와 대한협회에 집단적으로 가입하여 활동을 하면서, 황성기독교청년회는 교육·계몽·선교의 센터로 자리를 잡기에 이른다.[48]

창립 당시 황성기독교청년회는 인사동의 옛 태화궁 건물(3·1운동 당시 민족대표 33인이 독립선언식을 가졌던 태화관 자리)을 회관으로 사용하였다. 그러나 점차 드나드는 사람들이 늘어감에 따라 종로2가 현재의 위치에 회관을 신축하고 이전을 하게 되었다. 새로운 회관은 1907년 11월 7일 황태자 영왕英王 이은李垠이 직접 참석한 가운데 정초식을 갖고, 이듬해인 1908년 12월 3일 개관식을 가졌다. 그 위용에 대해 황현은 『매천야록』에서 "회관이 완성되매 건물은 마치 산과 같았다. 종현鐘峴의 천주교당과 더불어 남북으로 우뚝 선 모습이 장관을 이루었으며, 시내에서 가장 커다란 건물이 되었다"라고 적고 있다. 그러나 당시의 회관건물은 1950년 6·25전쟁 때 파괴되어, 현재 그 자리에는 1967년 준공된 지상 7층, 지하 1층의 현대식 건물이 들어서 있다.

이와 같이 개화 개혁운동이 자강계몽운동 단계로 접어들면서 나타난 두드러진 특징은 거점의 다변화였다. 먼저 운동의 거점이 서울에 국한되지 않고 지방 각지에 지회 형태로 새로운 공간들이 형성되는 것을 살필 수 있다. 특히 신민회의 경우는 운동의 본거지 자체가 평양으로 이전되는 양상을 드러내었다. 서울의 경우도 그 거점공간들이 종로 일대로 집중되는 양상을 보이기는 하지만, 개화 개혁운동의 외연이 확대되어 나가는 것과 더불어 이전에 비해 크게 다각화하고 있었다.

*   *   *

이상에서 개항기 개화 개혁운동 공간의 중심 이동을 운동의 성격 변화와 관련하여 살펴보았다. 먼저 갑신정변의 경우 그 거점이 노론 기득권 세력의 본거지였던 북촌에 집중되어 있었는데, 그것은 정변이 집권엘리트 내부의 소장 개화파들에 의해 주도되었음을 의미하는 동시에, 민중과의 공감대 형성에 실패하고 '3일 천하'로 끝나고 만 정변의 한계를 반영하는 것이기도 하였다.

다음으로 독립협회 단계에 이르러 개화 개혁운동은 대중참여의 새로운 장을 열어 나갔는데, 그것은 거점공간의 변화와 밀접한 관련을 맺고 있었다. 이 시기 개화 개혁운동의 새로운 거점으로 떠오른, 구미인들의 집단 거류지 정동은 서구문화와 직접적인 교류가 이루어지는 대표적인 통로였다. 이 공간을 통해 운동 주체들은 서구 시민사회의 사상과 문화에 대한 이해를 한층 깊이 해 나갈 수 있었고, 그것은 '국민국가의 새로운 발견'으로 이어졌다. 토론회 과정에 상인·학생층이 참여하고, 1898년 3월 12일 '남촌 사는 충의있는 이들'이 종로 백목전 앞에서 자발적으로 만민공동회를 개최한다든지, 같은 해 11월 29일 개최된 관민공동회에 백정 출신 박성춘이 등단하여 연설한 사례가 이를 잘 말해주고 있다. 이와 관련해서는 독립협회의 거점이 도성 밖으로 옮겨간 공간이동의 상징성 또한 고려할 필요가 있다.

한편 자강계몽운동기의 운동공간은 거점의 다변화로 특징지워진다. 독립협회운동의 대중화 단계에서 평양·공주지회의 설립으로 그 모습을 드러낸 지방 차원의 새로운 운동공간 형성이 이 시기에 이르러 각종 단체와 학회의 지회 설립붐으로 나타난 것이다. 이 같은 개화 개혁운동 공간의 외연적 확대는 서울의 경우에도 예외가 아니었다. 더욱이 신민회의 경우는 본거지 자체가 평양으로 중심이동을 하는 양상을 드러냈는데, 이후 민족운동 과정에서 살필 수 있는 기호지방과 서북지방 양립구도의 기원을 이룬다는 점에서 특별히 주목할 가치가 있다.

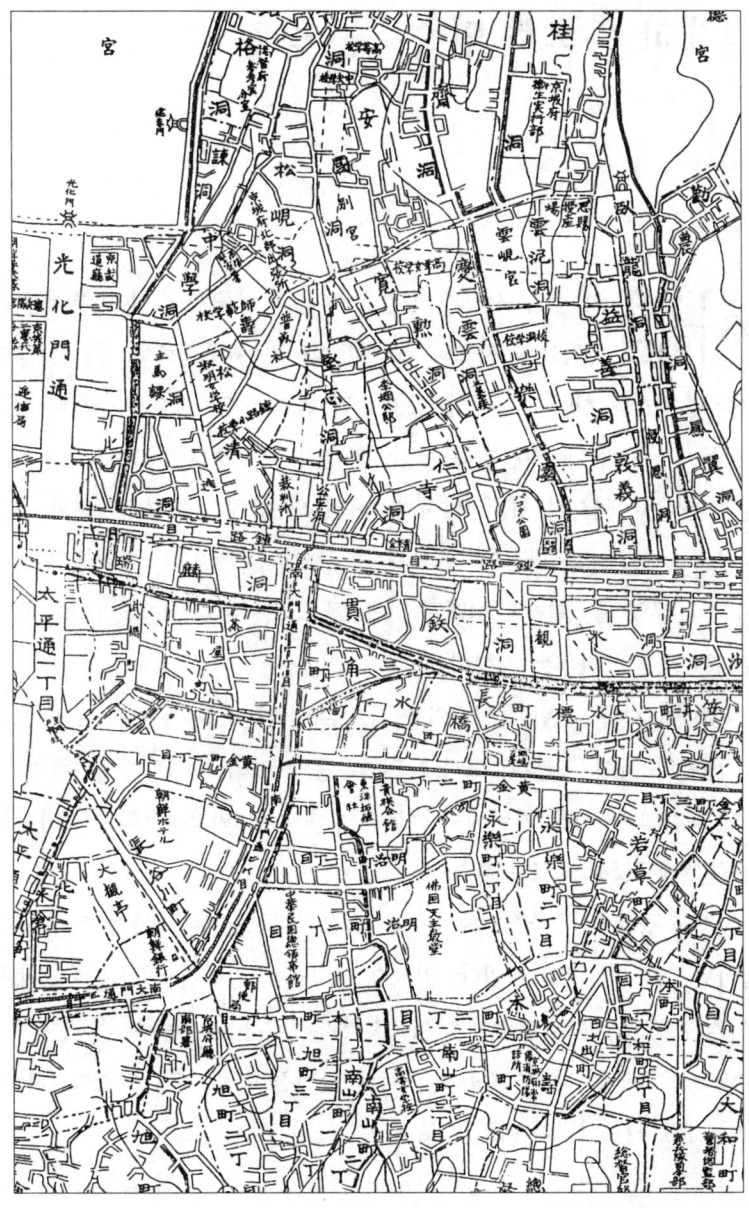

『경성부 명세신지도』(1914)

일제하 종로의 민족운동 공간

사람의 삶은 시간과 공간을 씨줄과 날줄로 하여 이루어진다. 사람들의 사고와 행동이 빚어지는 무대로서 공간은 당대 사회적 관계의 산물인 동시에, 드나듦과 만남 등의 다양한 공간적 실천을 통해 특정한 사회관계를 생산·재생산하는 하나의 고유한 형식이다.[1] 때문에 역사적 사건, 나아가 사람들의 삶에서 공간적인 규정성은 시간적 인과관계와 더불어 역사연구의 중요한 주제이다. 그런데 우리는 '누가' '무엇을' '언제' '어떻게' '왜' 했느냐를 서술하면서, '어디서'의 문제는 소홀히 다루는 경향이 있다.

이에 여기서는 식민지 지배의 거점으로 전락한 일제하 서울京城의 공간적 배치와 사회적 관계, 그리고 민족운동 사이의 상관관계에 주목하면서, '공간의 역사학' 차원에서 종로를 무대로 한 민족운동의 전개과정을 새롭게 재구성해 보고자 한다.

일제하 종로의 공간적 성격을 일차적으로 규정짓는 역사적 조건은 다름아닌 '일제의 강점'이었다. 일제가 한국을 강점하면서 서울은 청계천을 경계로 조선인이 거주하는 이북지역과 일본인이 주로 거주하는 이남지역으로 확연히 나뉘어졌는데, 이 때 청계천 이북 식민지 조선인의 공간을 대표하는 거리가 바로 종로였다.

일제하 종로 거리는 조선인들 사이의 각종 인적·물적 교류가 이루어지는 중심 공간으로, 식민지 조선인의 고단한 일상이 배어 있는 삶의 현장이었다. 또한 그 배후지 북촌은 경성제일고보(경기고)·중앙고보·휘문고보·경성여고보(경기여고)·보성전문 등 조선인 학교가 밀집해 있던 식민지 엘리트의 배출구이자, 조선인사회 지도층 인사들의 집단거주지였다. 이러한 공간적 규정성으로 인해 종로와 그 배후지 북촌은 일제하 3·1운동을 비롯한 각종 민족·사회운동의 진원지가 되었다. 이에 이 글에서는 '침략과 저항'이라는 맥락에서 종로를 무대로 한 조선인의 공간적 실천의 과정을 살펴보면서, 일제하 민족운동의 또 다른 측면에 접근해 보고자 한다.

1. 3·1운동의 진원지 북촌

일제하 종로는 일제의 침략에 맞선 조선인의 저항을 함축적으로 보여주는 '저항의 공간'이었다. 당시 민족운동에서 차지하는 종로의 공간적 위상은 거족적인 독립만세운동으로서 한국민족주의의 신기원을 이룩한 3·1운동의 거사 준비과정이 서울의 대표적 조선인 거리였던 종로 공간에서 거의 자기완결성을 갖추고 추진된 데서 단적으로 드러난다. 국내에서 3·1운동의 초기 조직화는 천도교계와 기독교계, 그리고 학생세력을 중심으로 개별적으로 추진되다가 천도교 측과 기독교 측을 중심으로 운동의 일원화를 이루어내면서 급류를 탔는데, 그 주요 거점이 바로 종로와 그 배후 주거지였던 북촌이었다.

조선후기에 북촌은 당대의 권세와 부를 쥐고 흔들던 이른바 '북촌양반'들의 동네로, 서인-노론 집권층이 모여 살던 곳이었다. 개항 전후만 해도 대원군 개혁정치의 산실이었던 운현궁이 이 곳에 있었고, 갑신정변의 거사공간 또한 그 반경 안에 있었다. 이후 갑오개혁의 신분제 폐지

조치와 일제 침략을 거치며 북촌의 공간적 성격은 다소 변화를 보인다. 승려들의 도성 출입이 허용되어 수송동 82번지에 각황사가 창건되고, 안국동에 양반들의 개신교회로 안동교회가 설립되었으며, 민중종교 동학의 후신인 천도교의 중앙총부가 송현동 34번지(현 덕성여중 자리)에 자리를 잡는 한편으로, 한성중학교(경기고의 전신)·휘문학교·기호학교(중앙학교) 같은 신식학교들이 들어서기 시작하였다. 그러나 조선사회 지도층 인사들의 거점으로서 북촌이 차지하는 위치와 비중에는 변함이 없었다.

이 같은 공간적 위상을 바탕으로 북촌은 3·1운동을 일구어낸 모태로 일제하 민족운동사에 독보적 위치를 차지하기에 이르는데, 이제 그 공간 거점들을 거사 추진과정을 따라 추적해 보면 다음과 같다.

① 계동 1번지 중앙고보 : 1919년 1월 중순 일본 도쿄 유학생 송계백이 중앙학교로 교사 현상윤과 교장 송진우를 방문, 도쿄 유학생의 거사 계획을 알리고 「2·8 독립선언서」 초안을 전달

② 재동 68번지 보성고보 교장 최린의 집 : 송계백(보성학교 출신)이 방문하여 같은 소식을 전달, 이를 계기로 최린 현상윤 송진우 최남선 등이 수차 회동하여 거사를 모의. 독립선언에 참여할 민족대표로 박영효 한규설 김윤식 등과 교섭하였으나 여의치 않자 종교계를 중심으로 거사를 추진하기로 하고, 이승훈을 통해 기독교 측과의 합작을 시도(천도교 측과의 연락은 최린이 담당)-3·1운동의 초기 조직화

③ 계동 130번지 김사용의 집(김성수의 거처) : 최남선의 편지를 받고 2월 11일 상경한 이승훈이 현상윤의 중개로 송진우와 회합, 송진우가 기독교 측의 거사 참여를 제의하자 이승훈 수락

④ 소격동 133번지 김승희의 집 : 2월 17일 재차 상경한 이승훈과 송진우 회합, 송진우가 미온적 태도를 보이고 천도교 측과도 연락이 닿지 않자 이승훈은 한때 기독교계 단독의 거사를 고려 / 2월 21일 재동 최린의 집에서

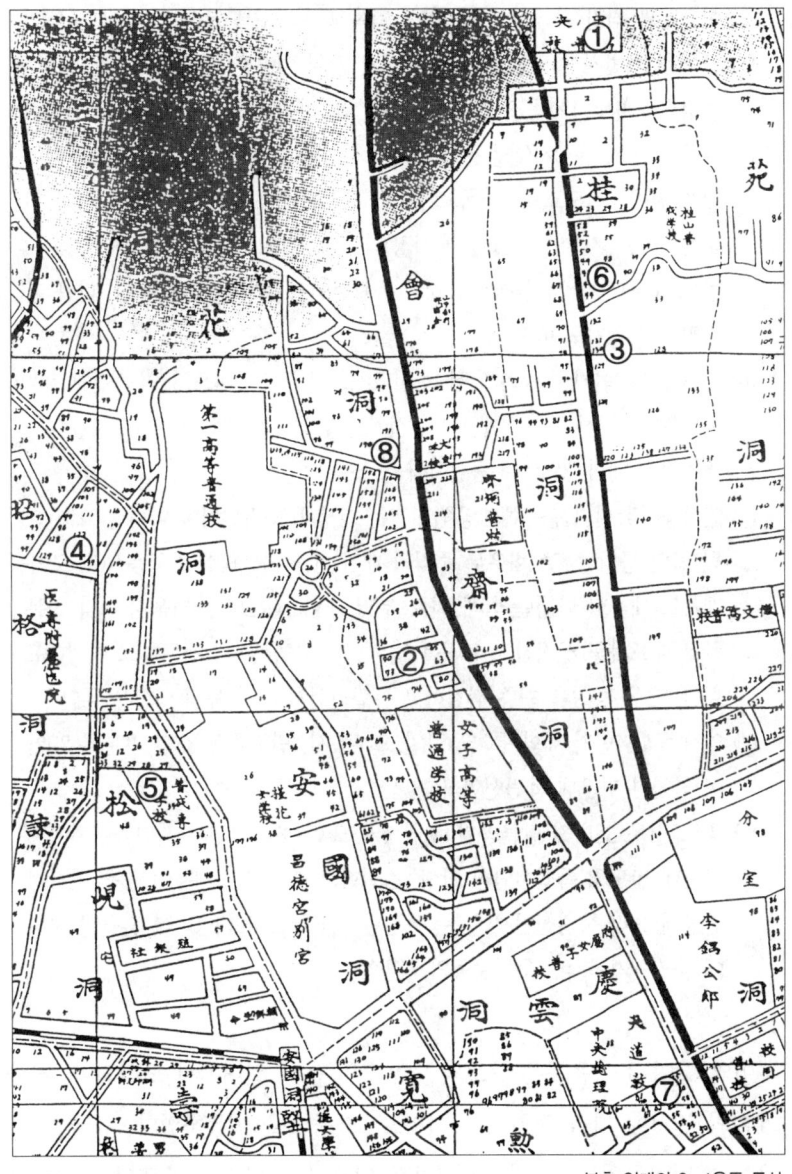

북촌 일대의 3·1운동 동선
「경성정밀지도」(1933)

이승훈과 최린 최남선 전격 회동, 기독교 측과 천도교 측의 합작 재시도
⑤ 송현동 34번지 천도교 중앙총부 : 2월 24일 이승훈 함태영이 최린과 함께 손병희를 방문, 기독교 측과 천도교 측의 합동 성립-3·1운동의 일원화
⑥ 계동 43번지 유심사(한용운의 거처) : 최린과 한용운 회합, 불교계의 민족대표 참여-천도교계·기독교계·불교계를 주축으로 민족대표 구성
⑦ 경운동 78번지 이종일(보성사 사장)의 집 : 2월 27일 밤 보성사(수송동 44, 현 조계사 경내 서편)에서 인쇄한 독립선언서 2만여 매를 운반, 다음 날 비밀리에 각처로 배포
⑧ 가회동 170번지 손병희의 집 : 2월 28일 저녁 민족대표 33인 가운데 23인이 지면을 익히고 독립선언식의 절차를 협의하기 위해 회합, 인사동의 명월관지점 태화관으로 독립선언식 장소를 변경
⑨ 인사동 137번지 승동예배당(연희전문 학생대표 김원벽이 다니던 교회) : 1월 27일 중앙YMCA 회우부 주최의 대관원(관수동 144, 중국음식점) 모임을 계기로 태동한 학생단의 제1차 간부회 개최(2월 20일), 서울시내 각 전문학교 대표자를 선정하고 조직을 정비. 2월 28일 저녁 전문학교 학생대표 회합, 운동 방침을 최종 점검하고 독립선언서 배포 등의 역할을 분담
⑩ 인사동 154번지 태화관 : 3월 1일 오후 2시, 민족대표 33인 가운데 29인이 참석한 가운데 독립선언식 거행
⑪ 종로2정목 38번지 탑골공원 : 3월 1일 오후 2시, 학생과 시민들이 운집한 가운데 별도의 독립선언식 거행, 경신학교 출신의 정재용이 공원 팔각정 단상에 올라 독립선언서 낭독, 독립만세를 부르고 태극기를 흔들며 시위에 돌입-거족적인 독립운동의 시발점[2)]

이와 같이 3·1운동은 종로의 배후지인 북촌 일대에서 모의되어, 거사 계획의 진척에 따라 점차 종로거리로 그 중심을 이동하였다. 결국 3·1운동은 탑골공원-보신각-기념비전 앞으로 이어지는 종로거리에서 그 역사적 깃발을 올리는데, 이렇게 종로거리가 3·1운동의 진원지로 자리

를 잡을 수 있었던 것은 결코 우연이 아니었다.

대한제국기 이래 종로거리는 '시민의 거리'이자 '민의의 마당'이었다. 1898년 3월 10일 오후 2시 1만여 명의 시민이 운집한 가운데 러시아의 간섭정책을 규탄하는 우리 역사상 최초의 만민공동회가 독립협회 주도로 종로 백목전(현 영풍문고) 앞 광장에서 열린 데 이어, 3월 12일 '남촌 사는 충의있는 이들' 곧 독립협회와 직접 관계가 없는 평민층의 자발적인 만민공동회가 역시 같은 장소에서 개최되면서,3) 종로거리는 대중집회의 장소로, 민의의 마당으로 각광을 받기 시작하였다. 말하자면 3·1운동의 진원지로서 종로거리의 역사적 운명은 대한제국기 개화 개혁운동의 대중화 과정을 통해 이미 예비되고 있었던 셈이다.

더불어 보신각 앞 종로네거리는 3·1운동 직후인 1919년 4월 23일, 뒤에 대한민국 임시정부의 모체가 된 세칭 '한성漢城정부'의 수립을 알리는 국민대회의 개최 예정 장소이기도 하였다. '한성정부'는 상하이上海의 현순, 미주의 이승만과 연결된 이상재·박승봉·신흥우·오기선 등 중앙 YMCA 지도자들이 이규갑·홍면희(홍진)를 표면에 내세워, 유림세력 일부와 한남수·김사국 등을 끌어들임으로써 만들어낸 작품이었다.

노령 블라디보스톡의 대한국민의회나 상하이의 대한민국 임시의정원과 달리 일개 '전단정부'에 불과한 '한성정부'가 뒤에 대한민국 임시정부의 법통을 장악할 수 있었던 것은 국내 13도 대표가 국민대회를 통해 수립한 정부라는 명분에 있었다. 그러나 국민대회는 사실상 무산된 것이나 다름없었다. 1919년 4월 23일 정오 종로 보신각 앞에서 학생 시민들이 대대적인 시위운동을 개시함과 동시에 '13도 대표자'들이 봉춘관에 모여 '한성정부' 성립 선포식을 갖기로 했는데, 당일 대표자들은 그 자리에 나타나지 않았다. 대대적인 시위운동 계획도 '13도 대표' 25명 명의의 「국민대회 취지서」와 '정부 선포문건'을 배포하고, 학생 몇 명이 '국민대회 공화만세'라는 깃발을 들고 만세를 부르는 데 그쳤다.[4]

그렇지만 이 날 배포된 '한성정부' 선포문건은 뒤에 '한성정부'의 법통성을 주장하는 근거가 되었다. 여기에 '한성정부'의 집정관총재로 명시된 이승만의 정치력이 적지않은 역할을 하였음은 물론이다. 결국 이렇게 해서 종로 보신각 앞은 이승만을 앞세운 기호지방 기독교세력이 안창호로 대표되는 관서지방 기독교세력과 천도교세력, 노령의 대한국민의회 세력 등을 제치고 대한민국 임시정부의 법통을 장악하는 데 일익을 담당한 '한성정부'의 요람으로 알려지게 되었다.

2. 사회운동의 공간과 조선물산장려회

3·1운동 이후 제3대 조선총독 사이토 마코토(齋藤實)의 취임을 계기로, 일제는 종래의 '무단통치' 대신 이른바 '문화정치'를 표방하며 민족운동의 합법공간을 일정하게 허용하기 시작하였다. 물론 일제의 '문화정치'는 계급분열을 축으로 삼아 민족분열을 획책하려 했던 기만적인 유화정책에 다름아니었다. 그러나 그러한 틈을 비집고 『동아일보』『조선일보』를 비롯한 조선인 신문과 각종 사회단체들이 속속 출현하였는데, 그 거점 공간 또한 3·1운동에서와 마찬가지로 종로 일대였다.

1919년 10월 집회 결사의 자유가 제한적으로나마 허용되면서 우후죽순처럼 생겨난 가장 대표적인 사회단체는 경향 각처에 설립된 청년회였다.[5] 이에 전국적으로 난립하는 청년회를 하나로 규합하여 일정한 규율과 방침 아래 두려는 움직임이 나타났는데, 조선청년회연합기성회의 발기가 그것이었다.

조선청년회연합기성회는 1920년 6월 28일 명월관 지점에서 오상근·장덕수·이영 등 50여 명이 참석한 가운데 발기모임을 갖고 와룡동 98번지에 임시사무소를 설치하였다.[6] 그리고 8월 중순경 서대문정 1정목 128번지로 사무실을 이전한 데 이어, 12월 2일 공식 출범을 하였다. 이후 1921년 3월경 광화문통 209번지(현 세종로 네거리 동화면세점 부근)에 회관을 마련한[7] 조선청년회연합회는 1923년을 전후하여 견지동 80번지로 이전하면서 다시 종로 공간에 진입하였다. 이렇게 조선청년회연합회는 1920년대 전반 서대문-종로를 잇는 동선상에 자신의 활동거점을 마련하고 있었다.

한편 사회주의사상이 젊은층을 중심으로 빠르게 확산되는 가운데, 1922년 4월 서울청년회의 조선청년회연합회 탈퇴를 계기로 민족주의와 사회주의의 노선 분화가 가시화되면서, 사회주의 경향의 사상단체와 노동단체들이 속속 등장하였다. 이 무렵 낙원동·경운동·재동 일대에는 이런 단체들의 간판이 무수히 붙어 있었다고 한다. 그 모습에 대해 서울 토박이 조용만은 다음과 같이 회고하고 있다.

> 나는 이 단체들이 무엇을 하고 있는지 궁금해서 우중충하고 도깨비가 나올 것 같은 그 헐어빠진 대문으로 들어가 회관이란 데를 둘러보았다. 큰 집의 사랑채 같은 것이 서너 채 띄엄띄엄 있었고 유리창을 해박은 큰 방 속에는 책상과 의자들이 놓여 있었다. 책상을 중심으로 젊은 사람들이 서너 명 앉아서 열심히 무슨 이야기를 하고 있었고, 어떤 방에서는 회의를 하고 있었고, 어떤 방에서는 회의를 하고 있는지 연사가 책상 앞에 서 있고 회원인 듯 싶은 청년들이 의자에 동그랗게 앉아 있었다. 이들은 종로 청년회관과 천도교회당 등에서 이런 회합을 자주 가졌는데……[8]

이 가운데 뒤에 조선공산당(1925. 4. 17)의 모체가 되었던 사상단체 신사상연구회(1923. 7)-화요회(1924. 11)는 낙원동 173번지 목조건물 2층에 사무실을 두고 있었다.[9] 화요회는 재동 84번지에 있던 건설사(1923. 10)-북풍회(1924. 11)와 제휴하여 청년운동단체로 신흥청년동맹(1924. 2)을 조직하고,[10] 조선노동연맹회(견지동 88)를 주축으로 서울청년회 측의 조선노농대회를 끌어들여 1924년 4월 조선노동총동맹(견지동 88)을 결성하면서 사회주의운동의 헤게모니를 장악해 나갔다. 그리고 1925년 3월 북풍회와 합동을 결의한 데 이어, 조선노동당·무산자동맹회와의 '4단체합동'을 이루어 냄으로써 조선공산당 창립의 발판을 마련하였다. 4단체합동은 일제의 합동총회 금지로 일단 4단체합동위원회(1925. 7)를 구성해서 재동 북풍회 회관에 사무소를 두었다가, 1926년 4월 정우회(경운동 96)로 공식 출범하였다.[11]

이렇게 제1차 조선공산당은 그 산파역을 하였던 코민테른 꼬르뷰로 국내부·화요회의 김찬이 경운동 91번지(서울노인복지센터 북쪽 서원빌딩 자리)에 살림집을 마련한 것과도 관련하여, 관수동-종로3정목에서 탑골공원 동쪽으로 난 길을 따라 낙원동-경운동-재동에 이르는 서북향의 낙원동길을 기본 동선으로 하고 있었다. 1925년 11월 말 신의주사건으로 당 조직이 와해된 이후, 역시 화요회가 중심이 되어 1926년 2월 출범한 제2차 조선공산당 또한 경운동 29번지 구연흠의 집과 종로3정목 양원모의 집, 그리고 경운동 96번지 정우회 회관을 그 거점으로 하였다.[12]

반면 1920년대 중반 사회주의운동의 주도권을 놓고 화요회·북풍회와 치열한 경합을 벌였던 서울청년회는 종로 네거리에서 안국동에 이르는 전차길가, 조선청년회연합회가 입주하였던 견지동 80번지 시천교당(현 중앙복음회관 자리) 입구에 자리잡고 있었다. 서울청년회가 이 곳에 둥지를 튼 것은 1925년 6월 무렵부터였는데,[13] 길거리에 조선식 목조2층

집이 시전 줄행랑같이 서 있는 한 쪽 끄트머리의 석탄광 2층 위가 조선소년총연맹이고, 그 다음에 간판 많은 건물 2층이 서울청년회였다. 이 허름한 건물에는 서울청년회와 그 계열의 사상단체 사회주의자동맹과 전진회前進會, 폭력단체 적박단赤雹團, 청년단체 경성청년연합회 등이 함께 입주해 있었다. 당시 서울청년회관에는 이들 단체의 간판과 함께 신생활사라는 간판이 걸려 있었으며, 한때 조선물산장려회와 1925년 8월 조직된 조선프롤레타리아예술동맹(1927년경부터 KAPF로 약칭)이 더부살이를 하기도 하였다.[14]

당초 조선청년회연합회의 지도권을 확보하려는 목적에서 출범한 서울청년회(1921. 1)는 1922년 4월 연합회에서 탈퇴한 이후 강령을 개정하고 사회주의자들의 당적黨的 존재로 성격을 전환하여, 노동단체로 조선노농대회준비회(1923. 9)와 사상단체로 사회주의자동맹(1924. 12)을 조직하였다.[15] 그리고 이영·김사국·정백 등의 주도하에 1923년 3월 전조선청년당대회를 주최한 데 이어, 1924년 4월 조선청년회연합회와 연합하여 화요회·북풍회계의 신흥청년동맹까지 망라한 청년단체의 전국적 통일조직으로 조선청년총동맹을 창립하였다.[16] 나아가 화요회·북풍회계의 조선공산당 창당 움직임에 맞서 1924년 10월 김사국(계동 125)을 책임비서로 하는 전위당 고려공산동맹을 결성하고, 1925년 10월 4단체합동 움직임에 맞서 전진회를 창립하기도 하였다.[17]

이와 같이 화요회·북풍회와 서울청년회 사이의 주도권 다툼은 낙원동과 견지동 사이의 거리간격을 통해 상징적으로 표현되었다. 뿐만 아니라 주된 집회장소도 경운동의 천도교당과 견지동의 시천교당으로 서로 갈려 있었다.

그 같은 대립은 북경 혁명사의 양명과 만주 고려공산청년회의 한빈 등이 귀국하여 파벌청산에 입장을 같이하던 서울청년회 신파와 함께 1926년 3월 레닌주의동맹을 조직하고, 재일 유학생조직 일월회의 지도자 안광천 등이 1926년 8월경 귀국하여 이들과 제휴하면서 새로운 국면을 맞이하였다.

일월회의 안광천과 레닌주의동맹의 양명은 제2차 조선공산당사건(1926. 7)으로 간부 대부분이 구속당한 정우회의 주도권을 장악하고, 사상단체의 통일, 경제투쟁에서 목적의식적 정치투쟁으로의 전환, 비타협적 민족주의자와의 일시적 공동전선을 표방한 「정우회선언」(1926. 11. 15)을 발표하였다. 그리고 1926년 12월 6일 서대문밖 천연동에서 제2차 조선공산당 대회를 개최하여 일월회·북경 혁명사·만주 고려공청·서울청년회 신파·화요회·북풍회·상해파·무계無系로 이루어진, 범공산주의 전위당으로서 '통일' 조선공산당(일명 'ML당')을 출범시켰다.[18] 당시 'ML당'은 청진동 95번지 조선지광사朝鮮之光社(현 서울관광호텔 뒤편)와 경운동 96번지 정우회 회관을 양대 거점으로 하고 있었는데, 그러한 활동반경은 공간적으로 동서 양 방향에서 서울청년회와 화요회·북풍회의 영역 모두를 포괄하는 것이었다.

한편 민족자결 원칙에 입각한 한국 독립의 마지막 '대판결'의 기회로 걸었던 워싱턴 군축회의(1921. 12.~1922. 2)가 열강의 자국이기주의로 별 소득 없이 끝나 버리자, 부르주아 민족주의자들은 물산장려운동, 민립대학기성운동 등 경제적·문화적 실력양성운동으로 운동노선을 전환하였다.

먼저 1922년 일제의 '조선교육령' 개정으로 대학설립의 길이 트이자, 그 해 11월 수표정 42번지의 조선교육협회 회관을 거점으로[19] 조선민립대학기성준비회가 조직되었다. 조선민립대학기성회는 1923년 3월 30일 종로 중앙YMCA회관에서 발기총회를 개최한 데 이어, 4월에 이상재·유진태 등 44명으로 중앙부를 조직하고 각지에 지방부를 조직하여 선전과 모금운동에 착수하였다.[20] 이 때 그 중심축을 형성한 거점 공간이 수표정의 교육협회 회관과 종로 YMCA회관이었다.

다음으로 1920년 8월 평양에서 조만식 등 70명이 조선물산장려회를 발기하면서 닻을 올린 물산장려운동은 1923년 1월 20일 서울 낙원동 협성학교에서 조선물산장려회 창립총회를 개최하면서 본격적인 활동에 들어갔다. 창립 이후 물산장려회는 견지동 80번지 조선청년회연합회 회관에 임시사무소를 마련한 데 이어, 그 해 7월 인근 건물로 이전하였다가, 다시 8월 민영휘가 기부한 관훈동 30번지 2층 양옥건물에 입주하면서, 12월 기관지 『산업계』를 발간하는 등 활동의 체계를 갖추어 나갔다. 그러나 일제의 방해공작과 '중산계급의 이기적 운동'이라는 좌익 인사들의 비판으로[21] 운동은 1년을 넘기지 못하고 하강기에 들어가, 1924년 4월 30일 제2회 정기총회 이후 극도의 침체에 빠졌다.

운동의 실무와 재정을 책임진 이사회는 사실상 휴무 상태에 들어갔고, 회관마저 원 소유주인 민영휘의 인도 요구로 동정금 2백 원을 받고 명도한 뒤 1924년 12월 견지동 80번지 시천교 소유 목조건물 6평 1칸을 임대하여 입주하는 형편이 되었다. 더욱이 월세조차 제대로 낼 처지가 못되어 1925년 6월 무렵부터는 서울청년회를 입주토록 함으로써 사실상 더부살이를 하는 신세로 전락하였다. 이에 수공부手工部 주임으로 홀로 회관을 지키던 명제세는 창립 당시 이사로 활약하였던 설태희와 함께 조직 재건에 착수, 3천 회원을 호별 방문하여 유지회원을 모집하고, 10월 3일 관훈동 동덕여학교 강당에서 부흥총회를 개최하였다.[22]

부흥총회를 계기로 경성방직회사에서 무임으로 2층 양옥건물을 제공함에 따라 물산장려회는 1925년 10월 16일 황금정(현 을지로) 1정목 143

번지로 회관을 이전하고 조직재건의 발판을 마련하였다.[23] 이후 물산장려회는 한때 사무실을 공동사용하였던 인연을 바탕으로, 서울청년회와 함께 1926년 7월 8일 물산장려회관에서 민족협동전선으로 조선민흥회 발기준비회를 개최하고 회관에 임시사무소를 두었다.[24] 1927년 1월 19일 명실상부한 민족협동전선으로 신간회가 정식으로 발기되자, 민흥회는 2월 11일 발기인대회를 열어 신간회와의 합동을 결의하였다.

이와 더불어 명제세를 비롯한 민흥회 측의 물산장려회 간부들은 신간회 창립총회 당일인 2월 15일 별도의 임시총회를 개최하여 결원된 이사를 보선하고 부서를 정돈하였다. 그리고 1927년 7월 부터 기관지『자활』을 발간하고 지방에 지회를 조직하는 등 활동을 재개하였다.[25] 회관도 11월경 경운동 96번지로 이전하였는데, 이 무렵부터 물산장려회는 초창기 지식인 중심의 계몽운동단체에서 지식인과 상공인·기술자가 결합된 경제운동단체로 전환을 하기에 이른다.[26]

대공황기를 맞아 물산장려회는 1929년 8월 관훈동 197번지로 회관을 이전한 데 이어, 11월 다시 익선동 166번지로 이전하였다.[27] 이 때 건축업자인 정세권이 자신의 독자적인 영업기관 장산사獎産社를 기반으로 물산장려회의 재정과 사업 전반을 관장하면서 물산장려운동은 크게 활성화되었다. 1931년 9월 물산장려회는 낙원동 300번지 신축회관에 입주하였다. 그러나 정세권의 독주에 대한 명제세 등 구간부의 반발이, 자립정신과 민족의식을 고취시키는 운동단체로 회를 이끌어가려는 다수 이사들과 영업기관인 장산사를 중심으로 회를 운영하려는 정세권 사이의 노선대립으로 연결되면서 물산장려회는 내분에 휩싸이게 되었다. 결국 1932년 12월 정세권의 장산사가 관계 단절을 선언함에 따라 물산장려회는 일거에 기관지와 회관을 상실한 채 쇠퇴기를 맞이하였다.[28]

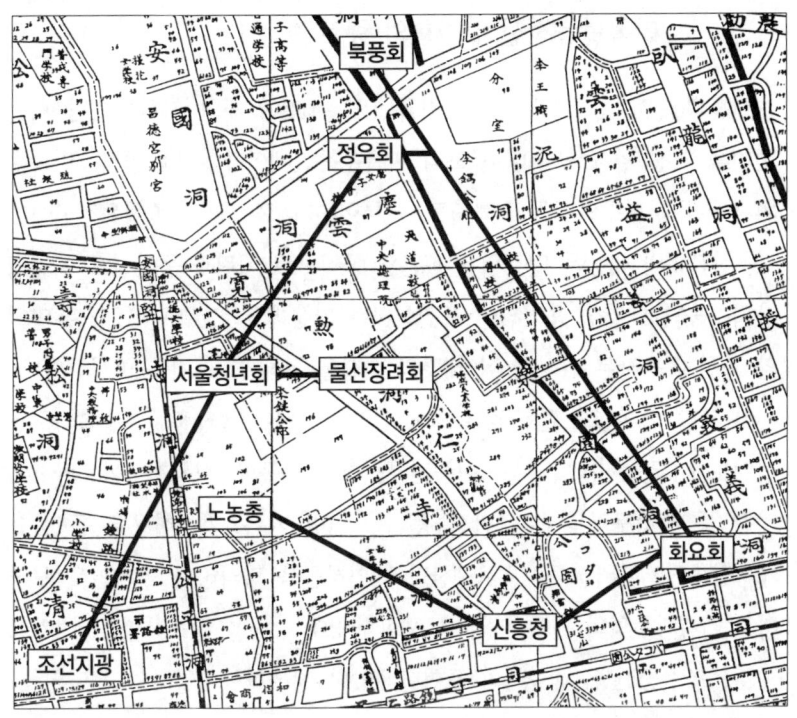

1920년대 중반 종로 일대의 사회운동 동선

  이와 같이 물산장려운동의 주요 거점이 종로였다는 사실[29]은 일제의 상권침탈로 가장 심한 타격을 받던 곳이 다름아닌 종로상가였다는 점에서 특별한 상징성을 갖는다. 종로의 시전상인들은 개항후 대한제국기에 황국중앙총상회(1898)를 조직하고 한성상업회의소(1905)를 설립하여 스스로의 살 길을 모색하였다. 토산장려와 생산증식을 통해 민족자립경제의 건설을 추구하였던 물산장려운동 역시 그들에게는 그 연장선상에 서는 것이었다. 다시 말해 일제하 물산장려운동에는 일제와 일본상인의 경제침탈에 맞서 스스로의 생존권을 확보하려 했던 종로 일대 상공인들의 힘겨운 몸짓이 배어 있었던 것이다.

3. 민족협동전선 신간회와 종로경찰서

　신간회(1927. 2~1931. 5)는 전국 120~150여 개의 지회에 2만~4만 회원을 가진 일제하 최대 규모의 민족운동단체이자, '비타협적' 민족주의자들과 사회주의자들의 제휴로 이루어진 대표적인 민족협동전선이었다. 신간회의 태동은 일제의 민족분열 공작으로 최린과 동아일보 계열의 자치운동단체 결성 움직임이 표면화하는 가운데,[30] 1926년 12월 홍명희와 조선일보 간부 신석우·안재홍의 회합을 통해 그 전기를 마련하였다.
　이 모임 이후 그들은 1927년 1월 19일 신석우·안재홍·이승복 등 조선일보계, 권동진·박래홍·이종린 등 천도교 구파, 이상재·박동완·유억겸 등 흥업구락부계, 조만식 등 관서지방 기독교계, 한용운 등 불교계, 김준연·한위건 등 조선공산당계 인사들을 망라하여 발기인을 구성하고, '기회주의의 일체 부인'을 포함한 3대 강령을 발표하였다. 여기에 제3차 조선공산당('ML당')의 표현단체였던 정우회가 2월 1일 통일된 정치전선의 조직을 제창하며 해체성명서를 발표하고, 서울청년회 신파와 물산장려회 계열의 합작으로 출범한 조선민흥회 또한 2월 11일 합동을 결의함에 따라 2월 15일 종로 YMCA회관에서 개최된 신간회 창립대회는 명실상부한 민족협동전선의 출범을 의미하게 되었다. 아울러 전진회로 대표되는 서울청년회 구파 역시 1927년 후반 이후 신간회에 가입을 하고, 지회 조직 또한 급속도로 확산되면서 신간회는 '민족적 정치투쟁'의 중심기관으로 자리잡을 수 있었다.
　이와 같은 신간회운동의 역사현장에 대해 조지훈은

　　신간회 회관은 지금 관수동(현재의 국일관 부근) 이갑수李甲洙 저택 사랑채를 얻어 회무를 집행하였고, 그 후에는 종로3가 현 파출소 뒤편으로

옮겼다가, 허헌許憲이 위원장이 된 후로는 종로2가 덕원빌딩 2층으로 이전하였다.[31]

고 언급한 바 있다. 여기서 조지훈이 이야기한 곳을 『경성부관내 지적목록』(1927)과 『경성부 지형명세도』(1929)를 통해 확인해 보면, 국일관이 있었던 관수동 21번지 바로 남쪽 143번지, 413평 대지의 소유주로 이용수李用洙라는 이름이 나온다. 관수동 전체의 토지소유자 명단 가운데 이갑수라는 이름이 없고 '용用'과 '갑甲'이 오기하기 쉬운 글자라는 점에서, 그리고 중앙YMCA「회원명부」(1935)에 이갑수의 주소가 이 곳으로 나와 있는 것으로 미루어[32] 이용수는 이갑수의 오기였던 것으로 보인다. 따라서 이 관수동 143번지가 신간회 창립 당시의 회관 자리였다고 일단 결론을 내릴 수 있다. '종로3가 현 파출소 뒤편' 역시 그 인근으로 추정된다.

다음으로 신간회는 1929년 6월 복대표대회復代表大會를 통해 회장·간사제를 중앙집행위원제로 개편하고 중앙집행위원장에 허헌을 선임하였는데, 이 무렵의 회관이 탑골공원앞 큰길 건너편에 위치한 덕원빌딩(종로2정목 45) 2층이었다. 허헌 집행부에서는 창립 당시의 간부 다수가 교체되고 사회주의자들이 본부 간부진으로 대거 진출한 가운데, 광주학생운동에 호응하여 민중대회를 계획하는 등 합법적 단체라는 한계로 유보되었던 당초의 '민족적 정치투쟁'을 모색하였다. 물론 그로 인해 1929년 12월 허헌을 비롯한 간부 44명이 일제에 의해 구속되고, 그 뒤 들어선 김병로 신집행부가 합법운동 노선을 견지함에 따라 지회로부터 신간회 해소론이 대두하였지만, 여기서는 일단 그 같은 면모의 일신이 회관의 이전과 더불어 나타났다는 사실에 주목하고자 한다.

한편 신간회 경성지회는 본부와는 별도로 청진동 126번지에 위치해 있었다. 경성지회 회관은 신간회 본부 회장 권동진과 경성지회장 유진태가 대한제국의 참정대신을 역임한 한규설의 3천 원 기부를 받아 마련한 전셋집이었다. 당시 한규설의 기부금은 유진태에게 전해졌는데, 이 돈의 사용처를 놓고 신간회 본부와 경성지회 사이에 한 차례 줄다리기가 있었다. 결국 이 문제는 한규설과 유진태의 각별한 관계를 앞세운 경성지회의 주장대로 지회 회관을 마련하는 데 사용함으로써 일단락되었다.[33]

이와같이 종로는 일제하 민족의 여론을 대변하고 민족의 활로를 개척하는 민족운동의 진원지이자 구심점이었다. 참고로 신간회를 비롯해 1929년 현재 종로에 위치한 주요 사회단체들의 주소를 정리해보면 다음과 같다.[34]

① 종로2정목 45   신간회 본부
② 청진동 12   신간회 경성지회
③ 공평동 44   근우회
④ 종로2정목 9   조선중앙기독교청년회(YMCA)
⑤ 경운동 88   천도교청년당, 천도교청년총동맹, 천도교여성동맹, 조선농민사
⑥ 수송동 44   조선불교청년회
⑦ 경운동 96   조선물산장려회, 고려발명협회, 조선공학회
⑧ 견지동 80   서울청년회, 경성청년연합회, 사회주의자동맹, 전진회, 적박단, KAPF
⑨ 낙원동 210   신흥청년동맹, 한양청년동맹
⑩ 종로3정목 74   조선노동당, 경성무산청년회, 경성목공조합
⑪ 견지동 88   경성노동연맹
⑫ 관수동 92   경성인쇄직공조합, 서울인쇄직공청년동맹
⑬ 운니동 23   조선형평사 총본부

종로 일대 사회단체의 공간적 분포(1929년 현재)

이를 통해 주요 사회단체 대부분이 종로에 집중해 있었음을 확인할 수 있다. 때문에 이 일대의 치안업무를 담당하던 종로경찰서는 단순한 일개 경찰서에 머무를 수 없었다. 특히 종로경찰서 고등계는 민족운동 탄압의 상징적인 존재였다. 3·1운동에서 의열단사건, 조선공산당사건을 비롯한 각종 좌익사건, 신간회 민중대회사건, 동우회사건과 흥업구락부사건 등에 이르기까지 숱한 시국사건들이 모두 종로경찰서에 의해 연출되었기 때문이다.

무단통치기 불의한 일제 공권력의 상징이 헌병경찰이었다면, 3·1운동 이후 그것은 다름아닌 종로경찰서였다. 1923년 1월 12일 의열단원 김상옥이 종로경찰서에 폭탄세례를 퍼부은 사건은 그러한 면에서 각별한 의미를 갖는다. 일제하 침략과 저항의 교차점으로서 종로경찰서는 종로 YMCA회관 서편, 예전 미국인 콜브란이 경영하던 한미전기회사 자리(종로2정목 8, 현 장안빌딩)에 있다가, 1929년 10월 공평동 163번지 재판소 자리(예전의 의금부-평리원平理院, 현 제일은행 본점 자리)로 이전을 하였다.35)

*　　　*　　　*

이상에서 일제하 종로의 공간적 성격을 '침략과 저항'이라는 맥락에서 살펴보았다. 일제하 종로는 일제의 침략에 맞선 조선인의 저항을 함축적으로 보여주는 '저항의 공간'이었다. 당시 서울의 공간 배치는 청계천을 경계로 이북의 조선인과 이남의 일본인이 서로 대치하는 형세를 이루었는데, 이 때 북부 조선인 구역의 심장부에 해당하는 곳이 바로 종로였다. 일제하 종로 일대가 3·1운동에서 신간회운동에 이르는 각종 민족운동의 진원지로 각광받을 수 있었던 것은 바로 이러한 공간적 입지가 뒷받침되었기 때문이다.

3·1운동의 경우 종로의 배후지인 북촌 일대에서 모의되어 탑골공원-보신각앞-기념비전 앞으로 이어지는 종로거리에서 그 깃발을 올리는데, 그것은 만민공동회 이래 '민의의 공간'으로서 종로거리의 위상을 다시금 각인시키는 사건이었다. 한편 3·1운동 이후 청년운동·노동운동·사상운동 단체들 또한 종로 일대에 자리를 잡았는데, 이 과정에서도 공간적 입지와 운동의 추이 사이에 밀접한 상관성을 발견할 수 있다.

대표적으로 1920년대 중반 사회주의운동의 주도권을 놓고 경합을 벌였던 화요회(낙원동 173, 289)·북풍회(재동 84)와 서울청년회(와룡동 131, 경운동 91, 견지동 80)는 탑골공원 동쪽에서 낙원동-경운동-재동에 이르는 길과 종로네거리에서 견지동-안국동에 이르는 길을 각각 그 기본 동선으로 하고 있었다. 다시 말해 화요회와 서울청년회의 경쟁구도가 이들 단체 사이의 거리 간격을 통해 상징적으로 표현되고 있었던 것이다. 이 같은 양상은 1926년 12월 청진동의 조선지광사와 경운동의 정우회 회관을 양대 거점으로 하는 통일적 전위당 'ML당'이 출범하여 공간적으로 동서 양 방향에서 서울청년회와 화요회·북풍회 모두를 포괄하면서 새로운 국면으로 접어들었다.

신간회의 출범에 앞서 우파의 조선물산장려회와 좌파의 서울청년회가 제휴하여 1926년 7월 제한된 형태의 민족협동전선으로 조선민흥회를 발기하는 과정에서도 그들의 공간입지는 중요한 변수가 되었다. 1925년 중반 회관이 없어 재정난으로 고통을 겪던 물산장려회가 서울청년회의 배려로 5개월여 동안 회관을 함께 사용한 인연이 이후 둘 사이의 협동전선을 가능케 하는 디딤돌로 작용하였기 때문이다.

이후 일제하 최대 규모의 민족운동단체이자 대표적 민족협동전선이었던 신간회에 이르기까지 종로는 민족운동의 중심공간으로서 확고부동한 위치를 차지하였다. 따라서 이 지역을 관할하는 일제의 종로경찰서는 단순한 일개 경찰서일 수가 없었다. 1923년 1월 의열단원 김상옥의 의거에서 단적으로 드러나듯이, 종로경찰서는 불의한 일제 공권력의 상징과도 같은 존재였는데, 종로경찰서의 그 같은 위상은 일차적으로 종로에 위치한 각종 민족·사회운동 단체들에 의해 규정지워진 것이었다.

일제하 종로의 문화공간

1910년 일제가 대한제국을 강점한 후 수도 서울은 자국에 대한 통치기능을 상실하고 일제 식민지지배의 거점 '경성'京城으로 전락하였다. 그에 따라 서울은 식민지 '조선인'과 일본인이 뒤섞여 사는 도시로 변모하였다. 1934년 말 현재 서울거주 인구는 394,511명이었는데, 이 가운데 조선인이 279,003명, 일본인이 109,672명, 외국인이 5,836명으로[1] 전체 인구의 71%, 28%, 1%를 각각 차지하였다.

일제하 서울 거주 인구의 이 같은 민족별 구성과 관련하여 공간구획 또한 선명하게 나뉘어졌다. 청계천을 경계로 이북지역에는 주로 조선인이, 이남지역에는 주로 일본인이 거주하였다. 이 때 조선인의 대표적 거리가 종로였고, 일본인의 대표적 거리가 진고개本町通(현 충무로)였다. 그리고 진고개를 배후로 한 을지로黃金町·남대문로南大門通 일대에는 동양척식회사, 조선식산은행, 조선은행 등 일제 경제침탈의 전진기지로서 식민지 금융기관과 일본 거대자본의 한국진출을 선도하였던 미쓰이 재벌의 직영점 미쓰코시 백화점 등이 그 '위용'을 과시하였다.

한편 광화문에서 남대문을 잇는 서울 도성의 남북축에는 일제의 강점지배를 위한 관청가가 형성되었다. 1926년 1월 남산 왜성대에서 이전하여 새로 입주한 네오 르네상스 양식의 조선총독부 신청사가 경복궁 근정전 앞을 가로막은 채 들어섰고, 그 앞으로 경기도청, 경찰관강습소, 체신국, 체신국 보험과, 그리고 경성부 청사가 세종로光化門通에서 태평로太平通

에 이르기까지 배치되었다. 여기서 더 나아가 남대문밖 용산에 이르면 현재 미군부대가 있는 신용산 일대에 조선군사령부, 제20사단사령부, 제40여단사령부, 야포병영, 보병영, 기병영, 공병영, 육군관사, 연병장 등 일본군 병영이 자리잡고 있었다. 병영 서편 용산역 일대에는 철도국, 철도공장, 철도관사, 철도병원, 철도운동장, 철도공원 등 철도 블럭이 형성되었다.

용산에서 다시 남쪽으로 한강을 건너 1936년 4월 경성부로 새로 편입된 영등포역 주변에는 경인선과 경부선의 철도분기점이라는 입지조건과도 관련하여 신흥공업지대가 조성되었다. 1930년대 영등포 일대에는 조선피혁회사의 대규모 공장과 용산공작회사의 철도차량공장, 일본맥주회사 삿포로·아사히 계열의 조선맥주회사와 쇼와기린맥주의 조선공장, 경성요업회사 등이 자리잡았다. 토착자본을 대표하는 경성방직과 더불어 일본계 종연방직도 이 곳에 대공장을 신설하면서 영등포는 경성 인근의 최대 공업집중지역으로 부상하였다.

이 밖에 동북쪽의 동숭동·숭이동·연지동 일대(지금의 대학로)에는 식민지 교육의 거점으로 경성제국대학, 경성고등공업학교, 경성고등상업학교, 경성의학전문학교 등 관립 고등교육기관이 몰려 있었다.[2]

이렇게 일제 강점지배의 거점들이 서울의 남북으로 펼쳐져 있는 가운데 서대문과 동대문을 잇는, 종로를 가로지르는 공간은 식민지 조선인의 고단한 일상이 배어 있는 곳이자, 민족의 해방을 추구하는 민족운동과 사회운동의 공간이었고, 문화예술의 공간이었다. 또한 민족적 차별과 생활고의 시름을 술과 여자로 배설하는 환락의 공간이기도 하였다.

종로의 이 같은 모습은 과거 '수도'로서 서울의 상징성과 관련하여 식민지 조선인 전체의 생활 일반을 집약해서 보여준다. 이에 이 글에서는 침략과 저항, 전통과 근대, 일상과 일탈, 창조와 배설이라는 맥락에서 일제하 종로의 문화지도를 그려나가는 작업을 통해 일제강점기를 살았던 조선인의 삶의 구체성에 접근해 보고자 한다.3)

1. 종로상가의 경관과 풍물 – 전통과 근대의 엇물림

1) 종로의 정체성 위기 – 전통과 왜곡된 근대

조선시기 시전가로서 물건을 사고파는 사람들이 구름같이 모였다가 구름같이 흩어진다고 해서 운종가雲從街라 불렸던 종로는 일제하에도 조선인의 상업 중심지로서 그 명맥을 이어나갔다. 일본인의 중심지였던 진고개 일대처럼 신식의 번화가는 아니었지만, 과거 시전행랑이었던 목조기와집 지붕에 커다란 간판을 내건 상점들과 간혹 보이는 2, 3층 벽돌 양옥건물이 뒤섞인 가운데 나름의 독특한 색깔을 연출하던 거리가 1920년대의 종로거리였다. 그런데 여기서 전통과 근대의 공존은 전통에 뿌리를 내린 정상적인 근대화의 지향이라기보다는, 일제의 침략으로 인해 왜곡굴절된 엇물림의 관계로 특징지워진다. 한 서울 방문객은 3·1운동 이듬해 종로의 모습을 다음과 같이 묘사한다.

> 나는 어떤 친구를 방문하여서 종로로 교동으로 계동까지 갔다가 안동으로 해서 낙원동으로 돌아온 일이 있다. 한 2년 보지 못한 동안에 얼마나 변한 것이 있나 하고 살펴보았다. 얼른 눈에 띄인 것은 전에 없던 자동차집이 많아지고 전에 보기 흉하던 간판이 없어지고 약간 미술적 간판이 걸리고 벽돌집 소위 현대식 양옥이 전보다 많아진 것이요, 그 다음에는 전에는 막 타고 막 내리던 전차에 반드시 뒤로 타고 앞으로 내리는 법이 생기고 돈받고 땡땡치는 법이 없어지고 표를 주고 또 바꿔타는 표를 주는 것이 새로운 것이다.

이런 것들이 변한 것이라면 변한 것이요, 진보한 것이라면 진보한 것이라고 할까……그러나 굉장한 미술적 간판 밑에는 원시적 초가 막아리가 그냥 있고, 현대식 양옥가에는 상투하고 망건 쓰고 긴수염 느리고 긴 담뱃대 가로문 양반들이 팔짱을 찌르고 서 있는 것을 많이 보았다.……

아- 기막힐 노릇이로다. 50년 전보다 변한 것이 무엇이고 진보한 것이 무엇이냐? 기차가 생겼으니 변하였느냐, 전차·자동차가 생겼으니 변하였느냐, 3·4층 벽돌집이 생기고 좁던 길이 넓어졌으니 진보하였는가? 그것들이 비록 천만 가지로 생기고 변하였더라도 조선 사람에게 상관이 무엇이며 조선 사람의 알 바가 무엇이냐.[4)]

조선 사람과는 상관없는 근대화, 자신의 천분과 천직을 다하지 않고 거저 놀고 먹는 북촌 일대의 상류층 인사들, 문명의 실질이 충실치 못한 도회, 이것이 당시 종로의 자화상이었다. 이러한 종로의 모습은 전통과 왜곡된 근대 사이에서 겪게 되는 자기 정체성의 혼란으로 연결되었다. 한 기자는 1924년 무렵 종로의 정체성 위기를 다음과 같이 묘사하였다.

종로통부터 나서 보자.……사람놈들의 천태만상-얼마나 추잡한가 말이다. 가장행렬이냐 독각獨脚의 작란이냐? 가옥의 불통일, 두족頭足의 불통일, 행보의 불통일, 언어의 불통일, 교제의 불통일-과연 형형색색이 아니고 무어냐.……벽돌집 개와집 양철집 초가집 등 그런 천차만별의 가옥제의 추잡은 고사하고, 양복입은 놈 일복日服입은 놈 조선복입은 놈 조선복 중에도 흰옷입은 놈 검은옷입은 놈……별별 독각의 옷이 다 나와 덤비고, 모자쓴 놈 갓쓴 놈 수건쓴 놈 감투쓴 놈 맨대가리 상투쟁이 트레머리 쪽진머리 올린머리 드린머리 등 대가리 형식이 또한 천층만층이고, 구두신은 놈 게다신은 놈 조선피혜 조선초혜 조선미투리 또 고무신 나막신 등 신발 하나만도 각인각색이고, 앞으로 가는 놈 모로 가는 놈 구부리고 가는 놈 제치고 가는 놈 앉아가는 놈 기어가는 놈 하품하면서 가는 놈 담배빨면서 가는 놈 침뱉으며 가는 놈 심지어 오줌싸며 가는 놈까지 있는 이 추잡을 어디다가 숨기겠느냐. 그리고 일본말 서양말 중국말 조선말 조선말 중에도 삼남말 서북말 경성말 별에 별 사투리가 막 나오고, 만나는 놈들의 인사로만 보아도 모자벗는 놈 손잡아흔드는 놈 머리만 끄덕하는 놈 엎드려 절하는 놈 모자에 손만 부치는 놈 입만 삐죽하는 놈 눈만 흘끔하는 놈 야─참말 만인만태로구나.······물론 도회지니까 외국놈도 있고 서울놈도 있고 시골놈도 있고 또 부호급의 모양낸 놈도 있고 빈천급의 되는 대로 차린 놈도 있으니까 어떻게 보면 별괴상이 없겠다. 그러나 그렇게 만인만태야 될까 말이다? 5)

종로에 신문물이 유입되기 시작한 것은 1899년 5월 서대문-청량리간 전차가 개통된 데 이어 전등 전화 등이 가설되면서부터였다. 신식건물도 들어서 벽돌과 석재로 이루어진 건평 600평의 우람한 영국식 3층 양옥 황성기독교청년회관이 1908년 12월 개관하여 종로의 상징건물로 자리잡은 것을 비롯하여, 그 서편에 한미전기회사 사옥이 들어섰다. 그리고 지금의 낙원동 282번지에는 한미전기회사 사옥을 모방하여 순연한 한국민의 능력으로 건설한 3층 양옥의 서북학회 회관이 1909년 10월 준공되었다. 그러나 일제강점으로 광화문-태평통-남대문-용산을 잇는 남북의 위압적인 '직선 상징축'이 서대문-종로-동대문의 동서축을 압박하는 가운데, 조선인거리 종로는 그 발전을 왜곡 굴절당하였다.

일제는 강점직후인 1912년 11월 6일 경성 시구개수市區改修 예정계획 29개 노선을 고시하고 「시가지건축물취체규칙」(1913. 2. 25)을 발표하면서 '시구개수사업'에 착수하였다. 그런데 일제의 금융지배 거점이 자리잡은 제5노선 남대문통(남대문-조선은행-종로)의 도로폭이 1913~18년에 걸쳐 15칸(28m)으로 10m 가량 확장 정비되고, 제7노선(종로-송현동) 또한 12~15칸으로 정비된 데 비해, 제4노선 종로구간(동대문-종로-광화문통)은 착수조차 되지 않았다. 도시계획 과정에서의 북부 소외라고나

할까, 사업의 우선순위에서 밀려난 것이다.[6]

한편 1925년 경복궁 조선총독부 신청사의 준공을 전후해서부터 청계천 이남 남부에 국한되어 있었던 일본인들의 북부 진출이 두드러졌다. 이는 서울로 유입하는 일본인 인구의 증가, 안국동-경복궁 영추문선 전차의 개통, 총독부청사 이전 등의 요인에 의해 '경성'의 중심이 북진함에 따라 촉발된 현상이었다. 그 결과 북부의 땅값이 등귀하였는데, 눈앞의 생활에 곤궁한 조선인들의 약점을 간파한 일본인들이 높은 값에 북부지역 땅을 사들이자 앞다투어 토지를 방매하고 땅값이 헐한 4대문밖으로 옮겨가는 북촌주민들의 행렬이 줄을 이었다. 이 같은 양상은 종로1가·서린동·관철동 등지에서 특히 두드러졌다. 일본인의 종로 진출과 더불어 오뎅집 우동집 같은 일본풍의 점포도 하나씩 늘어갔다.

2) 자본주의 소비문화의 유입 - '모던 보이'·'모던 걸'·카페·다방

1920년대 말 종로거리에는 갑자기 낯선 인간들이 등장하기 시작하였다. 펑퍼짐한 모자, 두툼한 각테안경에 폭넓은 넥타이, 나팔바지에 줄을 세운 양복, 코높은 반짝이는 백구두를 신고, 팔목에 단장을 걸친 '모던 보이'와 단발에 눈썹과 볼화장, 붉은 립스틱을 바르고, 무릎에 걸치는 스커트 양장에 실크스타킹, 뾰족구두를 신은 '모던 걸'들이 바로 그들이었다.[7]

그들은 이식된 자본주의 소비문화가 일상을 재조직하기 시작하면서 나타난 '근대성'의 산물로서, 지대·금리·주식투기 등으로 놀고 먹는 유한계급의 후예들이었다. 동시에 스피드·스포츠·에로티시즘으로 이민족지배에 따른 스트레스의 발산을 유도하였던 일제 '문화정치'의 산물이기도 하였다.[8] 일제강점으로 자본주의의 내재적 발전이 차단 왜곡된 속에서 근검절약의 노동윤리라는 자본주의문화의 또 하나의 축을 상실한 채 이식된 '모더니즘'의 한 단면이었던 셈이다.

어쨌든 자본주의 소비문화는 종로로까지 흘러 들어왔고, 속칭 '모던 보이'와 '모던 걸'이라는 새로운 인류를 만들어내었다. 그리고 그들을 중심으로 카페 레스토랑 영화관 극장 음악회 등의 의자 위에서 영위되는 새로운 도시적 생활양식이 연출되었다.

'남촌의 카페, 북촌의 빙수집'이라고 했던 북촌의 중심지 종로에 카페가 등장한 것은 1930년을 전후해서였다. 서울에 카페가 등장한 것은 일본 오사카에서 크게 번창하던 아카다마赤玉라는 카페가 당시의 본정 2정목(충무로2가)에 경성지점을 낸 것이 그 시초라고 한다.[9] 푸른 조명등과 전기축음기에서 울려 나오는 요란한 재즈음악에 양장 또는 일본옷을 입은 '재즈 기생' '모던 기생'(웨이트리스)의 술시중이 곁들여지고, 모던 남녀의 수작과 웃음소리, 뿌우연 담배 연기가 자욱한 가운데 에로틱한 분위기를 연출하던 카페는 모던 청년 학생, 신사들을 끌어들였다. 이렇게 모던 청년, 신사들의 발길이 잦아지자 카페는 북진을 계속하여 1932년경이 되면 종로 근방에 카페만 십여 곳에, 여급의 수효도 '낙원'에 53명, '평화'에 24명, '모란'에 21명 등 기백 명을 헤아리게 되었다.[10]

종로에 생긴 카페의 왕좌를 점했던 곳은 인사동의 낙원회관이었다. 쇼와기린맥주의 붉은 네온이 눈부신 이 카페는 영락정永樂町(현 명동 일부)에서 '공작'이라는 카페를 경영하던 일본인 나카노가 종로 조선인거리로 진출하여 차린 양술집이었다. '낙원'은 기생출신과 공작에 있던 일본미인들, 특히 연극 영화배우 출신의 미녀들을 여급으로 고용하여 개업을 하자마자 진고개로 몰리던 손님들을 가까운 인사동으로 유인하는 데 성공하였다고 한다.[11]

이 같은 성공에 자극을 받아 카페들이 종로 근방에 우후죽순같이 생겨나면서 종래 요리집과 기생의 영역을 침식해 들어갔다. 요리집은 들어가 방에 앉아서 요리상을 차려 오게 하고, 기생을 불러오고 하는 거추장스런 수속과 시간이 걸리는 데 비해, 카페는 들어가 앉으면 '여급'이라는 미녀들이 떼를 지어 달려들어 이들 속에서 마음에 드는 여자를 자유로 선택할 수 있고, 또 비용이 요리집에 비해 싸게 들므로 젊은 패들은 카페와 바로 많이 몰려들었다.

종로의 모던한 풍물은 다방 이른바 끽다점의 출현에서도 나타났다. 조선인이 경영하는 다방으로는 도쿄미술학교 출신인 이순석이 장곡천정 조선호텔 건너편에 낸 '낙랑'(마담 김연실)과 여배우 복혜숙이 운영하던 인사동 152번지 계명구락부 아래층의 '비너스'가 특히 유명하였다. 낙랑에서는 시인들의 시집출판기념회, 화가 구본웅의 개인전 등 각종 모임과 전시회가 자주 열렸으며, 비너스는 마담인 복혜숙의 재담과 해학으로 인기를 끌었다. 인텔리와 모던 남녀의 휴게실이었던 이들 다방은 시인 소설가 화가 연극인 영화인 기자 등 문예인들의 아지트였다.

이상이 1933년 결핵요양차 배천온천에 갔다가 데려온 기생 금홍이와 함께 종로1정목 청진동 입구 반도광무소半島鑛務所 아래층에 개업한 다방 '제비' 또한 문인들의 살롱 역할을 하였다. 이 밖에 관훈동 꼭대기에 영화감독 이경손이 운영하던 '카카튜'란 다방이 있었는데 영화·연극인들이 많이 출입하였다고 한다. 그리고 우미관 건너편 큰길가에 있던 다방 '멕시코'에는 우미관패로 알려진 불량배들이 들락거렸고, 밤이 늦으면 인근 낙원카페나 엔젤카페 등에서 나오는 술꾼들이 입가심한다고 몰려들어 밤늦도록 영업을 하였다고 한다.[12] 또한 종로2정목 일대에는 옥돌장으로도 불리던 당구장이 있어, 대낮부터 철맞추어 양복을 입고 시간을

죽이는 모던 청년들의 고등유희장 노릇을 하였다.[13]

3) 종로상가의 풍물-백화점과 야시장

소위 '모던'한 바람이 불기 시작한 뒤에도 종로거리는 여전히 들쑥날쑥한 건축물들이 정돈되지 않은 채 즐비하게 늘어서 있었다. 그리고 사방으로 뚫린 넓은 길에는 전차와 자동차 마차가 오고가는 틈새로 자전거 인력거가 제비같이 새어다니고, 짐수레 소바리가 분주히 오가는가 하면, 그 틈바구니로 하이힐에 양산을 받쳐 든 단발 아가씨, 모던 보이, 여염집 아낙네, 갓쓴 아저씨들이 지나다녔다. 인력거 타고가는 기생, 책보 끼고가는 학생, 여학생복하고 자동차 타고가는 은근짜隱君子, 형사 기자 교원 상인 노동자 협잡군 부랑자 아편쟁이, 이들 모두가 함께 부딪히는 마당이 바로 종로거리였다.[14]

1930년 전후만 해도 종로거리에는 중앙YMCA회관을 제외하고 이렇다 할 상징건물이 없었다. 1937년 종로네거리 길목에 지하1층, 지상6층의 신고전 양식 대건물을 신축하여 종로의 또 다른 상징이 되었던 화신백화점도 당시에는 초라한 2층 벽돌집에 불과했다. 금은미술품 전문점 화신상회로 있다가 1930년대에 들어 백화점 사업의 첫걸음으로 잡화부를 설치하면서 3층으로 건물을 증축하기는 했지한 볼썽없기는 마찬가지였다. 잡화전문점 동아부인상회 역시 최남이 인수하면서 점포를 증축하였지만, 미쓰코시나 조지야 같은 남촌의 일본인 백화점에 비할 바가 못 되었다.

더욱이 진고개 일본인상가가 북진함에 따라 자본도 취약한 데다 총독부로부터 정책적인 차별까지 당하던 조선인상점은 동대문, 서대문쪽으로 밀리며 그 수가 줄어들었다. 이렇게 일제권력과 일본상인의 압박에 떠밀리는 과정에서 과거 시전가로서 명성을 자랑하던 종로의 가게 수는 줄어들었고, 값도 비싸 젊은 인텔리 남녀나 부유한 가정부인들은 으레 진고개로 쇼핑을 다니곤 했다. 남촌의 백화점이나 백화점식당에 들러보면 손님 대부분이 조선 사람이었다고 한다.[15] 이러한 가운데 1931년 9월 신태화로부터 화신상회를 인수하여 종로 조선인상가의 상징으로 성장시킨 박흥식은 친일자본가라는 어두운 그늘과 더불어 종로상권의 마지막 자존심이라는 야누스적인 존재로 비쳐졌다.[16]

1930년대에 들어 종로에는 조선인 자본에 의한 대형 상업건축물들이 하나씩 들어서기 시작했다. 화신상회 동편에 조선 제일의 갑부 민영휘의 셋째 아들인 민규식이 7만 원을 들여 150여 평 대지에 4층 콘크리트 최신식 건물을 지어, 동아부인상회의 최남에게 임대하면서 1932년 1월 동아백화점이 문을 열었다. 동아백화점은 무슨 연유에서였는지는 모르나 같은 해 6월 바로 화신의 박흥식에게 넘어갔는데, 이 곳에 설치된 승강기를 한 번 타보려 몰려드는 육탄의 애업은 부인네들로 인산인해를 이루었다고 한다.[17]

그리고 종로2정목 91번지 야소교빌딩 옆에 있는 민규식의 영보빌딩 5층 대건축과 화신백화점 건너편에 8만 원을 들여 지은 한청빌딩, 그리고 1935년 1월 인근 건물의 화재로 전소되어 신축한 화신백화점 7층건물西館이 1936년 무렵에는 대부분 완공되어 종로 일대도 화려한 상가의 외관을 갖추어 갔다. 특히 화신백화점은 백만장자 한규설의 손자 한학수가 240평 대지에 건축비 15만 원을 들여 지은 연건평 1천 평에 달하는 건물로, 박흥식에게 전관을 임대해주고 받는 월세만도 2,650원에 이르는 당시로선 초대형 최신식 건물이었다.[18]

그렇지만 화신백화점 한청빌딩 영보빌딩 등의 대건물이 조선인 소유라고는 해도, 종로상가 일대의 조선인 상점 수는 점차 줄어갔다. 조선인이 경영하는 상점인 경우도 점포소유권은 일본인에게 넘어간 곳이 부지기수였다. 이러한 가운데 종로상가의 옛 명성을 이어나간 것은 오히려 길거리의 야시장이었다.

종로 야시는 4~10월의 기간에 걸쳐 밤마다 오후 7시부터 12시까지 종로2가에서 종로3가에 이르는 큰길 남쪽에 노점을 열고 물건을 팔던 간이시장을 말한다. 종로에 야시가 개설된 것은 1916년부터로, 당초 종각앞 전차 교차점에서 탑골공원까지 큰길 남쪽으로 236칸을 계획했던 것이·신청자가 몰려 파조교앞(단성사 부근)까지 확장되었다.[19]

종로 야시는 매년 200~400명이 개점 허가를 신청할 정도로 성황을 이루었는데, 포장으로 천막을 치거나 하고 전등으로 불을 밝힌 다음 땅에 좌판이나 돗자리를 깔고 물건을 사고 파는 모습은 밤거리의 장관이었다. 길거리 빙수집 앞에서 구수하게 '싸구려'를 외치며 손님을 끄는 상인, 대나무 막대기에 수건을 걸어놓고 파는 상인, 물건값 흥정하는 사람, 여름밤 소풍 겸해서 길거리로 나온 사람, 점쟁이 관상쟁이 지게꾼 거지에 이르기까지 각인각층의 사람들이 한데 어울려 다른 데서 볼 수 없는 개방적이고 대중적인 거리문화를 연출하였다.

물건은 고무신 메리야스 도자기 지팡이 소도구 과일 등의 일용잡화로 우리네 생활에 쓰이는 모든 것이 다 있었는데, 품질이 뛰어난 것은 아니었지만 그래도 실용적이었다. 야시장은 서울의 다른 지역에서도 개설되었는데, 종로의 야시장 풍경이 그 중에서도 으뜸가는 명물이었다고 한다.[20]

그런데 종로 야시는 조선조 '회동좌기' 會同座起의 자연스런 탈바꿈이기도 하였다. 그 당시 한성부에서는 '회동좌기'라 해서 매년 음력 12월 25일부터 이듬해 1월 15일까지 금령을 풀어 난전亂廛을 허용하고 죄수들을 풀어주는 전통이 있었다. 이 전통이 1910년대까지 이어져 음력으로 섣달 스무닷새부터 그믐날까지, 4월 초파일과 5월 단오날을 전후한 2~3일 동안, 이렇게 1년에 세 번 종로 큰길거리에 좌판을 깔고 물건을 파는 시장이 열렸다.

물건이란 아이들 색동저고리 댕기 치맛감 저고릿감 두루마깃감 대님 허리띠 조끼 신발 북어 건대구 꿩 등이고, 장난감으로는 오뚝이 호랑이 코끼리 얼룩말 피리 고무풍선 같은 것들이 있었다. 제일 큰 장은 섣달 그믐께의 회동좌기였는데 이 대엿새 동안 남녀 어른들이 설에 쓸 물건을 사느라고 법석을 피웠다고 한다.[21] 이렇게 '경성시민의 축소판'으로서 종로 야시의 번영은 회동좌기 전통의 연장선상에서 한 요인을 찾을 수 있는데, 이는 전통과 근대의 내재적인 관계설정 방식과 관련해서도 중요한 시사를 주는 부분이라고 할 수 있다.

2. 시민들의 일상과 생존의 이모저모

일제하 종로 시민의 생활은 일차적으로 과거 시전의 전통을 잇는 상가를 중심으로 영위되었다. 가지각색의 상점들, 여기에 물건을 대는 소공장, 거리로 몰려드는 사람들을 대상으로 하는 각종 접객업소, 사람과 물건을 실어나르는 각종 운수업, 이런 것들이 모두 종로상가를 중심으로 얽혀 있었다. 따라서 일제하 종로는 그 같은 일에 종사하는 사람들 모두의 삶의 터전으로서, 그들의 일상과 생존을 위한 몸부림이 짙게 배어 있는 곳이었다.

1) 피마골 사람들 - 종로 뒷골목 풍경

종로1정목에서 6정목까지 큰길 양쪽 뒤편에는 예전 시전행랑 한두 채 간격을 두고서 거의 일직선으로 큰길과 평행을 이루며 좁다란 골목길이 나 있었다. '피마避馬골'이라는 이 곳의 이름은 조선시기 서민들이 고관대작의 큰길 행차를 피해 자유롭게 다니기 위해 말머리를 돌려 접어들었던 골목길이라 해서 붙여진 이름이다. 때문에 이 곳은 일찍부터 서민들의 거리로 발전하여 그들을 대상으로 하는 팥죽집 떡집 탕반湯飯집 설렁탕집 선술집 앉은술집 색주가 등이 집중되어 있었다.

먼저 음식점 가운데는 한식집으로 이문식당(인사동 26) 전주식당(공평동 74) 전동식당(공평동 60), 설렁탕집으로 이문설농탕(인사동 268) 사동옥(인사동 19) 화천옥(관철동 118) 일삼옥(종로1정목 20), 냉면집으로 이문냉면가(인사동 268) 평양루(관철동 228), 떡국집으로 월송루(낙원동 176) 등이 유명하였다. 한식집 가운데 전동식당은 냉면 비빔밥 상味밥 대구탕반이 20전, 갈비 한 접시에 30전, 술 한 순배에 50전 하였는데, 좀 시끄럽지만 간단하고 값싸고 조촐한 식당이었다. 특히 1920년대 후반부터 유행하기 시작한 연계탕軟鷄湯과 갈비구이는 이 식당이 원조였다고 한다.

설렁탕집은 채반 위에 털도 안 뽑힌 삶은 소머리가 놓여 있고, 높이가 한 자밖에 안 되는 식탁과 목침 높이만한 걸상에 쪼그려 앉아 오지 뚝배기 그릇에 담긴 설렁탕을 먹는 것이 옹색하기는 했지만, 보통 한 그릇에 15전으로 값이 싼 데다 맛으로나 영양으로나 손색이 없어 인기가 높았다. 특히 종로 이문설렁탕과 샌전 일삼옥설렁탕의 세도가 두드러졌는데, 1920년대에 들어서는 하이컬러 청년들까지도 설렁탕이 아니면 조석을 굶을 지경이었다고 한다. '남촌의 술, 북촌의 떡'이라고 해서 유명했던 종로의 떡집은 호떡 왜떡 러시아빵 기타 과자류 등에 밀려 그 수가 줄어든 대신, 5전 균일의 우동집이 도처에 생겨났다.[22]

종로 뒷골목을 화려하게 장식하였던 것은 무엇보다도 선술집이었다. 선 자리에서 단돈 5전에 간단한 안주를 곁들여 약주나 막걸리 한 사발을 해결할 수 있는 선술집은 값싸고 간편한 데다 누구나 손쉽게 드나들 수 있어 크게 각광을 받았다. 당시 조선인의 생활에 걸맞는 서민적 술집이었기 때문이다. 그래서 전날에는 하층민들이나 드나들던 것이 1920년대 무렵부터는 말쑥한 신사, 모던 보이축들도 요리집이나 앉은술집 다니듯이 보통으로 출입하였다. 선술집에 화양(和洋) 절충식의 '닷지호텔(立ち)'이니 '민중호텔'이니 하는 하이컬러 별호가 붙기 시작한 것도 이 때부터였다.

비교적 규모가 큰 선술집으로는 수은동 단성사 건너 서편에 동양루라는 2층집이 유명하였다. 화동 막바지에 있는 황추탕은 추어탕이 별미여서 인기가 높았고, 종로 화신뒤 이문안 첫 골목의 선술집은 안주가 푸짐하고, 중골목의 선술집은 아씨가 둘씩 있어 아늑했으며, 그 아래 골목안의 술집은 안주와 술맛이 다 좋았다고 한다. 1930년대 중반 종로1정목에서 동대문까지 뒷골목을 따라 약 220개 정도의 선술집이 성업하였다.[23]

선술집처럼 흔치는 않았지만 그보다 조금 지체가 높은 데가 서너 사람이 방에 들어가 앉아 술상을 차려놓고 먹는 '앉은술집'이었다. 술값은 첫 번째는 한 주전자에 80전, 다음부터는 40전이었고, 순배 안주로는 굴이나 생선구이 제육 같은 것을 늘어놓고 고추장찌개가 붙었는데, 요리집에 갈 처지가 못 되는 사람들이 많이 몰려들었다고 한다.[24] 한편 돈의동 명월관본점 뒤편으로는 전등에 술 '주(酒)'자를 써 붙이고 '음식점 영업'이라는 간판을 걸어놓은, 얼핏 여염집같이 생긴 으슥한 색주가들이 몰려있었다. 술과 함께 색도 팔았던 이 곳에서는 밤이 되면 연독이 오른 얼

굴을 분으로 감추고 값싼 향수를 뿌린 여인네들이 문 앞에 서서 지나가는 남정네들을 유혹하였다.25)

한편 피마골은 물지게장사 엿장사 배추장사 미나리장사 등으로 생계를 꾸리던 서민들의 일터이기도 하였다. 또 종묘에서 단성사쪽 피마골로 들어가는 어귀 피마병문避馬屛門에는 지게꾼 인력거꾼 미장이 등이 일거리를 찾아 대기하던 인력시장이 있었다.26) 백정들 또한 피마골의 중요한 식구였다. 도축업에 종사하던 그들은 직접 설렁탕집이나 갈비집 등을 내거나 그 곳에 물건을 대 주면서 피마골을 생활의 터전으로 삼았다. 지금의 돈화문로 북쪽 끄트머리 운니동 23번지에 있던 조선형평사 총본부는 25만 회원을 자랑하는 그들의 본거지였다.

피마골에는 대가집 문간 행랑살이를 하는 행랑아범 행랑어멈들의 고단한 일상 또한 배어 있었다. 인사동에서 북촌에 이르는 지역에는 전주이씨 종친이나 여흥민씨 풍양조씨 안동김씨 같은 전통적인 명문 대가집들과 상공업으로 돈을 번 전날의 중인계급, 그리고 도시화의 진전에 따라 각종 부담금을 피해, 돈 투기를 하거나 문화생활을 누리기 위해 서울로 올라오는 지방 부호들의 소위 문화주택이 여럿 있었다.27) 이 가운데 고종의 다섯째 아들 의왕 이강의 의화궁(관훈동 192)은 임시정부 수립 직후인 1919년 11월 대동단에서 주도한 의왕 상하이 탈출 기도로 세간에 유명해진 장소다. 그리고 경운동 64~66번지에는 조선 제일의 갑부로 알려진 민영휘 민대식 부자의 대저택이 있었다. 피마골은 이러한 상류층 고급주택에서 행랑살이를 하며 모진 삶을 살던 행랑아범 행랑어멈들의 '해방'의 공간이었다.

이 밖에 3·1운동의 진원지로 이름값을 높였던 탑골공원은 1920년대 중반 이후 쇠락하여 할 일 없고 갈 데 없어 낮잠이나 자러 모여드는 무직자나 실직자, 사주쟁이, 시골사람 등쳐먹는 협잡배들의 소굴이 되었다.[28] 그리고 중국음식점 대관원大觀園(관수동144) 근처에는 장곡천정長谷川町뒷골목과 더불어 서소문정 다음 가는 중국인 화교촌이 있었다. 중국인들은 호떡집 중국음식점 포목점 등을 경영하거나, 삼동주행상 파리채·석쇠장사 돌쟁이 땜쟁이 막노동 등을 하며 생계를 꾸려 나갔다. 그런데 중국인의 값싼 노동력은 노동시장을 교란시켜 조선인 노동자들의 생활을 압박하였다.[29]

이와 같이 피마골에는 각양각색의 민초들이 어울려 고단한 일상을 꾸리고 있었다. 다시 말해 피마골은 당시 서민생활의 축소판이자 일제 식민지지배의 뒤안길이었던 것이다.

2) 소공장·인쇄소와 노동자들의 파업

종로 일대에는 과거 시전의 전통을 배경으로 하여 직조업 목공업 금은세공업 등 가내수공업이 일찍부터 발달하였다. 인사동의 반다지 3층장 등 목제장롱은 시골에서도 돈푼이나 있는 집이면 으레 비치할 정도로 손꼽히는 특산명품이었는데, 1930년대에 들어서면서는 전통가구뿐 아니라 고서적·고미술품을 취급하는 상가가 이 일대에 들어서기 시작하여 오늘날 인사동의 전통문화거리를 형성하는 발판이 되었다. 그리고 화신상회 등의 하청을 받아 가내수공업으로 제작하던 금은세공품도 명품으로 꼽혀 국내는 물론 일본 등지로 수출되기도 하였다. 공평동의 모물毛物 보욕補褥 방석 등과 모기장 또한 전국에 이름이 높았다.[30] 조선지주식회사(관철동 248)는 전래의 시전 또는 객주업을 통해 자본을 축적한, 백윤수를 비롯한 종로상인들이 중심이 되어 1918년 4월 자본금 30만 원으로 설립한 지물회사였는데, 조선종이의 개량 제조 판매 수출 등을 통해 종로 지전紙廛의 전통을 이어나갔다.

사기전砂器廛골, 지금의 종로4가 장사동 일대에는 가내수공업 형태의 직조업이 발달하였다. 이 가운데 김덕창직조공장은 가내수공업에서 출발하여 공장공업으로, 산업자본으로 전화해 나간 전형적인 사례였다. 김덕창金德昌은 일찍부터 가내수공업으로 직조업을 경영하였는데, 공장제 면제품이 다량 수입되기에 이르자 1902년 자본금 1만 원으로 장사동에 직조공장을 세우고 서구식 족답기足踏機를 도입하여 사업을 확장하였다. 1916년 현재 직공 40명에 연생산액이 1만 원 정도였던 이 공장은 1920년 1월 자본금 50만 원의 동양염직주식회사(장사동 83)로 발전하였다.[31] 김덕창은 1923년 1월 창립한 조선물산장려회에 이사로 참여하여 토착산업을 육성시키기 위한 사회운동을 전개하기도 하였다.

이 밖에도 종로 일대에는 소규모의 목공소 철공소 제화점들과 비교적 큰 규모의 인쇄소들이 자리잡고 있었다. 대표적으로 YMCA학관 공업부는 1908년부터 목공 철공 제화 인쇄 사진 등의 공업교육을 실시하여 1911년경부터는 자체 제품을 생산 판매하기 시작하였다. 1916년에는 본관 옆에 별도의 3층 벽돌건물을 짓고 시설과 사업을 확장하였는데, 1918년 한 해 총수입이 3만 원을 넘었다. 공업부 졸업생들 또한 YMCA 주변에 철공소나 목공소를 차리고 공업부에 설비된 최신식 기계를 같이 사용하면서 하나의 블럭을 형성했다고 한 것으로 보아, 종로 일대의 소공업 발전에 YMCA 공업부가 끼친 영향이 적지 않았음을 알 수 있다.[32] 양화점으로는 세창양화점(종로2정목 9 YMCA회관) 대창양화점(종로2정목 7) 박덕유양화점(관훈동 169) 한경선양화점(종로1정목 46) 학우양화점(공평동 109) 등이 있었는데, 이들 또한 YMCA 공업부 제화과와 직간접적으로 연계를 맺고 있었던 것으로 보인다.

인쇄소의 경우는 각종 학교와 출판사 잡지사들이 밀집해 있던 조선인 문화의 중심지답게 종로가 전국의 조선인 인쇄업을 대표하였다. 특히 1920년 11월 복음인쇄소 성문사를 비롯한 3개 인쇄소가 합동하여 자본금 35만 원으로 설립한 대동인쇄주식회사(공평동 55)는 3·1운동 때 불타 없어진 천도교 경영의 보성사(수송동 44) 이후 가장 큰 조선인 인쇄소였다. 대동인쇄는 조선인이 경영하는 조선도서주식회사(관훈동 30) 등 유력 출판사, 잡지사와 제휴하여 일본인 대회사와 경쟁을 하였다. 조선 전체를 시장으로 하여 족보는 물론 한글로 된 신간 대부분을 인쇄하는 대표적인 공장이었다.[33]

이렇게 종로는 공업지대라고 할 수는 없지만, 과거 시전을 배경으로 전통 가구제조업·금은세공업·직조업에 종사하던 장인들이 다수 거주하며 소공업을 경영하고 있었다. 그리고 근대의 물결이 밀려오면서는 양화점·인쇄소 등이 생겨났다. 따라서 이들 공장을 일터로 삼는 노동자들 또한 적지 않은 수에 이르렀는데, 1922년 12월 경성 양화직공의 동맹파업과 1925·27년 대동인쇄 인쇄공파업은 이 시기의 대표적인 노동쟁의였다.

경성 양화직공의 동맹파업은 경성 20여 개 양화점 주인들의 공임인하 담합에 반발하여 일어났는데, 1923년 1월 초까지 20여 일간에 걸친 끈질긴 투쟁을 이끌어내 결국 양화점 주인들이 개별적으로 임금인하를 취소함으로써 성공적으로 끝을 맺었다. 이 과정에서 조선노동연맹회(견지동 88)는 양화직공 총회를 주선하여 행동통일을 유도하였으며, 파업후 직공들의 요구조건을 수용하지 않는 일부 양화점 미복직 직공의 생계를 위해 양화직공조합에 작업부를 설치하고 독자적인 영업을 할 수 있도록 후원하기도 하였다. 조선노동공제회 전 간부 이수영이 설비금을 내고 임일근이 가옥을 빌려준 데 힘입어 인사동 39번지에 개업한 양화직공조합 작업부는 파업직공 10여 명이 결합하여 자본가와 노동자의 구별이 없는 상호부조의 새로운 공장 모델을 만들어 나갔다. 이러한 전통은 그 뒤 1930년 겨울 세창양화점 직공파업으로 해고당한 파업직공 20여 명이 380원을 공동출자하여 견지동 111번지 조선일보사 길 맞은편 2층건물에 월세로 공장을 얻고 양화직공 작업부를 개설하는 것으로 이어졌다.[34]

한편 1925년 2월과 8월 두 차례에 걸쳐 9시간노동제, 상여금지급 등을 요구하며 일어난 대동인쇄주식회사 문선공들의 파업은 회사 측의 완강한 태도와 경찰의 개입으로 실패로 끝났다. 그러나 2년 뒤인 1927년 7월 인쇄직공 70여 명은 다시 임금인상과 노동시간 연장 반대 등을 내걸고 일제히 동맹파업에 들어가 경성인쇄직공조합(관수동 92)을 거점으로 산업별 조합인 조선인쇄직공조합은 물론 일반 사회단체와 연대하여 강력한 투쟁을 벌인 결과 8월 4일 요구조건 모두를 관철시킬 수 있었다.[35] 이렇게 세 차례에 걸친 대동인쇄 직공들의 파업은 노동자들의 조직적 단결역량의 성장과정을 잘 보여주는 것으로, 종로사람들의 일부분을 이루는 노동자들의 변화된 모습을 상징하였다.

3) 종로의 학생과 문화시설

종로 일대에는 경성제일고보(화동 106 : 경기고) 중앙고보(계동 1) 휘문고보(원동 206) 중동학교(수송동 85) 경성여고보(재동 83 : 경기여고) 숙명여고보(수송동 80) 동덕여고보(관훈동151) 등의 중등학교와 협성실업(낙원동 282 : 서북협성-오성-협성학교의 후신) 경성여상(견지동 80 시천교당) 등의 실업학교, 중앙YMCA학관(종로2정목 9) 근화여학교(안국동 37 : 덕성여고) 등의 기타학교, 그리고 보성전문학교(송현동 34 : 고려대)

등 조선인의 각종 학교가 밀집해 있었다. 1894년 9월 왕실자녀들에게 신교육을 시키기 위한 왕실학교로 설립되어, 1895년 「소학교령」 반포와 한성사범학교의 설립에 따라 한성사범학교부속소학교로 개편되면서 우리나라 초등교육의 요람이 된 교동보통학교(경운동 18) 역시 오랜 연륜을 자랑하는 학교였다.

안국동 6거리는 이들 학교들의 관문으로, 아침 등교시간이 되면 이 길을 거쳐 통학하는 조선학생들로 붐벼 '학생 6거리'라는 별명이 붙었다.[36] 이러한 종로거리의 학생 풍경에 대해 한 기자는 다음과 같이 묘사하였다.

> 오전 8시 반이나 오후 3, 4시경이면 이 골목 저 골목 할 것 없이 빽빽하게 왔다갔다 하는 사람이 모두 다 학생들이다. 그 중에는 귀떼어지고 고름떨어진 두루마기에 모자를 발딱 젖혀 쓰고 목도리를 휘휘 감고서 한 끝만 어깨 위에다 척 붙이고 다니는 소학생도 있고, 검정 통치마 흰 적고리에 울긋불긋한 실로 짠 포대기를 쇠덕석 모양으로 온몸에 두르고 놋동이 같은 엉덩이를 휘휘 저으며 참새처럼 재잘재잘하고 다니는 여학생도 있고, 말쑥한 감색 세루양복에 네뿔 난 모자를 푹 숙여 쓰고 반들반들한 구두등만 굽어보고 다니는 전문학생도 있고, 웃저고리 자른 양복에 각반을 치고 오동통한 볼기짝을 말궁뎅이 모양으로 올근불근하고 다니는 중학생도 있고, 새로 나온 송아지 모양으로 반드르한 머리에 신춘 유행의 캡을 척 젖혀 쓰고 옥양목 새 두루마기에다 금테안경을 버텨 쓰고는 나도 인제는 신사 되었다고 양양자득하는 솔봉이 졸업생도 있고, 푸릇푸릇한 두루마기에 명주 목도리를 송아지 목달이 모양으로 허순이 매고 모표 없는 모자를 주정꾼처럼 비뚜름하게 쓰고 두 입을 딱 벌리고 이 서점 저 서점으로 돌아다니는 신입학생도 있다.[37]

이와 같이 서점으로 도서관으로 돌아다니는 학생, 하숙집 같은 데 모여 독서회를 열고 사회주의 신사상을 공부하기에 여념이 없는 학생,

YMCA에 들러 강연을 듣거나 체육시설에서 운동하는 학생, 졸업시험도 치르기 전에 총독부관리나 은행원 회사원으로 취직하려고 기웃거리는 학생, 하학종만 치면 변소에 가서 담배피우는 학생, 점심 때만 되면 비밀흡연실이 마련된 호떡집으로 몰려가는 학생, 연애편지 쓰고 활동사진 구경다니는 학생, 잔뜩 멋을 내고 길가에 나서 여학생 '히야까시' 하느라 시간가는 줄 모르는 학생, 술집이나 카페에서 술마시며 여급들과 노닥거리는 학생, 심지어 밀매음을 하는 여학생에 이르기까지[38] 각양각색의 학생들이 당시 종로거리를 누비고 다녔다.

교과서 등을 판매하는 박문서관(종로2정목 82) 덕흥서림(종로2정목 20) 동양서원(종로2정목 86) 등의 서점과 경성부립도서관 종로분관(종로2정목 37) 또한 종로 학생가를 배경으로 하는 학생문화의 일부분이었다. 종로도서관은 1902년 6월 탑골공원 서편에 대한제국 군악대건물로 신축되어 1907년 한국군대 해산 이후 방치되던 것을 1919년 9월 이범승이 사재를 들여 경성도서관으로 새롭게 꾸며 개관하였는데, 재정난으로 1926년 3월 경성부에 이관하여 경성부립도서관 종로분관이 되었다. 소장도서는 1929년 현재 화한서和漢書 11,820권, 양서 517권으로 입장료는 2전이었으며, 오전9시~오후10시까지 열람이 가능하였다. 일반 열람실과 서고·신문잡지 열람실을 갖춘 아담한 도서관으로 학생과 인텔리들이 많이 이용하였다.[39]

더불어 종로는 YMCA강당 수운기념관 같은 공회당, 병원 여관 목욕탕 이발소 등 조선인을 대상으로 하는 각종 문화시설이 밀집해 있는 문화의 거리였다. 『경성편람』(1929)에 따르면 경성의 조선인 개인병원 58개 소 가운데 60%에 달하는 35개의 병원이 종로1~3가 일대에 밀집해 있었다. 이 가운데 의학계의 원로중진 박계양이 운영하던 한양의원(낙원동 143)

이 특히 유명하였는데, 이 곳은 병원도 병원이지만 홍명희 정인보 최남선과 같은 당대 최고의 문사들이 어울리던 장소로 더 잘 알려져 있다. 병원과 더불어 산파 또한 성업하여 인사동 이문고개안의 임영숙산파 등이 있었는데, 단재 신채호의 부인 박자혜 여사 또한 탑골공원 서쪽 담 뒷골목에 산파 간판을 내걸고 빈궁한 살림을 꾸렸다고 한다.[40]

목욕탕은 경성 북부에 있던 총 10개 소 가운데 7개 소가, 이발소는 총 59개 소 가운데 34개 소가 종로 1~3가에 모여 있었다. 여관 또한 경성 전체 358개 소(주로 조선인 경영) 가운데 1/3이 넘는 124개 소가 관철동 낙원동 인사동 청진동 등 종로1~3가에 몰려 있었다. 특히 제일여관(견지동 44) 호해여관(인사동 135) 전동여관(공평동 25) 조선여관(관철동 259) 문화여관(종로2정목 77) 경일여관(인사동84) 같이 수용 인원이 100명을 넘는 대형여관만 6개 소에 이르러 전체 10개 소의 60%를 차지하였다.

종로에는 조선인 은행도 있었다. 종로네거리 남대문통1정목 1번지(현 보신각 터)에 있던 한일은행 3층건물이 바로 그것이었다. 청계천 이북의 유일한 은행 본점이었던 한일은행은 한성상업회의소의 신상神商들에 의해 1906년 8월 창립된 이래 1931년 1월 호서은행을 흡수 합병하여 동일은행으로 개편되었다가, 1943년 9월 다시 한성은행과 합병하여 조흥은행이 되었다.[41] 은행 이외의 금융기관으로는 고리대금업의 상징과도 같은 전당포가 있었는데, 1930년대가 되면 진고개 바닥에서도 볼 수 없는 2층양옥의 버젓한 일본인 전당포質屋들이 종로바닥에 출현하였다고 한다. 특히 전당포는 생산적 활동을 위한 자금융통이 아니라 구차한 생계를 꾸리기 위해, 카페 출입이나 마작 등의 유흥비를 마련하기 위해 주로 이용되었다는 점에서, 양복 시계 비녀 가락지 등을 잡혀야 했던[42] 시민들의 그늘진 초상이 맺혀 있는 곳이었다.

3. 창조와 배설의 공간

1) 종교계의 운동 거점

종로는 3·1운동 당시 천도교·기독교·불교계 민족대표 33인의 「독립선언서」를 일구어낸 이들 종교단체의 중심지이기도 하였다.

먼저 경운동 88번지에는 서울 안에서 조선인의 힘으로만 지은 것 중에 가장 큰 건물인 천도교 중앙대교당 중앙종리원 수운기념관 등 웅장한 양옥 세 채가 '천도교 타운'을 형성하고 있었다. 동학의 근대 종교체계로의 재편이라 할 수 있는 천도교는 전국에 3백만 교세를 자랑하는 일제하 최대의 민족종교이자 민중종교였다. 지방에 모든 기반을 두었던 동학이 서울에 손길을 뻗치기 시작한 것은 1898년 6월 제2대 교주 최시형이 서울에서 처형된 이후로, 정식 문패를 걸고 나타나기는 1904년 9월 동학교도들로 진보회-일진회를 조직하면서부터였다. 그런데 일진회가 일제의 '을사보호조약' 억지 체결을 지지하면서 세간의 여론을 악화시키자, 제3대 교주 손병희는 1905년 12월 동학을 천도교로 재편하고, 1906년 2월 일본에서 환국하여 이용구 일파를 제명함으로써 천도교와 일진회를 분리시켰다.[43]

천도교 중앙총부는 처음 다동에서 송현동 34번지를 거쳐, 1921년 경운동 88번지에 정착하였다. 1918년 착공하여 26만 원을 들여 1921년 완공한 중앙대교당은 중간 기둥을 하나도 두지 않은 넓은 회당에 2천 명을 수용할 수 있는 시설을 갖추고 있었다. 수운기념관은 1924년 수운 최제우 탄신100주년 기념사업으로 지은 건물인데, 상하층 의자에 1천 4백 명을 수용하는, YMCA회관과 더불어 서울 민간의 대표적 공회당이었다. 그리고 중앙종리원 건물은 천도교회와 '지상천국의 건설'을 목적하는 천도교청년당의 사무소인데, 천도교소년연합회·학생회 본부, 사월회 본부, 내수단 본부, 조선농민사 본부 등 천도교계열 사회단체의 총본영이었으며, 『개벽』『조선농민』 등 6,7종의 잡지를 매월 6만여 부씩 발행하는 민족언론의 진앙지이기도 하였다.44)

다음으로 30만 교인을 자랑하는 기독교는 교단별로 그 거점을 달리하였는데, 조선 최대의 개신교 교단인 장로회는 종로5정목 연동에, 북감리회는 정동에, 남감리회는 서대문정1정목 도렴동 종교예배당에 각기 본부를 두고 있었다.45) 이 때 종로 네거리는 이들을 하나로 이어주는 연합과 일치의 공간이었다. 장·감 양 교단과 사회단체의 연합기관인 조선야소교연합공의회(KNCC), 평신도 사회운동단체인 조선기독교청년회(YMCA)연합회가 종로 YMCA회관에, 기독교문서운동 센터인 조선야소교서회와 대영성서공회가 종로2정목 91번지에 위치하였던 것은 그러한 공간기능과 관련된 것이었다. 그리고 1893년 북장로회 선교사 무어Samuel F. Moore가 설립한 승동예배당(인사동 137)은 대가집 소실로 있던 여인네들과 백정·장인들이 많이 다닌다고 해서 '첩장妾匠교회'로 불린, 피마골 사람들을 대상으로 하는 민중교회였다.46)

불교계 또한 종로1정목 수송동에 본부를 두고 있었다. 조선조 억불정책 하에서 핍박을 받았던 불교가 서울에 다시 발을 내딛은 것은 갑오개혁기에 개혁조치의 하나로 승려의 도성 입성을 허용(1895. 4)하면서였다. 이후 1899년 전국 13도 사찰의 통할기관으로 동대문밖 현 창신초등학교 자리에 원흥사元興寺가 창건되고 1902년 여기에 궁내부 소속의 사사관리서寺社管理署(1902~1904)가 설치된 데 이어, 1910년 도성 안에 각황사覺皇寺(수송동 82)가 창건되었다. 특히 수송동의 각황사는 일제하 조선총독부의 조선불교 친일화 정책과 불교계 민족운동이 팽팽히 대치하던 공간이었다.

먼저 한국을 강제 합병한 일제는 1911년 6월 「사찰령」을 공포하여 전국의 사찰을 30본산(1924년 31본산으로 재조정)으로 편제하고, 각 본산 주지의 인사권과 사찰의 재산권을 실질적으로 장악한 가운데 조선불교의 왜색화를 추진하였다. 그에 따라 1912년 30본산 주지회의소가 원흥사에 설치되었다. 이어 주지회의는 1915년 2월 각황사에 30본산 연합사무소를 설치하고, 중앙학림(숭일동 북관묘 터, 1916~1922)을 설립하여 각 본산의 연락과 도제교육을 담당케 하였다. 한편 3·1운동 이후 한용운의 '불교유신론'을 기치로 '사찰령'의 철폐와 불교개혁을 추구하는 조선불교청년회가 1920년 6월 역시 각황사에서 창립되었다.

김법린 등 불교청년회 핵심회원들은 1921년 12월 불교유신회를 조직하고, 1922년 1월 30본산 주지총회를 불교총회로 바꾸어 불교계의 통일기관으로 중앙총무원의 설치를 결의토록 하였다. 그리하여 1911년 이회광 일파의 친일책동에 반대해 박한영 한용운 등이 주축이 되어 일으킨 임제종 운동의 거점이었던 범어사 등 10본산을 중심으로 조선불교중앙총무원이 각황사에 설립되었다. 그런데 총독부의 비호 아래 있던 대다수의 본산 주지들이 1922년 5월 27본산을 참여시켜 별도의 재단법인 조선불교중앙교무원을 역시 각황사에 설립함에 따라 불교계는 같은 장소에 본부를 둔 총무원과 교무원으로 나뉘어졌다.

총무원과 교무원은 우여곡절 끝에 1924년 4월 대타협을 이루어 조선불교중앙교무원으로 통합하였다. 그리고 1922년 총무원이 천도교로부터 인수한 보성고보가 1927년 혜화동 1번지 신축교사로 이전함에 따라 보성고보가 있던 수송동 44번지로 본부를 이전하였다. 한용운을 총재로 하여 1927년 11월경부터 활동을 재개한 조선불교청년회(총무 이종천)와 불교여자청년회(회장 우봉운) 또한 이 곳에 활동 근거를 마련하였다. 이들 단체의 회원들은 신간회·근우회 등에 참여하여 민족운동의 일익을 담당하였는데, 그러한 면에서 이 곳은 친일불교뿐아니라 불교계 민족운동의 진원지이기도 하였다.[47]

이와 같이 종로는 천도교·기독교·불교 등 주요 종교단체의 본부가 있는 종교행정의 중심지였다. 이들 종교계가 종로 공간을 각각의 거점으로 공유하고 있었다는 사실은 3·1운동의 일원화를 가능케 했던 공간적 토대가 어디에 있었는지를 보여준다는 점에서 시사하는 바가 크다고 할 수 있다.

2) 문화예술인들의 거점-신문사·잡지사·극장

일제하 종로는 학교·종교기관·신문사·잡지사·출판사·극장·영화관 등 문화시설이 밀집해 있는 조선인 문화의 중심지였다. 이 가운데 특히 신문사와 잡지사는 문인들의 활동거점으로 1920~30년대 문화운동의 중심 공간이었다. 당시 문인들의 작품활동과 교류의 중심축이었던 주요 신문사와 종합잡지사의 소재지를 일별해 보면 다음과 같다.

동아일보 : 1920. 4. 1. 화동 138번지(구 중앙학교 교사)에서 창간, 초대사장 박영효 발행인 이상협. 1920. 6. 김성수 2대 사장에 취임. 1921. 9. 자본금 70만 원의 주식회사로 전환, 송진우 사장에 취임. 1924. 5. 이승훈을 사장으로 영입. 1924. 10. 김성수 사장에 취임. 1925. 8. 지면을 6면으로 확장. 1926. 12. 11. 광화문통 140번지(현 세종로139) 지상3층, 지하1층 신축사옥으로 이전. 1929. 9. 지면을 8면으로 확장, 1933. 지면을 10면으로 확장

조선일보 : 1920. 3. 6. 대정친목회의 기관지로 실업신문을 표방하며 관철동 249번지(지류도매상)에서 창간, 사장 조진태 발행인 예종석. 1920. 4. 삼

각정 71번지로 사옥 이전. 1921. 4. 송병준이 판권을 인수, 사장 남궁훈. 1921. 8. 수표정 43번지(옛 전환국 2층건물)로 이전-1924. 9. 13. 신석우가 송병준으로부터 판권을 인수, '조선민중의 신문'을 표방하며 지면을 대혁신, 사장 이상재. 1927. 3. 신석우 사장에 취임. 1927. 7. 5. 견지동 111번지(현 농협 종로지점) 2층 신축사옥으로 이전-1931. 5. 안재홍 사장에 취임. 1932. 3. 유진태 사장에 취임. 1932. 6. 임경래가 판권을 장악. 1932. 11. 주요한 조병옥이 판권을 인수, 사장 조만식-1933. 3. 방응모가 판권을 인수. 1933. 4~12. 사내분규로 연건동 195번지 가사옥으로 이전. 1933. 6. 자본금 30만원의 주식회사로 전환. 1933. 7. 방응모 사장에 취임. 1933. 8. 지면을 10면으로 확장, 자본금 20만 원을 증액. 1935. 7. 태평통1정목 61번지에 5층사옥을 신축하고 입주

시대일보-중외일보-중앙일보-조선중앙일보 : 1924. 3. 31. 명치정2정목 82번지 동순태빌딩에서 주간잡지 『동명』(1922. 9~1923. 6)의 후신으로 『시대일보』 창간, 사장 최남선 발행인 진학문. 1925. 6. 홍명희 사장에 취임. 1926. 9. 폐간-1926. 11. 15. 화동 138번지 사옥에서 『중외일보』 창간, 발행인 이상협. 1929. 9. 사장에 안희제 영입, 지면을 8면으로 확장. 1931. 9. 폐간-1931. 11. 견지동 60번지 사옥에서 『중앙일보』 창간, 사장 노정일. 1932. 5. 재정난으로 휴간, 1932. 10. 속간, 사장 최선익. 1933. 2. 여운형 사장에 취임, 1933. 3. 제호를 『조선중앙일보』로 개제. 1933. 7. 지면을 6면으로 확장. 1934. 7. 자본금 30만 원의 주식회사로 전환, 지면을 조석간 8면으로 확장. 1937. 11. 폐간

매일신보 : 1910. 8. 30. 『대한매일신보』를 인수, 『매일신보』每日申報로 개제하여 발행, 발행소 중부 포전병문布廛屛門 이궁가二宮家. 1910. 10. 10. 일어신문 『경성일보』에 통합, 초대사장 요시노吉野太左衛門. 1910. 10. 20. 태평정2정목 35번지로 이전. 1910. 12. 31. 대화정1정목(필동) 경성일보사로 이전. 1914. 8. 아베阿部充家 사장에 취임(~1918. 6) 1914. 10. 17. 태평통1정목 옛 경위원 터(현 서울시청)로 이전. 1923. 12. 9. 태평통1정목 경성일보

신사옥으로 이전, 1924. 6. 15. 신사옥 낙성식. 1938. 4. 경성일보로부터 분리하여 제호를 『매일신보,每日新報』로 바꾸고, 1939. 2. 경성일보옆 4층 신축사옥(현 프레스센터)으로 이전[48]

『개벽』(1920. 6~1926. 8, 1934. 11~1935. 3) : 경운동 88
『조선지광』(1922. 11~1932. 2) : ……1926. 2. 청진동 95-2, 1927. 10. 청진동 223, 1929. 6. 재동 100
『신민』(1925. 5~1932. 6) : 1925. 5. 다옥정 98, 1929. 11~1931. 6. 중학동 1
『삼천리』(1929. 6~1941. 11) : 1929. 6. 돈의동 74, 1930. 9. 인사동 19, 1931. 6. 견지동 22, 1931. 9. 관철동 59, 1933. 3. 종로2정목 6, 1934. 8. 종로2정목 91[49]

한편 일본유학생 주요한 김동인 전영택 등이 동인이 되어 1919년 2월 도쿄에서 문예잡지 『창조』를 창간한 이후 국내에서도 『폐허』(1920. 7~1921. 1 ; 『뢰뇌쌍쓰』 1923. 4 ; 『폐허이후』 1924. 1) 『백조』(1922. 1~1923. 9) 등 문예 동인지가 창간되어 문인들의 사랑방 노릇을 하였다. 『폐허』는 1920년 7월 황석우 남궁벽 김억 오상순 염상섭 등을 동인으로 하여 창간된 문예지로, 퇴폐주의 낭만주의 상징주의 허무적 이상주의 사실주의 등 다양한 경향성을 띤 잡지였다.[50] 창간호는 적선동 골목안 '삼군부뒤' 폐허사(김만수의 집)에서, 종간호인 2호는 낙원동 243번지 신반도사에서 발행하였으며, 『폐허이후』는 공평동 66번지 중앙서림내 폐허이후사에서 발행하였다.

'창조파', '폐허파'와 더불어 초기 문단의 한 유파를 이루었던 '백조파' 의 『백조』는 1922년 1월 홍사용 이상화 박영희 현진건 나도향 박종화 등을 동인으로 하여 창간된 낭만주의 경향의 문예지였다. 백조사의 사무실은 낙원동 256번지 큰길가에 있었는데, 여기에 백조 동인들이 거의 매일

같이 모여 떠들썩하였다고 한다. 『창조』가 관서지방 신흥중간계급 출신 문인들이 중심을 이루었던 데 비해, 『폐허』와 『백조』는 서울의 중인층 출신 문인들이 중심을 이루었다.51) 그래서인지 서울을 무대로 하였던 폐허파와 백조파 문인들 사이의 라이벌 의식은 각별하였다. 1923년 말 개벽사 주최로 필자들을 초청하여 가진 송년회에서 둘 사이에 말다툼이 벌어져 패싸움 직전까지 간 사건은 그 단적인 사례였다.52)

이 무렵 사회주의 계열의 이른바 '신경향파' 문학이 또한 태동하였는데, 『개벽』지와 『조선지광』의 문예란은 그 온상이었다. 김기진 박영희 등이 씨를 뿌린 계급주의 문학은 이광수가 주재하던 문예지 『조선문단』(1924. 10~1927. 4)의 부르주아민족주의 문학과 맞서면서, 1925년 8월 조선프롤레타리아예술동맹의 창립으로 일단의 결단을 맺었다.53) 창립과 더불어 프로예맹은 견지동 80번지 서울청년회관에 당당히 간판을 내걸었지만, 활동은 1926년 1월 『문예운동』 한 권을 세상에 내놓는 데 그쳤다. 이후 일월회 안광천 주도하에 경제투쟁에서 대중적이며 목적의식적인 정치투쟁으로의 전환을 촉구하는 「정우회선언」이 발표되면서, 프로예맹도 1927년 강령과 규약을 개정하여 '예술을 무기로 하여 조선민족의 계급적 해방'을 추구한다는 보다 정치성이 농후한 새 강령을 채택하고 단체의 이름도 'KAPF'(카프)로 약칭하였다.54)

신문사와 잡지사, 동인지 사무실, 카프 사무실 등과 더불어 당시 지식인들의 사랑방 노릇을 하던 곳으로 조선광문회·계명구락부 같은 구락부가 있었다. 이 가운데 계명구락부는 1918년 박승빈 등 지식인 33인의 발기로 창립된 단체로, 기관지 『계명』(1921. 5~1933. 1)과 고서 등을 간행하여 조선문화의 진흥을 꾀하는 한편으로, 음력설 폐지와 두루마기에 고름 대신 단추달기 등 의식주에 걸친 신생활운동을 전개하기도 하였다.

계명구락부는 인사동 152번지 2층건물에 자리하고 있었는데, 이 건물은 구락부를 재정적으로 후원하던 한일은행장 민대식의 소유였다. 계명구락부의 실질적 좌장은 보성전문 교장을 역임한 박승빈이었다. 그는 조선어학회와 별도로 조선어학연구회를 조직하는 등 한글운동에도 많은 관심을 기울여 구락부 한켠에 칸막이를 해 놓고 임규 등을 시켜 조선어사전의 편찬작업을 하기도 하였다.[55]

이보다 조금 급이 떨어져 빈궁한 노지식인들이 주로 찾는 사랑방으로는 고서점과 한약방 복덕방 등이 있었다. 고서점 가운데는 홍명희가 「임꺽정전」을 『조선일보』에 연재할 당시 자주 찾던 대동서림이라는 책방이 있었다. 1929년 12월 신간회 민중대회사건으로 구속되어 1931년 4월 1년 6개월 형을 선고받고 서대문형무소에서 복역하다가 1932년 1월 가출옥한 이후, 홍명희는 교동보통학교 뒷골목 익선동 33번지 6처에 살고 있었는데, 아침 나절에는 「임꺽정전」 원고와 씨름을 하고 오후가 되면 대동서림으로 바람쐬러 나가는 것이 이 무렵의 하루 일과였다고 한다. 대동서림은 '양반책사' 兩班冊肆라고 해서 늙은 양반들이 많이 모여들어 그들의 사랑방 구실을 하였다. 이 책가게에 매일 나오다시피 하는 사람이 『조선소설사』를 지은 김태준이었는데, 여기서 그는 홍명희로부터 국문학, 한국역사에 관해 여러 가지 자문을 받았다고 한다.[56]

대동서림 말고 유명한 고서점으로 인사동길 중턱에 간송 전형필이 집안사람을 시켜 경영하던 한남서림(관훈동 18)이 있었다. 이 곳은 고서적을 사고 파는 가게인데 전형필이 서화 골동을 사들이는 거점이었다. 인사동에서 북촌에 이르는 지역에는 전통적인 양반가옥이 밀집해 있어 여기서 나오는 고서 골동 서화 병풍들을 중심으로 1930년대 고서적 고미술품을 취급하는 상가가 들어섰는데, 여기서 거래되는 도자기 등 골동품들은 일본으로 반출되는 것이 보통이었다.[57] 그러한 상황에서 골동품 수집에 남다른 노력을 기울였던 전형필의 한남서림은 문인들의 사랑방으로서뿐 아니라, 우리 문화재의 일본 반출을 막는 파수꾼과도 같은 존재였다.

이와 같이 신문사 잡지사 구락부 고서점들이 문인들의 사랑방이었다면, 극장과 영화관은 연극인 영화인들의 유일한 작품발표의 장이었다. 일제하 종로에는 단성사(수은동 56) 조선극장(인사동 130) 우미관(관철동 89) 등의 극장 영화관이 있었다.

단성사는 1907년 6월 지명근 주수영 박태일 등이 공동출자하여 중부 파조교, 종로3가 현 위치에 기존 목조 2층건물로 설립한 극장이다. 개관 후 기생들의 판소리 민요 민속무용 악기연주와 재담 무속 등 전통연희 전문극장으로서 자선공연 등의 이벤트를 통해 유력자는 물론 일반 대중들의 오락장 구실을 하던 단성사는 1912년 들어 이를 조금씩 개량하여 신파극을 공연하기 시작하였다. 신파극은 1913년 7월 구건물을 헐고 1914년초 서양식 외형에 일본식 내부설비를 갖춘 1천 석 규모의 극장 건물을 신축 개관하면서 본격적으로 공연되기 시작하여, 1916년에는 혁신단 문수성 예성좌 등의 극단이 합동으로 '신파 대합동연극'을 공연하기도 하였다. 특히 조일재가 『매일신보』에 연재했던 「장한몽」(尾崎紅葉가 쓴 『金色夜叉』의 번안)을 신파극으로 꾸민 이수일과 심순애의 애절한 사랑이야기는 단성사에서 공연된 이래 장안의 인기를 독차지하였다.[58]

단성사는 1909년 2월 이익우로 주인이 바뀐 이후 몇 차례의 소유권 이동을 거쳐 1917년 2월 황금정의 황금관 주인 다무라田村에게 넘어갔다. 다무라는 단성사를 전통연희나 신파극보다 수익성이 높은 영화상영관으로 전환하고, 광무대(황금정4정목 310)를 운영하는 박승필에게 경영권 일체를 위임하였다. 박승필은 1918년 12월 건물을 신축한 다음 단성사는 영화관으로, 광무대는 전통연희 공연장으로 각기 특성화해 나갔다. 이후 단성사는 일본 쇼치쿠松竹 영화사 및 미국 유니버설 영화사로부터 직배로 필름을 들여와 한 주일에 두 편의 새 영화를 상영하면서 경성 제일의 영화개봉관으로 자리잡았다.59)

단성사의 경영주 박승필은 국산영화의 진흥에도 남다른 관심을 보여 신극좌의 김도산이 활동사진 연쇄극으로 찍은, 최초의 국산영화 「의리적 구투」義理的 仇鬪를 제작하는 데 돈을 대기도 하였다. 「의리적 구투」는 1919년 10월 27일 단성사에서 처음 상영되면서, '영화의 날'의 기원을 이루었다. 활동사진에서 한 걸음 나아가 무성영화로서, 민족정신을 크게 진작시킨 점 외에 작품 면에서도 그 때까지 신파조 아니면 일본영화의 모방이었던 데서 벗어나 심리적 몽타지의 전위적 수법을 사용하여 민족영화의 이정표를 세운 나운규의 「아리랑」(1926)이 개봉된 곳도 단성사였다.

1927년 3월 영화감독 이경손 안종화가 신인 발굴, 촬영소 설치, 시나리오에 대한 검토와 연구 등을 목적으로 안석영 김영팔 고한승 등의 동조를 얻어 조선영화예술협회를 조직하고 황금정2정목에 사무실을 낼 수 있었던 것도 단성사와 박승필이 국산영화 제작 발표의 든든한 버팀목이 되어 주었기 때문이다.60) 이렇게 단성사는 국산영화의 산실로서, 영화인들의 작품발표 공간으로서 영화인들의 구심점 역할을 하였다.

다음으로 조선극장은 황원균이 동양생명보험 경성지부장 야자와矢澤銀次郞의 자본을 끌어들여 종로2가 인사동 천향원 앞에 엘리베이터에 식당 오락실까지 갖춘 7백여 석 규모의 최신식 3층건물을 신축하고, 1922년 11월 개관한 연극·영화 겸용 극장이었다. 조선극장은 '조선인 관람객을 전문으로 하여 조선연극을 상연'할 것을 표방하고, 극장 사상 최초로 가

족석까지 만든 점에서 많은 주목을 받았다. 그러나 경영주 황원균과 자본주 야자와 사이에 분규가 일어나 소유주와 경영주가 10여 차례나 바뀌는 어려움을 겪다가 1936년 6월 대형화재로 전소되고 말았다. 조선극장은 최신설비를 바탕으로 영화관 최초로 발성영화를 상영하는 등 서양영화 개봉관으로서도 성가를 높였지만, 그보다는 각종 명창대회와 신극단체의 단골무대로서 우리 문화운동에 크게 기여하였다.[61] 그 가운데서도 특히 1923년 9월 토월회가 「카츄샤」(톨스토이의 『부활』)를 상연하여 큰 성공을 거두고 우리 나라 신극운동의 횃불을 든 곳으로 유명하다.

　토월회는 1923년 초 박승희(박정양의 3남)를 비롯해서 김복진 김기진 연학년 이서구 김을한 이제창 박승목 등 도쿄 유학생들이 김기진의 하숙집에 모여 조직한 신극운동 단체였다. 토월회는 첫 사업으로 일본풍의 신파극에 젖어 있던 국내 연극계의 쇄신을 위해 여름방학을 이용해서 신극 공연을 계획하였다. 1923년 7월 서울에 도착한 그들은 조선극장 근처 낙세여관(인사동 142)에 짐을 풀고 이 곳을 토월회 임시사무소로 삼아 7월 중순 제1회 공연으로 안톤 체홉 원작의 「곰」과 박승희의 창작극 「길식이」를 무대에 올렸다. 그러나 제1회 공연은 무대경험이 없는 학생출신 배우들의 서투른 연기로 도중에 막을 내리는 낭패를 보았다. 미술학교 학생들이 정성껏 만든 그럴 듯한 무대배경이나 장치에 비해 연기는 형편없었다고 해서 '은그릇에 설렁탕'이라는 비평이 쏟아졌다고 한다.

　토월회 회원들은 이 실패를 거울삼아 배우로 안석영 이월화 이소연 이백수 복혜숙 등을 영입하고 연습을 거듭하여 1923년 9월 1일 톨스토이 원작 「카츄샤」와 마이스텔 원작 「하이델베르크」를 다시 조선극장 무대에 올렸다. 제2회 공연은 사실적인 무대장치와 의상, 일상회화식의 대화, 충실한 작품 고증과 탄탄한 연출을 통해 종래의 신파극과 차별화를 이루고, 흥행 면에서도 커다란 성공을 거두었다.[62] 이같이 조선극장은 토월회에서 극예술연구회(1932)로 이어지는 우리 나라 초기 신극운동의 요람이었다. 조선극장은 또한 1929년 광주학생운동 당시 김무삼(김동준金東駿, 당시 중성사衆聲社 영업국장)이 민중의 궐기를 촉구하는 전단을 뿌린 장소로도 유명하다.

끝으로 YMCA 건너편 관철동 골목 초입에 있었던 우미관은 1912년 고등연예관이라는 이름으로 문을 열었는데, 일본영화를 재상영하거나 외국 대중작품을 개봉하는 2류 영화관이었다. 일본인이 경영하던 이 영화관은 조선인 대중 관객이 주로 찾던 곳으로, 무성영화 변사 이병조는 단성사의 김덕경과 더불어 당시 커다란 대중적 인기를 누리던 명재담가였다. 우미관은 다른 극장과 마찬가지로 1928년 10월 토월회의 제57회 재기공연을 비롯해 각종 연극을 상연하기도 하였다. 아울러 우미관 뒷골목과 인근 관철여관은 김두한으로 대표되는 종로 주먹패의 본거지로도 유명하였다.[63]

이렇게 종로 일대 신문사 잡지사 극장 영화관들이 문화예술인의 창작활동의 거점이었다면, 그 주변의 다방과 카페, 선술집 앉은술집 요리집은 그들의 사교장이었다. 주권을 상실한 상황에서 술마시고 기염을 토하고 넋두리를 하면서 울분을 토해 내는 것이 당시 인텔리라는 문화예술인들의 일상 생활풍토였다.[64] 그래서 종로 주변에는 그들이 자주 찾는 단골 술집이 즐비하였는데, 교동보통학교 아랫골목에 살던 시인 정지용은 집 근처 낙원동 골목에 있는 선술집 맥주집을 동료 문인들과 함께 자주 드나들었고, 심훈(본명 심대섭沈大燮)의 형 심우섭(경성방송국 제2방송과장)은 인사동에 있는 김천옥이라는 앉은술집의 단골손님이었으며, 영화감독 김유영과 작가 이종명은 청진동 골목의 앉은술집을 자주 찾았다고 한다. 종로1가에서 동대문까지 선술집 순례를 하며 호기를 부리는 이들도 적지 않았다.[65] 그리고 잡지사와 극장 주변의 중국음식점 열빈루(돈의동 114)는 송년회를 비롯한 문화예술인들의 각종 모임장소로 애용되었다.

3) 종로의 화류계 풍경-요리집과 기생·권번

배설의 공간으로서 일제하 종로 화류계의 상징은 기생과 요리집이었다. 경성의 요리집은 융희 2년간에 궁중요리를 담당하였던 안순환이 1904년 무렵 광화문통 139번지(현 동아일보 일민미술관 자리)에 순조선 요리 본위의 명월관을 개업하면서 시작되었다.[66] 1918년경 명월관이 의외의 화재를 당해 3층건물 전체와 서화 악기 의복 그릇 등이 모두 타버린 이후 얼마 안 있어 안순환은 식도원이라는 요리집을 다시 경영하였다.[67] 명월관을 시작으로 천향원 등의 요리집이 종로에 하나씩 나타났는데, 주요 요리집의 소재지는 다음과 같았다.[68]

> 명월관 본점(돈의동 145), 명월관 지점(서린동 147), 천향원天香園(인사동 110), 식도원食道園(남대문통1정목 16), 국일관國一館(관수동 21), 태서관太西館(공평동 78), 창서원暢敍園(공평동 65), 송죽원松竹園(낙원동 289), 조선관(서린동 37)

이 가운데서도 명월관·천향원·식도원 등이 일류 요리집으로 꼽혔다. 저녁 때 어스레해서 전등불이 들어올 때쯤 되면 종로거리에는 곱게 화장을 한 기생들이 행렬을 지어 인력거를 타고 각처 요리집으로 향하였다. 이 가운데 특히 명월관은 한때 경성의 명물로, 서울오는 관광객은 대개 여기서 한 상 차려놓고 기생의 장구가락에 따라 흘러나오는 수심가 한 자락은 들어야 서울 다녀왔다고 말할 수 있을 정도였다.[69]

종로 일대의 이들 요리집이 경성의 명물로 자리잡을 수 있었던 것은 요리도 요리였지만, 그보다는 여기서 술을 따르고 가무를 공연하는 화류계의 주인공 기생 때문이었다. 기생은 궁중이나 관청에 배속되어 있던 관기에서 출발하여, 1894년 갑오개혁으로 궁중과 지방관청의 기안妓案이 혁파되면서 자유업으로 바뀌었다. 이 때 경제적 자립능력이 없는 기생들이 포주抱主 : 妓夫 또는 수양부모에게 의탁을 하면서, 기생들은 크게 그들 밑에 있는 유부기有夫妓와 그들로부터 분리 독립한 무부기無夫妓로 나뉘게 되었다.

이러한 가운데 시대의 변천을 따라 기생들을 가입시켜 일정액의 수수료를 받고 요리집에 소개하는 기생들의 공동사무소이자 일종의 중개업으로 기생조합이 출현하였다. 최초의 기생조합은 1908년 서울의 관기출신 유부기들을 중심으로 조직한 한성기생조합(한성권번의 전신)이었다. 그 다음으로 평양의 무부기를 중심으로 조직한 다동조합茶洞組合(대정권번－대동권번의 전신)과 삼패三牌(매음까지 하던 준기생)로 조직된 신창조합新彰組合(경화권번－조선권번의 전신)이 설립되었다. 일제강점 후 기생조합은 일본식 권번券番으로 바뀌었는데, 이와 더불어 경영권 또한 일본인에게 넘어가는 경우가 생겼다. 순수하게 조선인이 경영하는 권번은 한성권번과 1917년 2월 경상·전라 양도의 기생을 중심으로 설립한 한남권번뿐이었고, 조선권번은 친일파 송병준 '색작'色爵에게, 대정권번은 일본인 나가노의 손에 넘어갔다. 대정권번에서 분리하여 순 평양기생으로 조직된 대동권번은 1924년 무렵 간판만 내걸고 있는 상태였다.[70]

1929년 현재 이들 권번에 소속된 기생 수는 한성권번(무교정 92)에 260명, 한남권번(공평동 65)에 130명, 대동권번(관철동 294)에 110명, 조선권번(다옥정 165)에 440명, 경성권번(관수동 160)에 200명 등 1천 명이 넘었다. 이들 가운데 일류 기생은 한성권번에 많았다고 한다. 화대는 보통 처음 1시간은 1원 95전, 그 밖에 인력거값이 붙지만 이후로는 1시간당 1원 30전이었다. '매창불매음' 賣唱不賣淫의 전통도 바뀌어 돈만 주면 몸까지 허락하는 경우가 허다해졌다.[71]

일제하 경성의 명물 가운데 하나였던 종로의 요리집과 기생은 1930년대 카페와 바가 등장하면서 한풀 꺾이기 시작하여 태평양전쟁 무렵 대부분 문을 닫았다. 한편 요리집과 권번 근처인 다옥정 서린동 청진동 관철동 일대에는 기생들이 모여사는 기생촌이 있었다. 기생들은 화대의 몇 할을 권번과 요리집에 뜯기고 주로 월셋집에 살았는데, 그들이 사는 동네는 낮에도 장구 가야금 소리가 노래와 함께 흘러나와 화류계 분위기를 돋우고 저녁이 되면 인력거꾼들의 소리로 시끄러운 풍경을 연출하였다.[72] 창과 판소리, 춤이나 가야금 등 기예에 능한 일류 기생들은 광무대와 같은 극장에서 대중공연을 갖기도 했는데, 그러한 면에서 그들은 전통연희의 맥을 이어간 예술인이기도 하였다.

*　　*　　*

이상에서 일제하 종로 문화공간의 성격을 침략과 저항, 전통과 근대, 일상과 일탈, 창작과 배설이라는 맥락에서 살펴보았다. 일제하 종로공간을 규정짓는 역사적 조건은 일제의 강점이었다. '한일합병'으로 서울은 한 나라의 수도로서의 지위를 상실하고, 생활공간 또한 종로를 중심으로 한 북부의 조선인 구역과 진고개를 중심으로 한 남부의 일본인 구역으로 재편되었다. 이 때 종로-서대문으로 이어지는 서울의 동서 축선은 광화문-태평로-남대문으로 이어지는 남북의 '침략' 상징축과 남부 일본인 구역의 압박을 받아 그 발전을 왜곡 굴절당하였다. 그리하여 종로를 중심으로 일제의 침략과 그에 대한 저항의 대치선이 형성되었는데, 그것은 서울의 과거 '수도'로서의 위상과도 관련하여 전국적인 상징성을 가지고 있었다.

다음으로 일제하 서울의 대표적 조선인 거리로서 종로는 전통과 근대가 공존하는 공간이었다. 여기서 전통과 근대는 일제의 침략으로 인한 엇물림의 관계로 특징지워졌는데, 그러한 모습은 종로의 정체성 위기로 연결되었다. 1920년대 후반부터 종로에는 '모던 보이' '모던 걸', 카페나 다방같이 자본주의 소비문화를 상징하는 '모던'한 풍물이 등장하기 시작하였다. 그런데 그것이 자본주의적 생산의 발전과 궤를 같이하면서 출현한 것이 아니라, 일본인의 종로 진출과 더불어 이식된 문화였다는 데 문제가 있었다. 아무튼 자본주의 소비문화는 카페 레스토랑 영화관 극장 음악회 등 새로운 도시적 생활양식을 연출하였다.

소위 '모던'한 바람이 불기 시작한 이후에도 종로거리는 YMCA회관을 제외하고는 이렇다 할 상징건물도 없이 여전히 정돈되지 않은 모습을 하고 있었다. 종로에 대형 상업건축물이 들어서기 시작한 것은 1930년대 중반부터로, 특히 1937년 낙성한 화신백화점 서관은 조선인상권의 마지막 자존심이자 친일기업이라는 야누스적 얼굴을 한 채 종로상가의 상징으로 자리를 잡았다.

전반적으로 진고개 미쓰코시백화점과 일본상인의 북진 공세에 밀려 퇴각을 거듭하는 속에서도 상대적인 비교우위를 가지며 종로상가의 옛 명성을 이어간 것은 오히려 야시였다. 종로 밤거리를 화려하게 수놓았던 야시는 전통과 근대, 각계각층의 사람들이 한데 어우러지는 대중적인 열린 마당으로서 일제하 종로의 첫째 가는 명물이었다.

일제하 종로 시민들은 상가를 중심으로 그 주변에 포진된 피마골 일대의 접객업소, 소공장 등을 자신들의 생활 터전으로 삼고 있었다. 종로 뒷골목 이른바 '피마골'은 서민들의 애환이 생생히 담겨 있는 일제 식민지지배의 뒤안길이었다. 이 곳에는 설렁탕집 탕반집 떡집 선술집 앉은술집 색주가들이 집중된 가운데 서민들의 일상과 일탈의 공간으로서 기능하고 있었다. 특히 선술집은 피마골의 상징으로, 당시 조선인의 생활을 그대로 보여주는 대중공간이었다. 이 밖에 종묘 서편 피마골 어귀에는 지게꾼 인력거꾼 미장이들의 인력시장이 열렸으며, 관수동 대관원 근처에는 화교촌이 형성되어 있었다.

한편 종로에는 과거 시전의 전통을 배경으로 전통 가구제조업 금은세공업 직조업에 종사하던 장인들이 다수 거주하며 소공업을 경영하고 있었다. 근대의 물결이 밀려오면서는 양화점 인쇄소 등이 생겨나기도 했는데, 특히 인쇄소는 전국의 조선인 인쇄업을 대표하는 비교적 큰 규모의 인쇄공장들이 이 일대에 몰려 있었다. 때문에 이들 공장에 다니는 노동자들 또한 적지 않은 수에 이르렀는데, 1922년의 경성 양화직공 동맹파업과 1925·27년의 대동인쇄 직공파업은 그들의 대표적인 생존권투쟁이었다.

더불어 종로 일대는 각종 조선인 학교가 밀집해 있는 학생문화의 공간으로, 서점과 도서관이 그 일부분을 이루며 자리잡고 있었다. 또한 YMCA회관과 수운기념관 같은 민간 공회당, 병원 여관 목욕탕 이발소 등 조선인을 대상으로 하는 각종 문화시설이 밀집해 있는 문화의 거리이기도 하였다. 그리고 천도교·기독교·불교 등 종교계의 교무행정 중심기관이 모여 있어, 3·1운동 당시 이들 종교계를 중심으로 독립운동의 일원화를 이루어내는 발판이 되었다.

이렇게 종로는 일제하 조선인 문화의 중심지였는데, 이 가운데 『동아일보』, 『조선일보』, 『조선중앙일보』 등의 신문사와 『개벽』 등의 잡지사는 당대의 문인들이 작품을 발표하는 주요 통로로서 창작활동의 중심축을 이루었다. 그리고 『폐허』 『백조』와 같은 동인지 사무실, KAPF와 같은 좌익 문예운동단체는 문인들의 사랑방 노릇을 하였다. 이 밖에 지식인들의 사랑방으로 계명구락부가 있었고, 고서점과 한약방 복덕방 또한 빈궁한 노지식인들의 단골 모임장소였다. 한편 단성사 조선극장 우미관 등의 극장·영화관은 연극·영화인들의 작품발표 공간이었다. 특히 대중영화관 우미관 뒷골목은 김두한으로 대표되는 종로 주먹패의 본거지로도 유명하였다.

  종로 일대의 신문사 잡지사 극장 영화관들이 문화예술인의 창작활동의 거점이었다면, 그 주변의 다방과 카페, 선술집 앉은술집 요리집은 그들의 사교장이자 배설공간이었다. 이 가운데 기생과 요리집은 경성 화류계의 상징이었다. 당시 종로에는 명월관 천향원 식도원 등 일류 요리집과 여기에 기생을 소개해 주는 기생조합으로 한성권번 한남권번 대동권번 조선권번 등이 몰려 있었다. 그리고 그 근처 다옥정 서린동 청진동 관철동 일대에는 기생들이 모여 사는 기생촌이 형성되어 있었다. 기생들 가운데 창과 판소리, 춤이나 가야금 등 기예에 능한 일류들은 전통연희의 맥을 이어간 예술인으로서 광무대와 같은 극장에서 대중공연을 갖기도 하였다.

  이와 같이 일제하 종로는 민족운동의 공간으로서, 전통과 이식된 근대가 만나는 접점으로서, 서민들의 일상과 일탈의 공간으로서, 문화예술인들의 창작과 배설의 공간으로서 식민지시기를 살아갔던 조선인들의 삶의 다양한 차원을 함께 보여주는 문화공간이었다.

주 |

개항기 서울의 개화 · 개혁운동 공간

1) 기자, 「충달공 김옥균선생」, 『개벽』 3, 1920. 8, 42쪽 ; 藤井龜若 編著, 『京城の光華』, 朝鮮事情調査會, 1926, 140쪽.
2) 정구충, 「경기80년」②, 『중앙일보』 1980. 11. 1.
3) 해방후 서 박사의 딸 뮤리엘 제이슨이 경기고 교정에 포함되어 있는 서재필의 집터에 대한 소유권 청구소송을 제기하자 1956년 4월 12일 대법원에서는 화동 교지 11,178평 가운데 3,443평을 서 박사의 사유지로 확정하고 토지대금 3억 5천만 원을 지급하도록 판결하였다고 한다. 『경기구십년사』, 1990, 55쪽.
4) 이광수, 「박영효씨를 만난 이야기」, 『동광』 1931. 3, 15쪽.
5) 이중화 찬, 『경성기략京城記略』, 신문관, 1918, 121~122쪽.
6) 경기여고(당시 官立 京城女子高等普通學校)가 교동에 터를 잡았던 기간은 1913년 4월부터 1922년 4월까지 10년간이었다. 경기여자고등학교 동창회, 『사진으로 보는 경기여고 90년』, 1998, 268쪽.
7) 윤효정, 『풍운한말비사』, 1931 / 수문사, 1984, 136~137쪽.
8) 杉村濬, 『(明治27·8年) 在韓苦心錄』, 勇喜社, 1932, 113~114쪽. 민영주의 저택은 윤치소, 박영효를 거쳐 박제순이 살다가 그가 죽은 이후 1918년 경성고등보통학교(경기고)의 부지로 넘어갔다. 그의 집은 화동 교사의 운동장 한복판에서 북쪽 뒷동산 성덕원成德園에까지 걸쳐 있는 대저택이었다고 한다. 1970년 당시 경기고 본관 뒤뜰에서 집안의 옛 우물터를 기념하여 1900년 겨울 박제순이 지은 글이 쓰여진 돌이 발견되었다(『경기구십년사』, 120쪽).
9) 황현, 『매천야록』 권5, 국사편찬위원회, 1955, 416쪽.
10) 이광린, 「'제중원' 연구」, 『한국개화사의 제문제』, 일조각, 1986, 117쪽.
11) 문일평은 재동 여고는 풍양조씨의 구기舊基로 익종비 조대비가 태어나고 자란 곳이라고 하였고, 유동준은 1883년 당시 외아문이 재동 민영익의 사저에 설치되었다고 적고 있다. 문일평, 「구거유화舊居遺話」, 『호암전집』 3, 268~270쪽 ; 유동준, 『유길준전』, 일조각, 1987, 79쪽.
12) 『통서일기統署日記』 1 (구한국외교관계부속문서, 제4권, 고려대 아세아문제연구소, 1973), 고종 22년 을유 2월 18일, 187~188쪽.
13) 『알렌의 일기』(김원모 역, 단국대 출판부, 1991), 1885년 3월 1일(일), 67쪽.

14) "현재의 병원은 혜민서惠民署, 즉 '교화된 덕을 갖춘 집' home of Civilized Virtue이라고 불리고 있다. 건물은 앞서 홍영식이 쓰던 집이었는데, 그는 최근의 정변에서 시해되었다. 우리가 그 집을 인수받았을 때, 정변 때 입은 매우 극심한 약탈 때문에 건물의 뼈대만 남아 있었다. 한 방에는 사람의 피로 추정되는 핏덩이로 덮여 있었다. 그 집을 병원으로 꾸미는 데는 600~1000달러가 들었는데, 모두 정부에서 지불하였다. 1년에 약 300달러 상당의 약품대가 소요되는데 경상비는 정부에서 담당할 것이며, 지불할 능력이 없는 자에게는 의약품과 시술이 무료로 제공된다. 약 40개의 침대를 수용할 만한 방을 갖추었고, 필요에 따라 더 많이 수용할 수 있도록 확장이 가능하다" "Medical Work in Korea", The Foreign Missionary Vol. 44, No. 2, July 1885, 75쪽 ; 이만열, 「기독교선교 초기의 의료사업」, 『동방학지』 46·47·48합집, 1985. 6, 508쪽.
15) 문일평, 「근교 산악사화近郊山岳史話」, 『호암전집』 3, 186~187쪽.
16) 『제국흥망의 연출자들』, 혜안, 1994, 12~13쪽.
17) 1899년 9월 제물포-노량진간 33km의 철도가 처음 개통된 데 이어, 1900년 7월 노량진과 용산을 잇는 한강철교가 준공되면서 경인선이 서울까지 완전 개통되어 11월 개통식을 거행하게 되는데 이 때까지 양화진은 서구문물과 사람들의 주요 유입통로였다.
18) 한철호, 『친미개화파연구』, 국학자료원, 1998, 78쪽.
19) 정교, 『대한계년사(상)』, 국사편찬위원회, 1957, 151쪽.
20) 서울시에서는 1992년 서대문형무소 자리에 독립공원을 조성한 이후 독립관 복원공사에 착수하여 본래 독립문 남쪽에 있던 독립관을 1996년 12월 현재의 독립문 서북쪽에 복원하였다. 독립문 역시 본래는 동남쪽으로 70m 떨어진 도로 한복판에 있었는데, 1979년 금화터널과 사직터널을 연결하는 고가도로가 건설되면서 현재의 위치로 옮겨졌다.
21) 윤치호, 「독립협회의 시종」, 『신민』 14, 1926. 6 / 『한국근세사논저집』 1, 태학사, 1982, 246쪽.
22) 독립협회 내부의 서로 다른 계열과 노선에 대해서는 주진오, 「19세기 후반 개화 개혁론의 구조와 전개」, 연세대 대학원 사학과 박사학위논문, 1995, 144~155쪽 참조.
23) 이광린, 「서재필의 『독립신문』 간행에 대하여」, 『한국개화사상연구』, 일조각, 1979, 173쪽.
24) 『독립신문』 1898. 5. 21, 7. 15 ; 「본사 고백(告白)」, 『황성신문』 1898. 9. 5. 정확한 주소는 중서中署 징청방澄淸坊 황토현黃土峴 23통 7호였다.
25) 『황성신문』 1902. 10. 21, 1904. 5. 27, 8. 8, 8. 16 ; 이광린, 「『황성신문』 연구」, 『개화파와 개화사상 연구』, 일조각, 1989, 156~178쪽.
26) 이에 반해 '개화파'의 직계라 할 수 있는 안경수 계열은 정부가 바뀌어야 국정 개혁도 가능하다고 보고, 박영효를 비롯한 망명자들과 결합하여 갑신정변·갑오개혁에서와 같이

쿠테타를 통해 개화관료 중심의 권력구조를 확립하려 하였다. 안경수의 정변미수사건 (1898. 7)과 박영효사면·소환운동을 벌인 12월 6일 이후의 만민공동회는 그들에 의해 주도된 것이 었다.

27) 신용하, 『독립협회연구』, 일조각, 1976, 112~117쪽 ; 이광린, 「초기의 배재학당」, 『개화파와 개화사상 연구』, 116~118쪽.
28) 「본회회보」, 『대한자강회월보』 1, 1906. 7, 12·38쪽.
29) 「특별광고」, 『대한자강회월보』 7, 1907. 1.
30) 「본회역사 급 결의안」, 『대한협회회보』 1, 1908. 4, 38~41쪽.
31) 김도형, 『대한제국기의 정치사상연구』, 지식산업사, 1994, 148쪽.
32) 「대한신민회통용장정」, 『한국독립운동사 제1권 자료편』, 국사편찬위원회, 1028쪽.
33) 신민회에 대해서는 신용하, 「신민회의 창건과 그 국권회복운동」, 『한국민족독립운동사연구』, 을유문화사, 1985 ; 윤경로, 『105인사건과 신민회연구』, 일지사, 1990 참조.
34) 『독립신문』 1896. 5. 12. ; 『황성신문』 1905. 1. 23. ; 이광린, 「구한말의 관립외국어학교」, 『한국개화사연구』, 일조각, 1989, 140쪽.
35) 이광린, 「『대한매일신보』 간행에 대한 일고찰」, 『한국개화사의 제문제』, 249쪽.
36) 『대한매일신보』 1907년 1월 4일자 「사고社告」에는 그 주소를 남서南署 황단皇壇 신작로 초입 석정동石井洞 북편의 3층 양옥이라고 적고 있다.
37) 송길섭, 「민족운동의 선구자 전덕기 목사」, 상동교회, 1979, 16~19·32~35쪽.
38) 상동교회 전도사 전덕기는 을사조약이 억지 체결되자 엡윗청년회 전국대회를 소집하였는데, 『백범일지』에 따르면 여기에는 당시 진남포교회 엡윗청년회 총무 일을 하던 김구와 이준·이동녕·조성환 등도 끼어 있었다. 그들은 대한문 앞과 종로 일대에서 을사조약의 무효화를 요구하는 상소와 시위운동을 전개하는 한편으로, '을사5적'의 처단을 계획하였다. 그러나 결과가 여의치 않자 상소운동이나 자결만으로는 국권회복이 어렵다고 보고, 신교육을 실시하여 민중의 애국사상을 고취하기로 향후 방침을 정하고 흩어졌다. 상동청년회에 대해서는 한규무, 「상동청년회에 대한 연구」, 『역사학보』 126, 1990 참조.
39) 신용하, 앞의 글, 77~84쪽.
40) 진학문, 「육당의 업적」, 『현대문학』 1960. 10, 171~179쪽 ; 조용만, 『일제하 한국신문화운동사』, 정음사, 1979, 136~137쪽 ; 김윤식, 『이광수와 그의 시대』, 한길사, 1986, 468~477쪽.
41) 『서우』 1, 1906. 12 ; 『서우』 8, 1907. 7 ; 『서우』 14, 1908. 1:
42) 「회보」, 『서북학회월보』 15, 1908. 2, 45~46쪽.
43) 「회보」, 『서북학회월보』 1, 1908. 6, 37쪽 ; 「회사會事 요록」, 『서북학회월보』 2, 1908. 7, 39쪽.

44) 최승만, 『나의 회고록』, 인하대 출판부, 1985, 26쪽.
45) 「제1회 건축비의연금 수납보고」, 『서북학회월보』 3, 1908. 8, 51쪽 ; 「본회관의 촬영」, 『서북학회월보』 17, 1909. 11, 1쪽.
46) 「본회기사」, 『기호흥학회월보』 1, 1908. 8, 44~49쪽. 제12호(1909. 7)에도 발행소를 교동 같은 주소의 기호흥학회 사무소로 표기하고 있는 것으로 보아 줄곧 이 건물을 회관으로 사용하였음을 알 수 있다.
47) 중앙학교는 1915년 4월 김성수가 인수하여, 1917년 12월 현재의 계동 1번지 언덕에 교사를 신축하고 이전을 하였다. 『중앙 60년사』, 1969, 436~448쪽.
48) 이능화, 「조선기독교급외교사」, 기독교창문사, 1928, 203~204쪽 ; 전택부, 『한국기독교청년회운동사』, 정음사, 1978, 54~65쪽.

일제하 종로의 민족운동 공간

1) 이진경, 『근대적 시·공간의 탄생』, 푸른숲, 1997, 73~76쪽.
2) 「최린 자서전」 ; 「최린 취조서」 ; 「이승훈 취조서」 ; 「박희도 취조서」 ; 「이종일 취조서」 ; 이병헌 편, 『삼일운동비사』, 시사시보사, 1959 ; 『한민족독립운동사자료집』 11·12, 국사편찬위원회, 1990 참조.
3) 신용하, 『독립협회연구』, 일조각, 1976, 297~300쪽.
4) 이현주, 「서울청년회의 초기조직과 활동」, 『국사관논총』 70, 1996. 10, 3~7쪽 ; 고정휴, 「세칭 한성정부의 조직주체와 선포경위에 대한 검토」, 『한국사연구』 97, 1997. 6, 183~197쪽.
5) 일제 관헌기록에 따르면 종교계통의 청년회를 제외하고도 1920년에 251개, 1921년에 446개에 달하는 청년회가 경향 각처에서 활동하고 있었다. 조선총독부 경무국, 『조선치안상황(1922)』, 179~180쪽.
6) 『동아일보』 1920. 7. 7. 와룡동 임시사무소는 박승익 강열수가 제공한 것이라고 한다.
7) 『동아일보』 1920. 8. 12 ; 「연합회 휘보」, 『아성』 1, 1921. 3, 88~92쪽.
8) 조용만, 『경성야화』, 도서출판 창, 1992, 119~120쪽.
9) 『동아일보』 1923. 7. 11. 탑골공원 동문밖 한양탕이라는 목욕탕 자리에 있었던 낙원동 화요회 회관은 목조 2층건물로, 아래층에는 이발소가 있었다고 한다. 이후 조선공산당 창립을 위한 정지작업의 일환으로 1925년 2월 전조선민중운동자대회를 발기하면서 업무가 크게 늘어나자, 화요회는 낙원동 289번지(지금의 허리우드극장 입구)의 커다란 한옥 기와집 건물로 회관을 이전하였다. 김경재, 「김찬시대의 화요회」, 『삼천리』 1935. 6, 47쪽.
10) 신흥청년동맹은 창립 당시 관수동 91번지에 사무실을 두었다가, 1925년 9월 24일 낙원

동의 한양청년동맹과 함께 인사동 84번지 전 창문사 자리로 회관을 이전하였다. 1929년 현재 신흥청년동맹과 한양청년동맹의 회관 소재지는 낙원동 210번지였다. 『동아일보』 1924. 2. 13, 1925. 9. 25.

11) 『동아일보』 1923. 4. 29(노동연맹회), 1924. 4. 25(노농총동맹), 1925. 7. 8(4단체합동위), 1926. 4. 25, 9. 30(정우회). 노농총동맹은 노총과 농총으로 분립된 이후인 1927년 10월 서대문정 2정목 7번지 구 청총靑總 자리로 옮겼다가, 1928년 7월 장사동 108번지로 다시 이전하였다. 『동아일보』 1927. 10. 29, 1928. 7. 2.

12) 김준엽·김창순, 『한국공산주의운동사 2』, 청계연구소, 1986, 386~387쪽.

13) 서울청년회는 1924년 2월 현재 와룡동 131번지에 있다가, 다음 달 경운동 91번지로 이전한 것으로 보인다. 그리고 견지동 80번지에 정착한 것은 집세를 못내 어려운 처지에 있던 조선물산장려회의 사정을 듣고, 1925년 6월경 그 곳으로 회관을 이전하여 사무실을 공동 사용하면서부터였다. 『동아일보』 1924. 2. 29, 3. 28, 4. 20 ; 명제세, 「조선물산장려회의 제일 적막하든 그때」, 『조선물산장려회보』 2, 1930. 2, 75쪽.

14) 일기자, 「서울구경 골고로 하는 법」, 『별건곤』 1929. 9, 61~62쪽 ; 김기진, 「우리가 걸어온 30년」, 『사상계』 1958. 8~12 / 『김팔봉문학전집 Ⅱ』, 문학과지성사, 1988, 139쪽 ; 「나의 회고록」, 『세대』 1964. 7~1966. 1 / 『김팔봉문학전집 Ⅱ』, 197쪽.

15) 『동아일보』 1923. 11. 13(노동대회준비회), 1924. 12. 8(사회주의자동맹) ; 김준엽 김창순, 『한국공산주의운동사』 2, 79쪽. 노농대회준비회는 견지동 신생활사에서, 사회주의자동맹은 서울청년회관에서 발기를 하였는데, 이들 단체는 모두 서울청년회와 회관을 함께 사용하였다.

16) 조선청년총동맹은 견지동 80번지 조선청년회연합회 회관을 그대로 인계받아 사용하다가, 1925년 서대문정 2정목 7번지로 이전하였다. 『동아일보』 1924. 4. 25, 4. 28, 1925. 10. 13.

17) 『동아일보』 1925. 10. 13 ; 방인후, 「북한 '조선로동당'의 형성과 발전」, 고려대 아세아문제연구소, 1967, 24~25쪽.

18) 박종린, 「1920년대 '통일' 조선공산당의 결성과정」, 『한국사연구』 102, 1998. 9, 251~257쪽.

19) 조선교육협회는 1920년 6월 과학적 지식의 보급과 '신교육주의'를 표방하면서 출범한 교육운동 단체였다(회장 李商在, 이사장 俞鎭泰). 수표정 42번지 대지 349평에 수십 칸의 가옥으로 이루어진 교육협회 회관은 협회 고문으로 있던 한규설이 기부한 것이었다. 한규설은 1929년에도 안성과 진천의 토지 10만여평을 교육협회에 기증하였다. 유동한, 「조선교육협회는 무엇을 하는가?」, 『별건곤』 1931. 11, 21~22쪽.

20) 『동아일보』 1923. 3. 30~4. 2.
21) 이성태, 「중산계급의 이기적 운동」, 『동아일보』 1923. 3. 20 ; 주종건, 「무산계급과 물산장려」, 『동아일보』 1923. 4. 6~4. 17.
22) 명제세, 「조선물산장려회의 제일 적막하든 그때」, 『조선물산장려회보』 2, 1930. 2, 73~78쪽.
23) 명제세, 「본회연혁 기삼其三을 기록하고서」, 『조선물산장려회보』 3, 1930. 3, 47쪽.
24) 『동아일보』 1926. 7. 10.
25) 명제세, 「일지초록」, 『조선물산장려회보』 10, 1930. 10, 109~111쪽.
26) 방기중, 「1920·30년대 조선물산장려회 연구」, 『국사관논총』 67, 1996. 6, 108~111쪽.
27) 「조선물산장려회 이사회 회록」 제1회(1923. 1. 25)·제13회(1923. 7. 9), 『조선물산장려회보』 10, 1930. 10, 85~94쪽 ; 「조선물산장려회 상무이사회 회록」 제2회二(1923. 8. 6)·제5회(1925. 10. 15)·제24회(1927. 11. 1)·제37회(1929. 7. 29)·제41회(1929. 11. 10), 『조선물산장려회보』 10, 122~135쪽.
28) 이후 물산장려회는 근근히 명맥을 유지하다가 일제의 황민화정책이 본격화하는 1937년 2월 스스로 해체를 결정하였다. 방기중, 「1920·30년대 조선물산장려회 연구」, 134~141쪽.
29) 창립 이래 조선물산장려회 거점공간 변화의 궤적을 정리해 보면 다음과 같다. 견지동 80(1923. 1)-관훈동 30(1923. 8)-견지동 80(1924. 12)-황금정 1정목 143(1925. 10)-경운동 96(1927. 11)-관훈동 197(1929. 8)-익선동 166(1929. 11)-낙원동 300(1931. 9)
30) 1924년 1월 이광수가 『동아일보』에 「민족적 경륜」을 발표하면서 수면 위로 떠오른 자치론은 사회주의자들의 강력한 반발에 부딪혀 유야무야되었다가, 사이토 총독의 자문 역할을 하던 전 매일신보 사장 아베 미쓰이에阿部充家 등이 최린과 동아일보 계열의 '타협적' 민족주의자들을 다시 부추기면서 1926년 10월 무렵 소위 '연정회硏政會 부활계획'으로 나타났다. 그러나 '비타협적' 민족주의자들과 사회주의자들의 반발도 만만치 않아, 조선민흥회는 10월 14일 회합을 갖고 "우리 민족의 자치운동에 일본인 아베 무리를 개재시킨 것은 그 근본이 잘못되었고, 자치의 정신을 무시한 불순한 주장으로 오인의 주장과는 전혀 상용相容할 수 없으므로 묵과치 말고 철저히 박멸"할 것을 결의하였다. 경상북도 경찰부, 『고등경찰요사』, 1934, 47~48쪽.
31) 조지훈, 「신간회의 창립과 해소」, 『신간회연구』, 동녘, 1983, 11쪽.
32) 1935년 말 현재 중앙YMCA 「회원명부」(『청년』 1936. 2)에는 이갑수의 주소가 '관수동 一四一'로 나오는데, 이 곳은 대지 평수가 18평에 불과한 곳으로 이 역시 '一四三' 번지의 오기로 보인다.

33) 정태철, 「신간회 경지京支회관은 어찌되었나」, 『별건곤』 1931. 12, 14~15쪽.
34) 백관수, 『경성편람』, 홍문사, 1929, 99~103쪽.
35) 『조선총독부 관보』 826, 1929. 10. 3. '부령府令'

일제하 종로의 문화공간

1) 矢野干城·森川清人 共編, 『新版 大京城案內』, 京城都市文化硏究所 出版部, 1936, 71쪽.
2) 『신판 대경성안내』, 69~73쪽.
3) 이 글에서는 종로 일반보다 비교적 단일한 생활권을 형성하고 있었던 종로1가 청진동·수송동·견지동·서린동, 종로2가 공평동·인사동·관훈동·경운동·낙원동·관철동, 종로3가 돈의동·익선동·운니동·와룡동·수은동·관수동 등 종로 1~3가 구간을 주로 검토하고자 한다.
4) 전영택秋湖, 「서울잡감」, 『서울』 3, 1920. 4, 42~43쪽.
5) 네눈이, 「醜로 본 경성, 美로 본 경성」, 『개벽』 1924. 6, 116~118쪽.
6) 중간인, 「외인外人의 세력으로 觀한 조선인 경성」, 『개벽』 1924. 6, 44~45쪽 ; 이규목 김한배, 「서울 도시경관의 변천과정 연구」, 『서울학연구』 2, 1994. 10, 23~24쪽 ; 김기호, 「일제시대 초기 도시계획에 대한 연구」, 『서울학연구』 6, 1995. 12, 64쪽.
7) 「모던 걸·모던 뽀이 대논평」, 『별건곤』 1927. 12, 112~120쪽 ; 김진송, 『서울에 딴스홀을 許하라』, 현실문화연구, 1999, 308쪽.
8) "모더니즘의 구성원은 모보 모거요, 그것의 양식은 째즈 땐스 스피드 스포츠요, 그것의 표현은 에로 그로 넌센스 위트. 모보 모거의 근거지는 유한계급의 지역이다. 그들의 출산자는 현대자본벌이다. 모보 모거의 생활환경은 기계문명이다. 모보 모거의 지도원리는 나리낀成金 근성, 속악적俗惡的 취미, 제일주의로써 도장한 바 아메리카니즘이다"(오석천, 「모더니즘 희론戲論」, 『신민』 1931. 6, 29쪽).
9) 조용만, 『울밑에 핀 봉선화야』, 범양사출판부, 1985, 71쪽.
10) 「대경성 에로·그로·테로·醜로 총출總出」, 『별건곤』 1931. 8, 11~12쪽 ; 녹안경綠眼鏡, 「카페여급 언파레-드」, 『별건곤』 1932. 11, 32쪽. 카페와 여급의 숫자는 그 뒤로 계속 늘어나 1936년경이 되면 낙원회관(여급 80명), 엔젤(종로2정목), 왕관(관철동), 올림픽(관철동), 드라곤(종로서앞) 등 20개 소에 여급 수가 조선인 162명, 일본인 122명, 도합 284명에 이르렀다. 『신판 대경성안내』, 187~189쪽.
11) 이서구, 「실사 일년간 대경성 암흑가 종군기」, 『별건곤』 1932. 1, 34쪽. 조용만은 낙원카페가 종로2가 우미관 옆에 있었다고 회고하고 있다.
12) E기자, 「뷔너스를 차자드는 아폴로, 빠-커스」, 『별건곤』 1932. 11, 8~9쪽 ; 「끽다점 연

애풍경」, 「삼천리」 1936. 12, 56~59쪽 ; 조용만, 앞의 책, 71~73쪽.
13) 또돌이, 「당구장으로, 노동촌으로」, 「별건곤」 1929. 3, 137~140쪽.
14) 쌍S생, 「대경성 광무곡狂舞曲」, 「별건곤」 1929. 1, 77쪽 ; 창석생, 「종산鐘散이·진산이」, 「별건곤」 1929. 9, 41~42쪽. 자동차는 1912년 일본인이 택시사업을 시작하면서 일반인도 사용이 가능해졌는데, 이 무렵부터는 자동차 보급이 더욱 확대되어 5, 6원 하던 택시비가 80전으로 인하되면서 그 사용이 늘어나 인력거꾼들이 많은 타격을 받았다.
15) 신태익, 「대백화점전」, 「삼천리」 1931. 2, 52~53쪽 ; 「화신상회와 동아부인상회」, 「별건곤」 1931. 11, 18~19쪽 ; 조용만, 앞의 책, 67~68쪽.
16) 경산학인, 「경성 종로상가 대관」, 「삼천리」 1936. 2, 77~78쪽.
17) 신태익, 「반도 최대의 백화점 출현-동아백화점의 내용과 외관-」, 「삼천리」 1932. 1, 80~82쪽 ; 창석, 「육탄의 여용사」, 「별건곤」 1932. 7, 18쪽.
18) 「삼천리 기밀실」, 「삼천리」 1934. 11, 17쪽 ; 「삼천리 기밀실」, 「삼천리」 1937. 1, 19쪽 ; 「화신사십년사」, 화신산업주식회사, 1966, 64~67쪽. 당시 화신백화점은 엘리베이터와 에스컬레이터, 옥상전광뉴스판 등 최신식 시설을 자랑하였다.
19) 「매일신보」 1916. 7. 13, 7. 18, 7. 21, 7. 28, 11. 5. 종로 야시는 조중응 백완혁 예종석 등 유지 제씨의 청원으로 1916년 7월 12일 종로경찰서의 인가를 받아 21일부터 열렸는데, 개시 당일 신구군악대의 주악에 기생조합 기생 약 2백 명의 춤과 노래, 배우조합 일동 30여 명의 가장행렬이 곁들여진 가운데 종각에서 탑골공원을 거쳐 황금정과 남대문통을 돌아 다시 종각 탑골공원에 이르는 시가행진이 있었다고 한다.
20) 유광렬, 「종로네거리」, 「별건곤」 1929. 9 ; 「경성편람」, 216쪽 ; 「종로구지」 하, 1994, 278~280쪽. 경성 최초의 야시는 1914년 가을 일본인시가인 태평통2정목에 개설된 야시였다(「매일신보」 1915. 3. 20). 야시장은 일제의 전시 통제경제 체제가 본격화하는 1939년 무렵부터 모습을 감추었다.
21) 조용만, 「경성야화」, 36~38쪽.
22) 일기자, 「이일동안에 서울구경 골고로 하는 법」, 「별건곤」 1929. 9, 62쪽 ; 「경성명물집」, 같은 잡지, 100~102쪽.
23) 「경성명물집」, 「별건곤」 1929. 9, 100~101쪽 ; 「신판 대경성안내」, 177~178쪽 ; 「이규태의 600년 서울」, 조선일보사, 1993, 252~255쪽.
24) 조용만, 「울밑에 핀 봉선화야」, 70~71쪽.
25) 「경성의 다섯 마굴」, 「별건곤」 1929. 9, 155~156쪽.
26) 조용만, 「경성야화」, 38쪽.
27) 소춘, 「서울중심세력의 유동」, 「개벽」 1924. 6, 57~58쪽 ; 선우전, 「여余의 경성감京城感

과 희망」, 같은 잡지, 60쪽.
28)「경성의 다섯 마굴」,「별건곤」1929. 9, 154~155쪽.
29)「대경성의 특수촌」,「별건곤」1929. 9, 109~110쪽. 관수동 화교촌은 1931년 7월 만주에서 중국인 4백여명이 한인농민을 습격한 '만보산사건萬寶山事件이 일어났을 때 그 보복으로 커다란 피해를 입었다. 물론 그것은 조선인과 중국인의 민족감정을 자극하여 만주침략의 구실로 삼으려 한 일제의 악의에 찬 과장선전때문이었지만, 노동시장을 둘러싼 양민족의 감정 또한 적지않은 요인으로 작용하였다.
30)「경성명물집」,「별건곤」1929. 9, 104~105쪽.
31)「조선은행회사요록」(1921), 44·58쪽 ; 조기준,「한국자본주의성립사론」, 대왕사, 1985, 344쪽.
32) G.A. Gregg's Annual Report for 1917, 1918 ; 전택부,「한국기독교청년회운동사」, 범우사, 1994, 204~206쪽. 공업부 제1회 졸업생인 김백련은 단성사 부근에서 목공장을 경영하였는데, 이 공장 응접실은 YMCA 인사들의 단골 사랑방이었다고 한다(조용만, 앞의 책, 50쪽).
33) 이 밖에도 종로에는 보진재인쇄소(관철동 217) 선광인쇄소(수송동 27) 흥문당(종로2정목 44) 등과 출판사로서 인쇄업까지 겸하는 한성도서주식회사(견지동 32) 홍문사(인사동 63) 등 인쇄소가 여럿 있었다.「조선은행회사요록」(1921), 150쪽 ; 일기자,「서울구경 골고로 하는 법」,「별건곤」1929. 9, 62쪽.
34) 김윤환,「한국노동운동사(Ⅰ)」, 청사, 1982, 103~105쪽 ;「승리의 개가를 부르며 제화하는 직공공장」,「삼천리」1931. 2, 48·24쪽.
35) 김윤환, 위의 책, 154~155쪽.
36)「경성편람」, 88~92쪽 ; 일기자,「서울구경 골고로 하는 법」,「별건곤」1929. 9, 61쪽.
37)「형형색색의 경성학생상」,「개벽」1925. 4, 38쪽.
38) 밀매음을 하는 여성들은 속칭 '은근짜' 또는 '밀가루' 라 불리웠는데, 당시 돈의동 103번지 공설 시탄시장柴炭市場 뒤편 60번지 일대는 '불량여학생의 마굴' 로 소문이 나 있었다고 한다.「기자총출 대경성암야탐사기」,「별건곤」1929. 12, 31쪽.
39) 종로도서관은 해방후인 1945년 12월 20일 서울시립 종로도서관으로 이름을 바꾼 데 이어, 1948년 8월 15일 서울특별시립 종로도서관으로 개칭되었다가, 탑골공원 확장공사를 하면서 철거되어 1968년 8월 20일 사직공원(사직동 산1-9)으로 이전하였다.「경성편람」, 93쪽 ;「종로구지」하, 415~416쪽.
40) 조용만,「울밑에 핀 봉선화야」, 293쪽.
41)「경성편람」, 129쪽 ;「조흥은행 백년사」, 1997, 176~200쪽.
42) 웅초,「경성 압뒤골 풍경」,「혜성」1931. 11, 129쪽.

43) 기전,「재경성 각교회의 본부를 역방하고」,『개벽』1924. 6, 78~79쪽.
44) 일기자,「서울구경 골고로 하는 법」,『별건곤』1929. 9, 63쪽.
45) 기전,「재경성 각교회의 본부를 역방하고」,『개벽』1924. 6, 71~74쪽.
46) 전택부,『토박이 신앙산맥』, 대한기독교출판사, 1977, 73~77쪽. 일제하 서울에는 연동·새문안·남대문·안동·승동교회가 장로회 경성노회의 동·서·남·북·중앙을 각각 대표하는 거점교회로 있었는데, 이 가운데 세브란스병원 교회인 남대문교회는 부인네들이 많이 다닌다 해서 '부인교회', 안동교회는 북촌 양반들의 교회라 해서 '양반교회'라는 별명을 가지고 있었다.
47) 이후 31본산 주지들은 총본산의 건립에 의견을 모으고 1937년 3월 수송동 44번지 중앙교무원 자리에 행정중심사찰을 건설하는 공사에 들어가 1938년 10월 준공하고, 삼각산 태고사太古寺를 이전하는 형식을 취해 '태고사'라 이름을 붙였다. 이어 불교계의 총본산으로서 조선불교 조계종曹溪宗이 1941년 4월 총독부의 인가를 받아 공식 출범하였다.(초대 종정 方漢庵 선사) 태고사는 해방후 불교계 정화운동이 일단락되는 1955년 '조계사'로 이름을 바꾸었다. 기전,「재경성 각교회의 본부를 역방하고」,『개벽』1924. 6, 77~78쪽 ; 권상로,「종교계로 본 경성 – 불교」,『경성편람』, 262~263쪽 ; 김영태,『한국불교사개설』, 경서원, 1986, 233~260쪽.
48) 차상찬,「조선신문발달사」,『개벽』1935. 3 ; 최준,『한국신문사』, 일조각, 1960 ;『동아일보사사』1, 1975 ;『조선일보 칠십년사』1, 1990 참조.
49)『개벽』;『조선지광』;『신민』;『삼천리』호별 발행소 참조.
50) 조연현,『한국현대문학사』, 현대문학사, 1956, 289쪽.
51) 관서지방 출신의 문인으로는 이광수 김동인 주요한 김억 김소월 전영택 등을 들 수 있으며, 서울의 중인 출신으로는 최남선 나도향 현진건 박종화 염상섭 등을 꼽을 수 있다. 조동일,『한국문학통사』5, 지식산업사, 1988, 26쪽.
52) 김기진,「나의 회고록」,『김팔봉 문학전집』Ⅱ, 185~188쪽.
53) 조연현, 앞의 책, 297~303쪽. 조선프로예맹은 1922년 9월 심훈 김영팔 송영 최승일 이적효 이호 등이 조직한 염군사焰群社라는 문화운동단체와 1923년 박영희 이상화 이익상 김복진 김기진 김형원 연학년 안석주 등이 자신들의 이름 첫 자를 따서 만든 'PASKYULA'라는 모임이 합동하여 출범한 사회주의 계열의 문예운동 단체였다. 염군사와 파스큘라는 1925년 여름 합동을 결의하고, 관철동 이호(변호사 李仁의 동생)의 집에서 2, 3차 준비회의를 가진 다음 8월 하순 창립총회를 개최하였다.
54) '카프'는 1927년에 조중곤 홍효민, 1931년에 임화 김남천 안막 권환 등의 소장파가 일본 도쿄에서 돌아와 가담하면서 그들에게로 주도권이 넘어갔다. 김기진,「우리가 걸어온 30

년」, 『김팔봉 문학전집』 Ⅱ, 146~148쪽 ; 조동일, 앞의 책, 224쪽.
55) 김근수 편, 『한국잡지개관 및 호별목차집』, 영신아카데미 한국학연구소, 1973, 187~188쪽 ; 조용만, 『울밑에 핀 봉선화야』, 97~98쪽.
56) 1929년 12월 신간회 민중대회사건으로 구속될 당시 홍명희의 주소는 종로4정목 101번지였다. 그리고 1935년 무렵에 익선동 33번지에서 마포 동막, 대흥동 547번지로 이사를 하였다. 강영주, 「벽초 홍명희 ③ : 신간회 활동과 『임꺽정』 기필」, 『역사비평』 1994. 여름, 161쪽 ; 「홍명희연구 ④ : 『임꺽정』과 홍명희」, 『역사비평』 1995. 가을, 260쪽.
57) 조용만, 『울밑에 핀 봉선화야』, 276쪽.
58) 조용만, 『경성야화』, 86~87쪽.
59) 단성사는 1932년 경영주 박승필 타계한 이후 1933년 4월 박정현이 경영을 맡으면서 발성영화관으로 면모를 일신하고 1934년 12월 초현대식 건물을 신축하였다. 그러나 1930년대 중반 명치정의 명치좌, 약초정의 약초극장 등 일본인 대형 영화관이 등장하면서 고전을 면치 못하다가, 1939년 7월 결국 명치좌 관주 이시바시石橋良介에게 팔려 명치좌의 체인이 되어 이름까지 대륙극장으로 바뀌었다. 유민영, 『한국 근대극장 변천사』, 태학사, 1998, 151~182쪽.
60) 안종화, 『한국영화측면비사』(1962), 현대미학사, 1998, 132~135쪽 ; 조용만, 『울밑에 핀 봉선화야』, 248~260쪽.
61) 유민영, 앞의 책, 184~212쪽.
62) 제2회 공연은 당초 예정했던 1주일을 9월 10일까지 연장하며 장안의 인기를 독차지하였다. 그러나 제2회 공연 이후 동인들이 자신들의 일을 찾아 뿔뿔이 헤어지고 박승희 혼자 책임을 도맡게 되면서 토월회는 점차 침체의 길을 걷기 시작하여 1926년 4월 제56회 공연을 끝으로 광무대에서 해산식을 가졌다. 이에 이서구 최상덕 정인익 등 신문사 연예부 기자들이 1929년 찬영회讚映會를 조직하여, 첫 사업으로 신극운동단체 토월회의 침체에 활기를 불어넣고 혼자 힘으로 무용연구소를 낸 최승희를 격려하기 위해 11월초 조선극장에서 박승희작 「아리랑고개」를 공연하고 최승희의 무용발표회를 갖기도 하였다. 김을한, 『신문야화』, 1971, 일조각, 104~127쪽 ; 김기진, 「우리가 걸어온 30년」, 『김팔봉 문학전집』 Ⅱ, 130~138쪽 ; 조용만, 앞의 책, 32~36쪽.
63) 「신판 대경성안내」, 185~186쪽 ; 조용만, 『경성야화』, 85~86쪽 ; 박창규, 『김두한의 증언 : 피로 물드린 민족사』, 민국출판사, 1970, 60~69쪽.
64) 조용만, 『경성야화』, 213~215쪽.
65) 조용만, 『울밑에 선 봉선화야』, 70쪽.
66) 명월관은 1907년 2층 양옥을 신축하고, 신문에 주인 김동식金東植 명의로 확장광고를 실

었다. 『대한매일신보』 1907. 4. 5. '명월관 확장광고'.
67) 안순환, 「요리계로 본 경성」, 『경성편람』, 293~295쪽. 안순환의 배후에는 친일파 송병준이 있었다고 한다.
68) 『경성편람』, 226~227쪽 ; 『신판 대경성안내』, 169~170쪽.
69) 중국요리집으로는 아서원雅敍園(황금정1정목 181) 금곡원金谷園(장곡천정 97) 등이 유명했다.
70) 일기자, 「경성의 화류계」, 『개벽』 1924. 6, 95~100쪽.
71) 하규일, 「화류계로 본 경성」, 『경성편람』, 296쪽 ; 『신판 대경성안내』, 173~174쪽.
72) 「대경성의 특수촌」, 『별건곤』 1929. 9, 112~113쪽.

둘째 마당,
현장 찾아가기
[답사기]

정동 일대의 개화 물결

정동 일대는 갑신정변 당시의 북촌에 이어, 대한제국의 성립을 전후한 시기 개화 개혁운동의 진원지로 새롭게 떠오른 지역이다. 당시 정동에는 신식학교와 개신교회, 그리고 미국·영국·프랑스·러시아 등 서구 열강의 공사관이 밀집해 있었다. 1883년 10월 조영수호통상조약의 체결에 따라 외국인들의 서울 도성안 거주와 통상행위가 사실상 허용되면서, 인천-양화진-서대문을 거쳐 도성 안으로 들어온 서양인들이 이 곳에 둥지를 튼 결과였다. 그들이 서울로 들어올 때 관문 노릇을 하였던 양화진 나루터에는 지금도 외국인묘지가 그 시절의 흔적처럼 남아 있다.

그래서인지 경향신문사에서 덕수궁에 이르는 정동길을 걷다 보면 유럽 어느 고풍스런 도시의 거리를 걷는 듯한 느낌을 받는다. '덕수궁 돌담길'이 한때 연인들의 데이트 장소로 각광을 받았던 것도 아마 그 때문이 아닌가 싶다. 이제는 그 자취조차 찾기 어려운 명동 일대의 중국인 거류지나 충무로 일대의 일본인 거류지와는 분명 다른 모습이다.

이렇게 정동은 서양 사람들과 직접 대면하며 교류할 수 있는 서구문화 수용의 전진기지로 개항기 우리 역사에 그 모습을 드러냈다. 그리고 아관파천 이후로는 대한제국의 정치 1번지로 우뚝 서기도 했다. 뿐만 아니라 해방후 김구 선생의 거처였던 경교장과 이기붕 사저가 있었던 곳의 4·19도서관 또한 통일운동과 민주화운동의 상징으로 그 길목 서대문(돈

1900년대의 서대문(돈의문) 주변

의문) 주변에 자리하고 있다. 말하자면 정동 일대는 한국 근현대사의 화두라 할 수 있는 근대화와 자주독립, 민주화와 민족통일의 대표적인 상징공간이었던 셈이다.

백범과 경교장 – 통일운동의 상징공간

지하철 5호선 서대문역에서 내려 새문안길로 향하다 보면 왼편으로 적십자병원이 나온다. 과거 이 병원 정문 앞으로는 독립문에서 서부역을 거쳐 용산으로 빠지는 만초천蔓草川(덩굴내)이라는 개천이 흐르고 있었고, 경교京橋라는 다리가 내를 가로지르며 걸려 있었다. 그리고 그 북쪽에 경기감영이 있었는데, 1882년 임오군변 당시 무장봉기한 구 훈련도감 군인들이 경기도관찰사로 있던 전 선혜청 당상 김보현을 응징하기 위해 몰려들었던

옛 경기감영 자리에 들어선 적십자병원

바로 그 장소다.

여기서 100m쯤 올라가면 4·19도서관을 지나 경향신문 사옥 맞은편으로 강북삼성병원이 나오는데, 현재 이 병원 본관의 현관으로 쓰이는 2층 양옥 건물이 경교장京橋莊(종로구 평동 108)이다. 경교장은 1945년 11월 23일 환국한 대한민국 임시정부의 김구 주석이 1949년 6월 26일 안두희의 흉탄에 쓰러질 때까지 집무실 겸 숙소로 사용한 장소로, 이승만의 돈암장·이화장, 김규식의 삼청장과 더불어 당시 세인들의 이목을 집중시켰던 해방 직후 우익 정치세력의 주요 거점 가운데 하나였다.

경교장은 금광갑부 최창학이 1938년 1,584평의 대지에 연건평 265평 규모로 지은 지상2층·지하1층의 양옥이다. 경교장이라는 이름은 김구 주석이 입주하면서 직접 붙인 것이라고 한다. 본래 이 건물은 죽첨정竹添

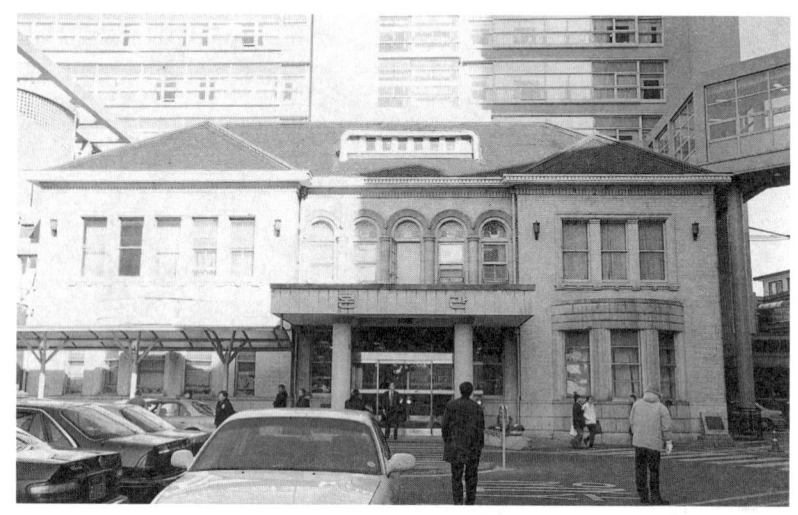

강북삼성병원 본관의 일부가 되어 버린 경교장

町이라는 이 곳의 일본식 지명을 따 죽첨장이라 불렸다. 아래층 좌우의 창을 원형으로 돌출시키고, 현관 위 2층 중앙 부분에는 원주를 사용한 5개의 아치창을 내 한껏 멋을 부렸을 뿐만 아니라, 지붕 기와에서 마루 바닥에 이르기까지 모든 자재를 외국에서 수입해 지은 초호화 주택이었다.

해방이 되자 최창학은 자신의 과거 친일행적을 뉘우친다며 임시정부환국환영준비위원회에 죽첨장을 내놓았는데, 요즘 식으로 말해 정치권에 줄대기 내지 보험들기가 아니었나 싶다. 김구 선생이 돌아가신 뒤 건물을 도로 회수했으니 말이다. 아무튼 김구 선생이 입

김구의 서거지임을 알려주는 표지석

주하면서 죽첨장은 적십자병원 정문 앞에 있었던 다리 경교의 이름을 따 '경교장'으로 바뀌었다.

우리는 보통 경교장 하면 대한민국 임시정부 주석 백범 김구의 거처를 떠올린다. 그러나 경교장의 기능은 단지 거기에 머무르는 것이 아니었다. 당초 환국한 임시정부 요인들은 경교장과 한미호텔을 숙소로 사용하면서, 정무처로는 덕수궁을 사용하려고 했다. 그러나 38도선 이남의 유일한 합법정부임을 자처하였던 미군정이 그것을 용인할 리 없었다. 그래서 경교장이 옹색하나마 임시정부의 정무처로도 쓰이게 되었다. 특히 1층의 응접실은 임시정부의 국무회의를 비롯해 백범이 당수로 있던 한국독립당의 각종 회의가 열리던 중요한 정치공간이었다. 말하자면 경교장은 2층의 백범 숙소와 1층의 대한민국 임시정부 정청政廳이라는 2중의 기능을 가진 역사공간이었던 셈이다.

경교장이 세인들의 관심을 집중시킨 것은 해방직후 신탁통치 반대운동이 일어나면서부터였다. 모스크바 삼상회의의 한반도 신탁통치 결정 소식이 알려지자 김구를 비롯한 임시정부 국무위원들과 제 정당 사회단체 대표들은 1945년 12월 29일 오후 2시 경교장 1층 응접실에 모여 신탁통치반대 국민총동원위원회를 조직하였다. 그리고 미·소·영·중 4대국에 대해 신탁통치를 절대 반대한다는 전문을 임시정부 주석 김구 명의로 발송하였다. 나아가 12월 31일에는 전국의 경찰 및 행정기관을 임시정부 지휘 하에 둔다는 포고를 발표하기도 하였다. 비록 그 같은 포고는 미군정청의 압력으로 하루 만에 취소되었지만, 이후 경교장은 반탁운동의 중심지로 급부상하였다.

또한 경교장은 통일민족국가 건설의 비원이 깃든 곳이기도 하다. 미소공위가 결렬된 이후 1947년 9월 미국이 한반도 문제를 유엔에 상정하여

경교장 2층 베란다에서 연설하는 김구

남북분단의 위기가 고조되자, 김구는 1948년 2월 "나는 통일된 조국을 건설하려다 38선을 베고 쓰러질지언정 일신의 구차한 안일을 위하여 단독정부를 세우는 데는 협력하지 않겠다"는 삼천만 동포에게 눈물로써 호소하는 성명을 발표하였다. 그리고 통일문제를 논의할 남북지도자회담을 갖자는 서한을 김규식과 연서하여 이북의 김두봉과 김일성 앞으로 보냈다.

그러나 남북협상을 위한 김구의 평양행은 순조롭지 못했다. 당초 이북에서 회담 날짜로 정한 4월 18일이 되어서도 그는 북행을 반대하며 경교장을 에워싼 수많은 반공청년 학생들로 인해 집을 빠져 나갈 수가 없었다. 상황은 이튿날에도 마찬가지였다. 이 때 그는 경교장 2층 베란다로 나아가, 통일만이 우리의 살 길이기 때문에 통일을 위해서는 그것이 공산주의자하고 하는 협상이라 해도 마다해서는 안 된다는 연설을 하는데, 그 장면이 지금도 한 장의 사진으로 남아 보는 이의 마음을 시큰하게 한다.

남북협상후 경교장 앞의 김구와 그 일행

왼쪽 끝 커텐으로 가려진 방이 김구가 서거한 곳

김구의 마지막 유언과도 같은 친필 휘호 '思無邪'

4월 19일 수많은 군중들이 경교장 앞을 가로막고 있는 가운데, 김구는 경교장 뒷문을 통해 북행길에 올랐다. 그러나 기대했던 성과는 거두지 못하고, 5월 5일 다시 38선을 넘어 서울로 돌아왔다. 이후 그는 남한 단독정부 수립에 불참한 채, 7월 21일 김규식과 함께 통일독립촉성회를 결성하였다. 임시정부 주석에서 재야인사, 통일운동가로 변신한 것이다. 결국 그에 대한 보복테러로 김구는 1949년 6월 26일 일요일 11시 30분경 경교장 2층 남서쪽 끝에 위치한 응접실에서 서북청년단 출신의 포병 소위 안두희의 저격을 받아 숨을 거두었다.

당시 그의 곁에는 한 청년에게 주기 위해 쓴 '사무사' 思無邪라는 친필 휘호가 놓여 있었다고 한다. 일신의 안일을 위해 그릇된 길로 나아가려는 유혹을 떨쳐버리라는, 마지막 유언과도 같은 백범의 친필 족자는 그 날의 피얼룩을 머금은 채 현재 효창공원 옆 백범기념관에 보관되어 있다. 지난 2002년 10월 백범 사후 53년 만에 비로소 문을 연 백범기념관에는 피격 당시 입었던 총탄구멍이 난 피묻은 옷이 선생의 데드마스크, 상하이 홍코우 공원 의거 직전 윤봉길 의사와 맞바꾸어 가졌다고 하는 회중시계 등 다른 유품들과 함께 전시되어 있다.

백범이 숨을 거둔 뒤 경교장은 다시 원소유주였던 최창학의 손으로 돌아갔다. 그리고 6·25전쟁 때 미군 특수부대의 주둔지로, 휴전후 베트남 대사관저로 사용되다가, 1967년 고려병원(현 강북삼성병원)에 인수되어 오늘에 이르고 있다.

그러나 현재의 경교장은 건물 뒤편을 9층짜리 병원 본관에 연결시켜 온전한 형체조차 보전하지 못하고 있다. "대한민국 임시정부의 김구 주석이 광복 이후 사시다가 서거한 곳"이라고 적힌 표지석만이 건물 한 구석에서 외롭게 그 시절의 아픈 역사를 대변해주고 있을 뿐이다. 우여곡절 끝에 2001년 4월 서울시 유형문화재로 지정되기는 하였지만, 이 곳에서 경교장이라는 이름은 여전히 제 자리를 찾지 못하고 있는 듯싶다.

경교장 앞의 4·19혁명기념도서관 – 민주화와 민족통일의 이중주

한편 경교장 남쪽으로는 4·19혁명기념도서관(종로구 평동 166)이 위용을 자랑하고 있다. 4·19도서관은 해방 직후 이시영 유동열 김상덕 등 김구와 함께 환국한 임시정부 요인들이 잠시 머무른 곳이자, 4월민주항쟁의 도화선이 된 3·15 부정선거의 장본인 이기붕의 사저가 있던 자리다. 자유당 독재정권 시절 '서대문 경무대'라 불리던 악명높은 장소였는데, 4월민주항쟁 직후인 1960년 5월 27일 4월혁명유족회에서 접수하여 희생자들의 유영봉안소를 설치하면서 민주화운동의 상징으로 거듭나게 되었다.

당시 이기붕의 집은 이승만 대통령이 하야 성명을 내고 사저인 이화장으로 이사한 4월 28일, 일가 4명이 경무대별관에서 집단자살을 함으로써 무주공산인 상태였다. 그 뒤 이기붕의 집은 1963년 3월 정부에 공식 환수되어 4·19혁명 단체에 무상으로 대여되었다. 그리고 유영봉안소가 수유리에 새롭게 조성된 4·19묘지로 이전(1963. 9. 20)된 다음 해인

경교장 옆의 4·19혁명기념도서관

1964년 5월 1일 4·19도서관으로 변모하였다. 미처 피지도 못한 채 스러져간 학생들의 못다 이룬 꿈이 담긴 보금자리로서 말이다.

이후 4·19도서관은 1971년 8월 지상5층, 지하1층, 연건평 625평의 새 건물을 신축하였다. 이어 1982년 3월에는 도서관 대지와 건물의 소유권이 국가보훈처로부터 4·19의거희생자유족회와 4·19의거상이자회에 귀속되었다. 1970~80년대에 학창시절을 보낸 이른바 386세대들에게 친숙하게 남아 있는 4·19도서관의 이미지는 이 때의 모습이다. '문민정부' 들어 추진된 4·19묘역 성역화 사업의 일환으로 1995년 5월 재건축에 들어가, 1998년 10월 준공을 하고 2000년 8월 다시 개관한 지금의 현대식 건물은 그 웅장함 못지않게 왠지 거리감이 느껴진다. 마치 이제는 기득권세력으로 변해 버린 4·19세대의 초상을 보는 느낌이라고나 할까.

그래도 위엄과 품격을 갖춘 도서관의 재건축은, 다소 권위주의적인 면이 남아 있기는 하지만, 우리 사회의 민주화가 그만큼 제 자리를 잡아가고 있음을 보여주는 하나의 지표라고 할 수 있다. 그러나 민주화운동에서 시작해서 통일운동으로까지 발전한 4월민주항쟁의 또 다른 얼굴은 어디에 있는 것일까? 그 뒤에 병원 현관으로 남아 있는 통일운동의 상징 경교장의 초라한 잔영이 그것을 대변해 주고 있지는 않은지 되물어 본다.

옛 러시아공사관- '아관파천'의 현장

강북삼성병원 앞 예전 서대문(돈의문) 자리에서 경향신문사 방향으로 접어들면 과거 선남선녀들의 데이트 코스로 각광을 받았던 정동길이 나온다.

100여 년전 정동은 미국공사관, 러시아공사관을 비롯한 외교공관들이 터를 잡고, 미국 북장로회와 북감리회의 선교기지 또한 입주하면서 서구풍의 개화물결이 넘실대는 거리가 되었다. 뿐만 아니라 1897년 10월 대한제국의 성립을 전후해서는 새로운 정치 1번지로 급부상하기도 했는데, 그 발판을 마련한 사건이 바로 1896년 2월의 아관파천이었다.

아관파천은 민비가 일본 낭인들에게 시해당한 을미사변 이후, 일본과 친일내각에 포위된 채 불안한 나날을 보내던 고종이 경복궁을 탈출하여 아라사(러시아) 공관으로 피신한 사건을 말한다. 1895년 10월 8일(음력 8월 20일) 을미사변을 겪으며 고종은 자신도 민비처럼 언제 암살당할지 모른다는 공포에 밤마다 제대로 잠을 이룰 수 없었다. 그래서 먼저 미국공사관으로 피신할 계획을 세웠는데, 사전에 발각됨으로써('춘생문사건') '미관파천' 시도는 결국 미수에 그치고 말았다. 그러던 중 을미의병이 일

러시아공사관의 고종

어나 궁궐을 지키던 친위대 병력 대부분이 의병 봉기를 진압하기 위해 춘천·원주 지방으로 출동하는 일이 벌어졌다.

이 일로 경복궁에 대한 수비가 느슨해지자, 고종은 그 틈을 타 1896년 2월 11일 새벽 왕세자와 함께 궁녀들이 타는 가마에 몸을 감추고 경복궁을 빠져나왔다. 그리고 신무문 앞에 대기중이던 러시아 병사 50여 명의 호위를 받으며 러시아공사관으로 피신하였다. 러시아공사관에 도착한 뒤 고종은 김홍집을 비롯한 친일내각 대신들에 대한 포살령을 내리고, 새 정부를 발족시켰다. 일종의 친위 쿠데타라고나 할까. 이후 고종은 1987년 2월 20일 경운궁(덕수궁)으로 이어하기까지 1년여 동안 러시아공사관

러시아공사관의 옛모습

을 무대로 삼아 국정을 처리하였다.

　아관파천의 역사현장이었던 아관俄館(러시아공사관)은 경향신문사에서 정동길을 따라 200m쯤 들어가다 예원학교 앞에서 다시 북쪽으로 200m쯤 꺾어져 올라간 곳에 자리하고 있다. 언덕 위에 지은 르네상스풍의 우아한 벽돌조 건물로, 러시아인 사바틴이 설계를 맡아 1890년(고종 27) 준공했다고 한다. 지금은 6·25전쟁으로 건물 대부분이 파괴되고 탑만 외로이 남아 있지만, 아관파천 당시에는 정사각형 모양의 웅장한 규모에 반원아치 창들과 박공 모양 페디먼트 장식들이 어우러진 화려한 자태를 뽐내고 있었다.

　러시아공사관은 8·15 해방 당시에도 소련총영사관으로 그대로 사용

러시아공사관의 지금

되다 남북이 분단되고 6·25전쟁이 일어나면서 폐쇄되었는데, 우연의 일치인지 건물 또한 전쟁으로 크게 파괴되고 말았다. 이후 한동안 사람들의 이목에서 멀어져 있던 옛 러시아공사관은 1990년 한국 정부와 소련(지금의 러시아)이 국교를 재개하면서 다시 관심의 대상으로 떠올랐다. 외교 관례대로라면 이 곳을 대사관 부지로 다시 반환해야 할 텐데, 애당초 러시아가 공사관 부지를 취득하게 된 경위와 내역이 불확실했을 뿐만 아니라, 담을 맞대고 미국대사관저가 자리잡고 있어 복잡한 외교적 문제가 발생한 것이다.

결국 이 문제는 정부에서 강남으로 이전한 배재고등학교의 부지 일부를 내놓음으로써 일단락되었지만 개운치만은 않은 뒷맛을 남겼다. 현재 탑 부분만 남은 옛 러시아공사관은 1973년의 복원공사, 1981년의 주변 조경과 보수공사를 거쳐 오늘에 이르고 있다.

예원학교 교정의 미 북장로회 선교본부

정동공원으로 꾸며진 옛 러시아공사관 앞마당에서 왔던 길을 되돌아 다시 내려오다 보면, 미국 북장로회 초대 선교사 언더우드 H. G. Underwood,

元杜尤의 사택이 있었던 예원학교의 아담한 교정이 그 모습을 드러낸다. 예원학교 일대는 1885년 4월 언더우드가 이 곳에 처음 정착한 것을 계기로, 미 북장로회의 선교본부가 설치되었던 곳이다.

언더우드학당 교사 기포드D.L. Gifford가 그린 이 일대 약도에 따르면, 언더우드 사택 내부의 교회를 중심으로 그 동편에 여학교가 있었고, 북쪽

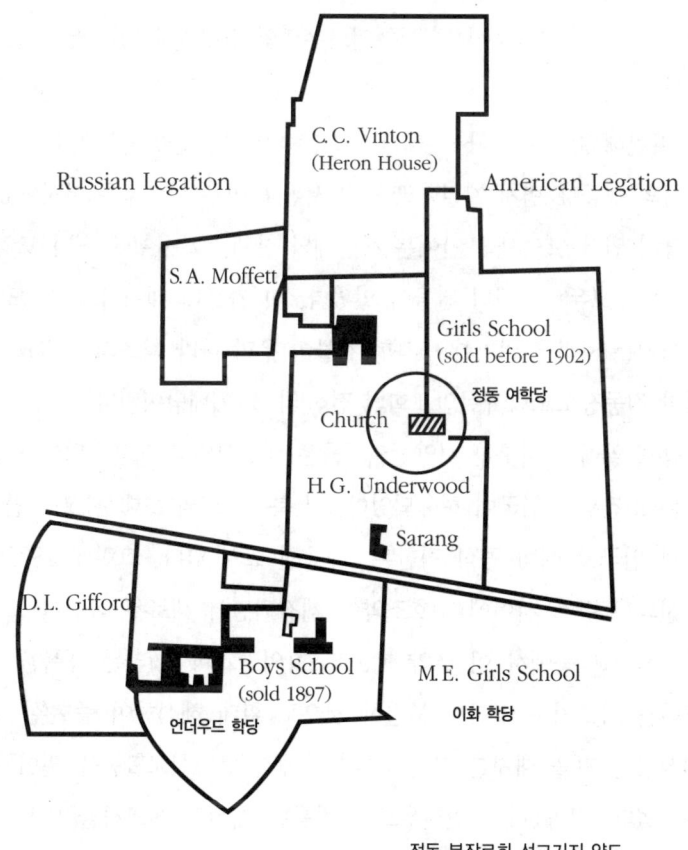

정동 북장로회 선교기지 약도

으로 제중원 의사 헤론J. W. Heron과 빈튼C. C. Vinton의 집이, 서쪽으로 언더우드 학당(예수교학당) 제2대 학당장 마펫S. A. Moffett의 집이 각각 위치하고 있었다. 그리고 언더우드의 집 남쪽, 길 건너편으로 지금의 이화여고 심손기념관 자리에 언더우드 학당이, 그 서편에 학당 교사 기포드의 집이 위치하고 있었다.

이렇게 미 북장로회 선교본부는 미국공사관과 러시아공사관 사이에 남북으로, 선교사들의 사택과 교회, 남학교와 여학교를 아우르며 자리하고 있었다. 이 때 그 중심은 물론 언더우드의 집이었다. 언더우드의 사택은 미국공사관 공의公醫 자격으로 그보다 6개월 먼저 와 있던 알렌이 주선하여 마련해 준 집이었다. 본래 강 모라는 정승이 살았던 집이라고 하는데, 지금의 정동 13번지 예원학교 교정 서편을 아우르는 넓은 저택이었다.

당시 언더우드 사택 안에는 사랑채와 안채, 그 사이에 一자 모양의 건물 해서 모두 세 채의 건물이 있었다. 이 가운데 대지가 ㄴ자 모양으로 꺾어지는 지점에 위치한 一자형 건물이 우리 나라 최초의 조직교회로 출범한 정동장로교회(새문안교회의 전신)의 첫 예배당이었다.

당초 알렌을 비롯한 서양선교사들은 의료사업과 교육사업에만 전념한다는 조건부로 입국이 허용되었다. 미 북장로회의 초대 선교사 언더우드 역시 입국할 때의 공식 직함은 '제중원 교사'였다. 그런데 1886년 5월 조선과 프랑스 사이에 수호조약이 체결되면서 새로운 국면이 조성되었다. 천주교 측에서 이 조약 제9관 2항의 '교회'敎誨라는 대목을 천주교 교리를 가르치는 것까지 묵인한 것으로 확대 해석하여 종현(현 명동)에 대성당을 지을 대지를 사들이면서 공개적으로 선교활동을 밀어붙인 때문이었다. 그에 따라 언더우드를 비롯한 개신교 선교사들 역시 정부의 공식적인 금지 방침에도 불구하고 반半공개적으로 선교활동에 들어갔는데, 정동장로교회의 설립 또한 그러한 배경 위에서 이루어졌다.

정동장로교회는 1887년 9월 27일(화요일) 14명의 한국인 세례교인이 언더우드 사택에 모여 두 사람의 장로를 선출하고 당회를 조직한 데 이어, 10월 2일 첫 주일예배를 드림으로써 시작되었다. 그런데 주목할 사실은 언더우드가 입국하기 전 서상륜을 비롯한 의주상인들의 전도를 통해 이미 평안도 의주와 황해도 장연군 대구면 소래松川에 자생적인 신앙공동체가 형성되어 있었다는 점이다. 언더우드는 그들에게 은밀히 세례를 주는 것으로 우리 나라에서의 첫 선교사역을 시작하였고, 그들로 최초의 조직교회인 정동장로교회를 출범시켰다. 교회를 창설할 때 참석한 14명의 세례교인 가운데 13명이 의주상인들의 전도로 개종한 사람들이었다는 사실이 그것을 말해 준다. 그러니까 정동장로교회의 창설은 언더우드의 내한에 앞서 서상륜 등이 미리 뿌려 놓은 씨앗의 결실이었던 셈이다.

언더우드 사택의 건물 한 채를 빌어 근근히 예배당으로 사용하던 정동장로교회는, 1894년 신분제 폐지를 비롯한 일련의 근대적 제도개혁이 단행되면서 조선정부의 정책이 신교의 자유를 인정하는 방향으로 가닥을 잡음에 따라, 1895년 겨울 경희궁 건너편 지금의 피어선 빌딩 인근에 별도의 새 예배당을 마련하였다. 그리고 1910년 5월 신문로1가 43번지, 지금의 장소에 새로 지은 '벽돌예배당'으로 이전하였다. 그에 따라 교회의 이름 또한 '정동교회'에서 '서대문교회' 또는 '새문안교회'로 바뀌어 불리다가 결국 새문안교회로 정착되었다.

정신여고의 요람 정동여학교

예원학교 교정 서편이 미 북장로회의 선교본부 역할을 하였던 언더우

정신여고의 요람 예원학교와 교정의 동편

드 선교사의 사택이자 오늘날 새문안교회의 첫 예배당 자리로서 한국 장로교회의 발상지였다면, 그 동편은 오늘날 정신여고의 요람지에 해당하는 여성 신교육의 소중한 공간이었다. 기포드의 약도를 보면 예배당 동편으로 담장을 맞대고 여학교가 그려져 있는데, 1887년 6월 북장로회 선교부에서 개설한 첫 여학교로 정동여학교(정신여고의 전신)가 시작된 바로 그 장소다.

제중원 여의사 애니 엘러스A.J. Ellers가 여자 고아 한 명을 데리고 시작한 정동여학교는, 오누이 관계에 있던 길 맞은편의 언더우드 학당과 마찬가지로 처음에는 고아원학교의 성격을 띠고 있었다. 그러다가 1890년 도티S. A. Doty가 제3대 교장으로 부임하면서 점차 제대로 된 학교의 틀을 갖춰 나갔다. 도티는 1895년 10월 지금의 종로5가 연못골蓮池洞로 교사를 이전한 데 이어, 1903년 여자중학교로 학교의 체제를 개편하였다. 학교 이름도 연동여학교, 연동여자중학교로 바뀌었다가, 1909년 대한제국 정부로부터 정식 사립학교 인가를 받으면서 현재의 정신여학교라는 이름을 갖게 되었다.

이후 정신여학교는 김필례 김함라 김마리아 유각경(유길준의 조카딸) 등 여성지도자들을 배출하며 북감리회 계통의 이화학당과 더불어 기독교 여성운동은 물론 한국 근대 여성운동의 양대 산맥을 형성하였다. 김필례 김함라 유각경이 이화학당 출신의 김활란 등과 함께 1922년 3월 조선여자기독교청년회(YWCA)를 발기하며 우리 나라 근대 여성운동의 초석을 놓은 사실이 그것을 잘 말해 준다.

특히 김마리아(1892~1944)는 이화여고의 유관순처럼 정신여고가 자랑하는 민족운동의 상징이다. 김마리아는 1892년 황해도 장연군 소래에서 광산김씨 김윤방의 세 딸 가운데 막내로 태어났다. 그녀의 아버지 김윤

정신여고의 정신적 지주 김마리아

방은 우리 나라 최초의 개신교공동체로, 정동장로교회(새문안교회) 창설에 밑거름이 된 소래교회의 지도자였다. 그리고 삼촌인 김윤오와 김필순은 김구 안창호 등 민족지사들과 막역하게 교류하며 계몽운동에 힘쓰던 기독교계의 지도자들이었다. 뿐만 아니라 고모인 김구례(서병호의 부인) 김순애(김규식의 부인) 김필례와 언니인 김함라(남궁혁 목사의 부인) 김미렴 또한 모두 정신여학교를 나와 민족운동에 헌신한 여성지도자들이었다.

이렇게 기독교신앙과 민족의식으로 충만한 집안 분위기 속에서 김마리아는 1910년 고모와 언니들의 뒤를 이어 정신여학교를 졸업하고, 모교에서 교편을 잡다 일본 도쿄여자학원으로 유학을 떠났다. 그리고 졸업을 얼마 앞둔 1919년 도쿄 유학생들의 2·8독립선언에 참여하면서 민족운동의 대열에 뛰어들었다. 김마리아는 2·8독립선언 직후 국내에 잠입하여 활동하다 3월 5일 정신여학교에서 체포되어 5개월간 복역하고 나온 뒤, 1919년 10월 전국에 산재한 여성 비밀결사들을 통합하여 3·1운동 직후 최대 규모의 항일 여성단체인 대한애국부인회를 조직하였다.

우리 머리 속에 깊이 새겨져 있는 김마리아의 이미지는 바로 이 대한애국부인회의 회장으로서 독립운동 자금을 모아 상하이 임시정부로 보내던 당시 그녀의 모습이다. 1919년 11월 일경에 다시 검거되어 1년 반 동안 옥고를 치르고, 병보석으로 풀려나와 중국 상하이를 거쳐 1923년 미국으로 유학을 떠난 뒤에도 그녀는 재미대한애국부인회權花會를 조직하여 계속 임시정부를 지원하였다. '여자 안창호'라고나 할까. 그녀는 독립운동계의 여성 거물로서 1933년 귀국하여 원산 월슨신학교에서 교편을 잡던 중 고문후유증으로 1944년 숨을 거둘 때까지 민족의 독립과 여성교육에 평생을 바쳤다.

그런데 여성의 힘을 모아 민족의 독립을 이루는 데 집중하였던 김마리아의 여성운동은 남성중심 사회에서 여성의 권리를 확보하는 데 주력하였던 YWCA의 여성운동과 구별되는 바가 있었다. 여기서 일제하 정신 학맥과 이화 학맥 여성운동의 서로 다른 뿌리를 찾는다면 너무 지나친 도식화일까? 예원학교 교정의 정동장로교회·정동여학교 자리에 서서 100여 년전 새문안교회의 창설에 참여하면서, 정신여고의 정신적 기둥으로서 기독교 선교와 여성 독립운동에 기초를 놓았던 김윤방 김마리아 부녀, 그리고 소래 김씨 일가의 자취를 한번 추억해 본다.

이화여고 심손기념관 자리의 언더우드 학당

예원학교 정문 앞에서 횡단보도를 건너 이화여고 동문 안으로 들어서면, 붉은 벽돌로 치장한 건물 한 채가 학교의 오랜 연륜을 자랑이라도 하듯 우뚝 서 있는 것을 볼 수 있다. 현재 이화여고 교정에서 가장 오래된 건물이라고 하는 심손기념관이다.

1915년에 지어진 지상 4층, 반지하 1층의 건물로, 건축기금을 기탁한 미국여성 사라 심손 Sarah J. Simpson의 이름을 따 '심손기념관' Simpson Memorial Hall이라는 이름이 붙었다고 한다. 6·25전쟁 때 파괴된 것을 1960년대 초에 복원하였는데, 그래서인지 처음 건축할 당시의 모습을 하고 있는 건물 남쪽 부분에 비해 뒷부분은 다소 현대적인 느낌을 준다. 화려한 장

이화 교정에서 가장 오래된 건물 심손기념관

식이나 기교는 없지만, 벽돌의 붉은 빛깔과 창문 인방에 사용된 흰색의 돌, 그리고 검은 지붕이 한데 어우러져 담백한 아름다움을 연출하는 건물이다. 우리 나라에 들어온 청교도적인 개신교 문화를 상징적으로 보여 주는 건물이라고나 할까.

그런데 이화여고에서 기념비적 건물로 자랑하는 정동 32번지의 심손 기념관 자리는 본래 경신고등학교의 전신인 언더우드 학당이 있던 곳이 었다. 언더우드가 자신의 집 길 건너편의 한옥 한 채를 구입하여 학교를 개설한 것은 1886년 5월이었다. 당시 그는 '제중원 교사'로 알렌이 설립한 제중원에 나가 일하면서, 자신을 찾아와 영어를 배우려는 학생들을 모아 주일학교 형태의 학교를 꾸리고 있었다. 교육선교의 필요성을 느낀 그는 일차로 고아와 극빈아동들을 위한 학교를 세울 계획을 잡고, 1886년 2월 외아문의 인가를 받아 그 해 5월 정식으로 학교의 문을 열었는

왼쪽 | 도산 안창호 오른쪽 | 우사 김규식

데, 이른바 언더우드 학당의 시작이었다.

처음에 고아 한 명으로 시작한 언더우드 학당은 2개월도 채 못 되어 학생 수가 10명으로 늘어나는 등 순조로운 발전을 보였다. 언더우드가 양자처럼 키운 민족운동가 김규식 또한 이 무렵 학당에 다녔던 초창기 학생들 가운데 하나였다. 이후 마펫(1890~1893), 밀러F. S. Miller, 閔老雅(1893~1897) 등이 언더우드의 뒤를 이어 학당 일을 맡아보면서, 학당은 점차 고아원학교의 성격을 탈피하여 일반 학교의 모습을 갖추어 나갔다. 학당장이 바뀌면서 학교의 이름 또한 원두우학당에서 예수교학당, 구세학당, 민로아학당 등으로 변하였다.

이 때 학당을 거쳐 간 인물들 가운데 한 사람이 바로 도산 안창호였다. 청일전쟁 당시 가장 치열했던 전투인 평양성전투를 피해 단신 상경한 안창호는 정동길을 걷다 우연히 만난 밀러 선교사의 권면을 받고 언더우드 학당에 첫 발을 들여놓았다. 학당을 다니며 신학문과 기독교에

눈을 뜬 그는, 1896년 11월 서재필의 지도로 배재학당 안에 조직된 협성회에 준회원 자격인 찬성원으로 참여하여 토론회와 여론정치라는 새로운 정치문화를 경험하였다. 그리고 고향으로 돌아가 1898년 봄 그 곳의 교회 지도자들과 함께 독립협회 평양지회를 조직하면서, 새로운 세대의 청년지사로서 세상에 이름을 알렸다.

이렇듯 언더우드 학당은 비록 규모는 초라했지만, 안창호 김규식 같은 민족지도자들을 배출하며 한국 근대사에 뚜렷한 자취를 남겼다. 그러나 '교육전담자가 부족하고 학교는 시기적으로 적당치 않으며 복음전도에 주력해야 한다'는 미국 선교본부의 결정에 따라 1897년 10월 문을 닫는다. 그리고 4년 후인 1901년 1월 종로5가 연동교회 부속건물에서 게일 J. S. Gale 목사를 제4대 교장으로 하여 예수교중학교(1905년 경신학교로 개명)라는 이름으로 다시 개교함으로써 오늘날의 경신학교가 되었다.

1895년 정동여학교와 교회가 종로5가 연못골과 서대문안으로 각각 이주하고, 1897년 언더우드 학당이 문을 닫은 데 이어, 북장로회 선교본부 또한 1904년경 연못골 선교기지로 완전히 이주함에 따라 북장로회 선교부의 정동시대는 막을 내린다. 언더우드 자신도 정동 사택에서 1905년 남대문밖 도동, 지금의 도큐 호텔 부근에 신축한 사저로 이사를 하였다. 황궁의 부지 확장을 위해 정동기지를 대한제국 궁내부에 전매토록 조치한 결과였다. 그래서 지금 예원학교 일대에서 당시의 자취를 찾을 수는 없지만, 이 일대는 길 건너편의 이화학당·정동감리교회·배재학당으로 이어지는 미 북감리회 선교본부와 더불어 한국 개신교 초기 선교의 양대 거점을 이룬 유서깊은 곳이었다.

손탁호텔 터 - 독립협회의 산실

심손기념관 맞은편으로 현재 이화 백주년기념관 건축공사가 한창인 예전 주차장 자리는 개항 후 서울에 세워진 최초의 서양식 호텔 손탁호텔이 있었던 곳이다.

정동 일대가 북촌에 이어 개화 개혁운동의 새로운 거점으로 각광을 받기 시작한 것은 정동구락부가 결성되면서부터였다. 당초 정동구락부는 미국공사 실, 프랑스영사 플랑시, 조선정부의 미국인 고문 다이와 리젠드르, 그리고 언더우드 아펜젤러 등 선교사들과 민영환 이완용 윤치호 이상재 등 조선인 관료들이 사교를 목적으로 조직한 친목단체였다. 그러나 모임을 거듭하면서 조선의 중립국화를 꾀하는 등 점차 정치적 색채를 띠기 시작하여, 이른바 춘생문사건이나 아관파천 등에 깊숙이 개입하고, 특히 독립협회의 모체로서 중요한 역할을 하였다.

정동구락부가 결성된 시기는 『도쿄아사히 신문』 1895년 6월 29일자에, 러·영·미 제국 공사와 친밀한 관계를 유지하고 있던 이완용 윤치호 등이 그들 나라 공사관원과 함께 정동구락부라는 것을 조직하려고 계획중이라는 기사가 나오는 것으로 미루어, 대략 1895년 6월 무렵이었을 것으로 추정된다. 이 때 그들의 주요 활동무대가 되었던 곳이 정동 소재 손탁의 사저였다.

정동구락부의 '마돈나' 안트와네트 손탁 Antoinette Sontag은 독일에게 점령당한 알자스 로렌 출신의 프랑스계 독일인으로, 1885년 10월 서른두 살의 나이에 초대 러시아공사 베베르 가족을 따라 서울에 첫 발을 내딛은 이래 1909년 9월 고국인 프랑스 칸느로 돌아갈 때까지 25년간이나 한국에 머무르며 사교계의 꽃으로 활약한 인물이다. 『윤치호일기』에 따르면 '미스 손탁'은 베베르 처남의 처형이었다고 한다. 아무튼 그녀는 베베르의 추천으로 궁중의 외국인 접대 업무를 맡아 각종 연회를 주관하면서 사교계에 데뷔하였다. 그리고 타고난 사교성에 능숙하게 익힌 한국어로 민비는 물론 고종과도 거리낌 없이 마주 대하는 사이가 되었다. 이후 그녀는 러시아공사관과 궁중을 수시로 오가며 양측의 연락을 담당하였다. 청일전쟁 후 민비가 일본을 견제하기 위해 러시아 세력을 끌어들이려 할 때 그 다리를 놓았던 것도 그녀였다. 그 공로로 손탁은 1895년 고종으로부터 정동에 있는 왕실소유의 한옥 한 채를 하사받았는데, 손탁호텔의 전사前史는 여기서부터 시작된다.

원채 넉넉하고 사람 사귀기를 좋아하는 성품이어서 그랬는지 몰라도, 손탁은 이내 정동 자신의 집을 서구풍의 인테리어로 단장하고 서울에 사는 외국인들의 사교장으로 개방하였다. 그 뒤 그녀의 집은 살롱으로 변하여, 정동구락부를 비롯한 각종 사교모임의 무대가 되었다. 그리고 삼국간섭 이후 을미사변·춘생문사건·아관파천으로 이어지는 정치적 격랑의 진원지로 급부상한다.

한편 정동 손탁의 집은 정동구락부를 모체로 1896년 7월 2일 공식 발족한 독립협회의 비공식적인 활동무대이기도 하였다. 독립협회는 당초 독립문과 독립공원의 건설을 목적으로 서재필과 정동구락부 인사들이 발기한 단체였다. 그런데 1897년 5월 23일 모화관을 개수하여 '독립관' 현판식을 거행하고 입주하기까지, 독립협회는 근 1년 가까이 변변한 사무실 한 칸 없었다. 그래서 정동구락부 시절과 마찬가지로 손탁의 '살롱'이 여전히 일상적인 모임 장소로 애용되었던 것 같다. 『대조선독립협회회보』 등을 보면, 회장 안경수의 정동 조선은행 사무소가 초기 연락처로 나온다.

『경성부사』京城府史(1934)에 따르면, 1902년 10월 손탁은 정동 '살롱정치'의 본 무대였던 구 가옥을 헐고 그 자리에 2층 양옥의 손탁호텔을 건

손탁호텔

축하였다고 한다. 그런데 손탁호텔은 본래 황실 궁내부에서 거액의 자금을 들여 지은, 궁내부 소속의 특정 호텔이었다. 대외관계가 복잡해지고 외국 귀빈들의 방문이 빈번해지면서 그들을 접대하고 머물게 할 영빈관이 절대적으로 필요해진 때문이었다. 그래서 1902년 10월 건물을 준공하고, 손탁에게 경영을 맡겼다. 『구한국 외교문서』에서는 그 이름을 '한성빈관'漢城賓館: 孫澤夫人家으로 표기하고 있으나, 보통 '손탁호텔'로 불렸다. 정동 29번지, 지금의 이화여고 동문안 주차장 자리다.

손탁호텔은 러시아 건축기사 사바틴이 설계했다고 하는데, 러시아풍 2층 양옥에 25개의 욕실이 딸린 객실을 갖추고 있었다. 2층은 귀빈용 객실로 이용했고, 아래층에는 일반 객실과 주방·연회장·식당·커피숍이 있었다. 정동 공사관거리에 위치한 관계로, 서울에 거주하는 외국인들은 이 곳 식당에 모여 손탁의 프랑스 요리와 커피를 즐기며 친교를 나

손탁호텔에서 내려다본 정동

누곤 하였다.

손탁호텔의 위치와 관련해서는, 한때 정동 16번지 구 하남호텔이 그 자리로 알려진 적이 있었다. 1898년 3월 궁내부에서 러시아공사관 대문 왼편에 방 5개가 딸린 황실 소유 벽돌건물 한 채를 그동안의 노고를 치하하는 뜻으로 손탁에게 하사한 기록이 있는데, 아마도 그 건물을 손탁호텔로 오인한 것이 아닌가 싶다. 러시아공사관 대문 왼편이라면 바로 구 하남호텔, 현 캐나다대사관 신축 부지이기 때문이다.

『경성부관내 지적목록』(1917)에 따르면, 손탁은 정동에 3필지 총 1,675평의 부동산을 소유하고 있었다. 그 첫 번째가 정동 29번지 손탁호텔 자리의 1,184평이고, 두 번째가 정동 16번지 구 하남호텔 자리의 418평이었다. 그리고 중명전 부근 정동 1번지 1호에 73평의 땅이 있었는데, 만약 손탁호텔 터가 손탁의 원 사저 자리가 아니라면 이 곳이 정동구락부의 활동무대였던 손탁의 첫 사저 자리였을 가능성도 있다.

1905년 11월 이토 히로부미가 손탁호텔에 여장을 풀고 대한제국 대신들을 불러 '을사보호조약'의 체결을 강요한 데서도 드러나듯이, 대한제국 중립외교의 거점으로 이름을 날리던 손탁호텔은 러일전쟁에서 러시아가 패배한 이후 화려한 시절의 막을 내린다. 자신의 뒷배경이 되어 주었던 러시아 세력이 퇴조하면서 손탁은 덕수궁 대한문 건너편에서 팰리스 호텔을 경영하던 보에르에게 호텔을 양도하고, 1909년 9월 고국인 프랑스로 돌아갔다. 그 뒤 손탁호텔은 일반 호텔로 탈바꿈하여 '손탁호텔'이란 이름으로 계속 영업을 하다가, 1917년 이화학당에 팔려 한동안 대학과의 기숙사 겸 교실로 사용되었다. 그리고 1922년 그 자리에 3층짜리 프라이 홀Frey Hall을 지을 때 헐려 자취를 감추고 만다. 설상가상이라고 할까. 1923년 9월 완공한 프라이 홀마저 1975년 5월에 화재로 소실되어, 지금은 빈터만 덩그러니 남아 있으니 말이다. 현재 이 곳에는 이화 백주년기념관 신축공사가 한창 진행중이다.

이화학당 – 한국 여성 신교육의 발상지

손탁호텔 터에서 남동쪽으로 난 이화여고 교정 언덕길을 오르다 보면, 본관 건물 옆으로 1986년 창립 100주년을 맞아 세운 '한국 여성 신교육

이화학당 백주년기념비 그 오른쪽으로 스크랜튼 대부인의 흉상이 서 있다.

설립 당시의 이화학당

의 발상지'라는 기념비가 나온다. 우리 나라 최초의 신식 여학교 이화학당이 처음 문을 연 자리다.

지금의 이화여고·외고 교정은 과거 서울 도성의 경계였던 언덕 능선 동·서편을 모두 아우르고 있지만, 처음의 교사는 언덕 남동편, 도성 안쪽에 국한되어 있었다. 그 가운데서도 동문 안쪽의 심손기념관과 그 맞은편 프라이 홀이 있었던 주차장 자리는 1910년대에 새로 매입한 땅들이니까, 백주년기념비가 서 있는 본관 일대야말로 이화학당의 발상지인 셈이다.

이화학당은 모자가 함께 한국에서 선교사역을 하여 더 유명한 미 북감리회 여선교사 스크랜튼Mary F. Scranton 대부인이 1886년 5월 31일 한 명의 여학생에게 영어를 가르치면서 시작되었다. 여성교육을 기피하던 당시의 사회통념으로 인해 적지않은 어려움이 뒤따랐지만, 이화학당은 1886년

이화학당 학생들의 수업 모습(1925년경)

　11월 교실과 숙소 등을 갖춘 200평 규모의 한식 기와집 교사를 마련하고, 1887년 2월 무렵 고종으로부터 '이화학당'이라는 교명을 하사받으면서 착실히 그 발판을 다져 나갔다.
　그리하여 1887년에는 학생 수가 7명으로 늘었고, 교과목도 영어 외에 성경과 국어가 추가되었다. 그 뒤 학생 수가 늘어남에 따라 1897년 한옥 교사를 헐고, 그 자리에 2층 벽돌로 된 서구식 건물Main Hall을 짓기 시작하여 1900년에 완공을 보았다. 메인 홀은 교실·기숙사·식당·목욕탕에 전기시설까지 갖춘 당시로서는 최신식 건물이었는데, 6·25전쟁 때 파괴되어 지금은 남아 있지 않다.
　교과목으로는 국어·한문·영어·성경·수학·역사·지리·과학 등을 가르쳤는데, 1904년에 4년제 중등과를 설치하여 1908년 제1회 졸업생을 냈고, 같은 해 보통과와 고등과를 설치하였다. 1910년 4월에는 4년 과정

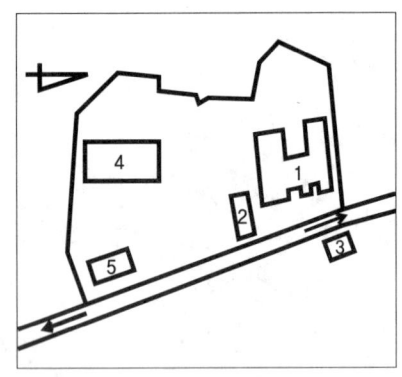

1920년대의 이화학당 캠퍼스
[1. 프라이 홀 2. 심프슨 홀 3. 음악관 4. 메인 홀 5. 후퍼 기념유치원]

의 대학과를 신설함으로써 초등·중등·고등 교육을 모두 실시하여, 1914년 한국 최초의 국내 여자대학 졸업생으로 김앨리스·신마실라·이화숙 등 3명을 배출하였다. 그리고 그 해 이화유치원을 설립하고, 1915년 유치원사범과를 신설하였으며, 1917년에는 중등과를 대학예과로 개편하였다.

한편 1918년에는 고등과와 보통과를 이화학당에서 분리하여 이화여자고등보통학교와 이화여자보통학교로 독립시켰다. 대학과와 예과 또한 1925년 이화여자전문학교로 개편되어, 1935년 보육학교와 함께 신촌에 새로 마련한 캠퍼스로 이전하였다. 이처럼 각급 교육기관들이 독립된 학제를 가지고 운영되면서, '이화학당'이라는 명칭은 1928년 정식으로 폐기되기에 이른다.

1920년대의 이화학당 캠퍼스 약도를 보면, 지금의 동문안 주차장 자리에 1923년 완공된 프라이 홀이, 그 맞은편에 1915년에 지어진 심손기념관이, 길 건너 예원중학교 입구에는 음악관이 자리잡고 있었다. 또한 백주년기념비가 서 있는 자리에는 메인 홀이 관록을 자랑하며 서 있었고, 그 아래쪽 길가 테니스장 자리에는 1921년에 지어진 후퍼 기념유치원이 있었다. 그리고 언덕 너머 도성밖 유관순기념관 자리에는 서대문정거장이 있었다.

'유관순 신화'와 역사

이화여고 100주년 기념비 아래쪽 쉼터에는, 3·1운동 당시 메인 홀 기숙사에 기거하던 '유관순 열사가 빨래하던 우물'이 팻말과 함께 남아있다. 유관순(1902~1920)은 3·1운동의 상징으로, 이화여고가 자랑스럽게 내세우는 인물이다.

유관순은 1916년 4월 공주 영명학교를 거쳐 이화학당 보통과 3학년에 편입하면서 이화학당과 첫 인연을 맺었다. 그리고 고등과에 입학한 이듬해인 1919년 3월 1일 파고다공원 만세시위와 3월 5일 남대문 학생 연합

유관순이 빨래하던 우물

이화 교정의 유관순기념관

시위에 참여한 다음, 고향인 충남 천안군 동면 용두리(지령리)로 내려가 4월 1일 아우내 장터 만세시위에 앞장섰다. 이 일로 유관순은 일제 관헌에 체포되어 공주감옥을 거쳐 서대문 감옥으로 이송되었는데, 옥 속에 갇혀서도 만세를 부르다 일제의 혹독한 고문에 못 이겨 1920년 10월 12일 열아홉 꽃다운 삶을 마감하였다. 이화여고에서는 그 넋을 기리기 위해 유관순기념관을 세우고, 기념관 2층에 열사의 호적·재판기록·수형기록표·명예졸업장 등을 전시하고 있다.

그런데 유관순은 정작 3·1운동 당시에는 잘 알려지지 않은 인물이었다. 이름 없이 민족의 제단에 몸 바친 수많은 꽃다운 넋들 가운데 하나였을 뿐이다. 그러한 그녀의 존재가 세상에 널리 알려지기 시작한 것은 해방후 박인덕의 주도로 기념사업이 추진되면서부터였다. 일제에 의해 토막 살해당했다는 등의 '유관순 신화'가 만들어진 것도 아마 이 때였던 것으로 보인다.

　여기서 우리는 신화와 역사를 변별할 필요를 느낀다. 역사상의 유관순 만으로도 그녀는 충분히 3·1운동의 상징이 될 만한 인물이다. 그런데 왜 거기에 굳이 신화적 요소들을 채색 가미한 것일까? 혹시 기념사업을 주도한 박인덕이 자신의 일제말 친일행적을 유관순의 신화화를 통해 덮어 버리려 했던 것은 아닐까? 박인덕은 당시 이화학당의 교사로서, 정동교회의 손정도 목사와 함께 어린 나이의 유관순에게 애국애족의 신앙을 불어넣어 준 인물로 손꼽힌다. 그리고 보니 유관순이 한 여선생으로부터 감화를 받고, 서대문감옥에서 함께 옥중투쟁을 벌이는 기념영화의 장면들이 어렴풋이 떠오르는 것도 같다.

　해방후 유관순 기념영화가 나왔을 때 조병옥이 그것을 보고 노발대발 했다는 이야기가 있다. 사실 아우내장터 만세시위의 지도자는 지령리교회(현 매봉교회)의 두 기둥이었던 조병옥의 아버지 조인원과 유관순의 아버지 유중권이었다. 그리고 유관순은 그 선봉이었다. 그런데 기념영화에서는 유관순의 설득으로 그 모든 거사가 이루어진 것처럼 그려 놓았으니, 조병옥이 화를 낼 만도 했을 것이다.

　위인만들기의 '덫'이라고 할까……위인으로 받들어지는 인물들 뒤에는 언제나 그 디딤돌이 되어 주었던 수많은 사람들이 있다. 그런데 우리는 그들을 기억하지 못한다. 어느 회사의 광고 카피처럼 역사는 '1등'만을 기억하는 것일까? 임진왜란 이후 이순신과 함께 1등 공신에 책봉되었으면서도, 천하의 간신이라는 오명을 뒤집어 쓴 원균의 서글픈 운명이 비단 그만의 억울한 사연은 아닐 것이다. 조연에게도 스포트라이트를 비추고, 박수를 보내는 위인만들기야말로 원칙과 상식이 통하는 세상을 향한 첫 걸음이 아닐까.

정동교회 앞마당의 아펜젤러와 차병헌 목사 흉상

정동제일교회 일대의 미 북감리회 선교기지

이화여고 동문을 나와 덕수궁을 향해 걷다 보면, 정동극장 맞은편 이화여고와 배재공원 사이로 고풍스런 예배당 건물 한 채가 그 모습을 드러낸다. 한국 감리교회의 모母교회로 불리는 정동제일교회의 '문화재 예배당'이다. 화단앞 교회 마당의 설립자 아펜젤러 흉상과 한국인 최초의 담임목사 최병헌의 흉상이 찾는 이들을 맞는다.

정동제일교회는 미 북감리회 선교사 아펜젤러가 정동에 자그마한 한옥 한 채를 구입하여 1887년 10월 9월 오후 첫 주일예배를 드림으로써 시작한 교회로, 미 북장로회 선교사 언더우드가 세운 새문안교회와 더불어 우리 나라 개신교회의 양대 기둥을 이루는 교회다. 아펜젤러는 이 예배당을 '하나님의 집'이란 뜻으로 '벧엘'이라 명명하였다.

정동제일교회의 설립자 아펜젤러 부부는 1885년 4월 5일 부활주일 오후 미 북장로회에서 파송한 언더우드 선교사와 함께 제물포에 도착하여 한국에 첫 발을 내딛은 미 북감리회의 초대 선교사였다. 그러나 불안한 국내 정세와 부인의 건강 문제로 바로 서울로 향하지 못하고 잠시 일본으로 되돌아갔다가, 6월 20일 같은 선교부 소속의 스크랜튼 의사 부인과 그의 모친 스크랜튼 대부인을 대동하고 제물포에 상륙하였다. 그 사이 스크랜튼 의사가 단신으로 5월 3일 인천에 도착하여 먼저 서울 정동에 보금자리를 마련하였다. 아펜젤러 부부도 7월 19일 서울에 들어와 정동 스크랜튼 의사의 집 앞에 자리를 잡았다. 옛 배재학당 운동장 북서편, 현재의 러시아대사관 자리다.

서울에 도착하자마자 아펜젤러는 정동 자신의 집에서 스크랜튼 의사가 소개한 두 명의 학생에게 영어를 가르치기 시작하였다. 1885년 8월 3일의 일인데, 배재학당의 초석이 놓이는 순간이었다. 제중원에서 알렌을 도와 잠시 일하던 스크랜튼 의사가 자신의 집을 개조하여 외래 진료소를 개설한 것도 이 무렵이었다. 9월 10일 문을 연 스크랜튼의 외래 진료소는 1886년 6월 15일 입원실을 갖춘 민간병원으로 정식 개원하면서 '시병원'施病院이라는 간판을 붙인다.

스크랜튼 의사의 모친 스크랜튼 대부인 역시 1886년 5월 31일부터 한 명의 여학생에게 영어를 가르치기 시작하여, 그 해 11월 지금의 이화여고 본관 자리에 별도의 교사를 마련하고 본격적인 여성교육에 착수하였다. 그리고 1887년 10월에는 여의사 메타 하워드가 내한하여 이화학당 구내에 부인병원으로 보구여관保救女館(이화여대 부속병원의 전신)을 개설하였다. 그리하여 1887년 무렵 지금의 정동제일교회 일대는 당당과 이화학당, 시병원과 보구여관, 벧엘예배당 등 남·여학교와 병원, 교회가 어우러진 미 북감리회의 선교기지로 자리를 잡기에 이른다.

정동제일교회 '문화재 예배당' – 우리 나라 개신교 예배당의 원형

1887년 10월 9일 '벧엘예배당'에서 공개적인 첫 주일예배를 드리며 시작한 정동교회(현 기독교대한감리회 정동제일교회)는 건물이 비좁고 불편한 데다 정부의 선교금지 조치 역시 여전히 효력을 발휘하는 속에서, 이후 이곳 저곳으로 옮겨다니며 예배를 드리게 된다. 남자반은 배재학당·시병원·벧엘예배당 등지에서, 여자반은 이화학당에서 각각 예배를 드렸는데, 때문에 초기 교인 대부분이 두 학교의 관계자와 학생들이었다. 1889년 12월에는 배재학당과 이화학당의 예배처, 그리고 종로집회소(중앙교회의 전신)를 아우르는 공식교회로 한국 감리교회 최초의 정동구역회(계삭회)가 조직되었다. 두 곳의 남녀 예배처가 통상 '정동교회'라는 이름으로 불리기 시작한 것도 이 때부터였다.

1894년 갑오개혁을 거치며 정부의 선교금지 조치가 사실상 풀리면서 두 곳에서 모이는 남녀 교인 수가 200명을 넘어서자, 1895년 1월에 열린 미 감리회 선교연회는 500명을 수용할 수 있는 서울제일감리교회의 회당을 정동에 건축하기로 결의하였다. 그리하여 1895년 9월 9일 예배당 건축 기공식을 거행하고 1897년 12월 26일 성탄주일에 헌당식을 가졌는데, 그것이 현재 사적 제256호로 지정되어 있는 '문화재 예배당'이다.

이후 정동교회 예배당에서는 종교집회 외에도 각종 강연회와 음악회 등이 열려 민중 계몽과 신문화 수용의 길라잡이 역할을 하였다. 그 결과 1898년 대중단체로 변모한 독립협회가 정치개혁운동을 본격화할 때 정동교회는 그 주요한 배후 근거지의 하나로 주목을 받았다. 특히 1897년 10월 조직된 정동교회 엡윗청년회(워렌분회, 회장 노병선)는 배재학당 협성회와 함께 독립협회 정치개혁운동의 선봉대 역할을 하였다. 뿐만 아니라 1902년 6월 아펜젤러 목사가 선박 충돌 사고로 순직한 후 목회자로

정동교회 문화재 예배당의 옛모습과 현재

교회를 이끌어간 노병선(1902~03)·최병헌(1903~13)·현순(1914~15)·손정도(1915~18)·이필주(1918~19) 목사는 하나같이 개화 개혁운동과 민족운동의 지도자이기도 하였다.

3·1운동 당시 담임목사 이필주와 장로 박동완이 민족대표로 참가하고, 신간회 창립 때 김영섭 목사(1927~34, 1938~43), 박동완 전도사, 김활란 등이 간사로 활약하는 등 정동교회는 이후로도 줄곧 민족운동과 긴밀한 관계를 맺었다. 또한 1930년 남·북감리회가 합동하여 단일교단 '기독교조선감리회'로 출범할 때에는 감리교회의 모교회로서 주도적인 역할을 담당하기도 하였다.

우리 나라 개신교 예배당의 '원형'이라 할 수 있는 정동제일교회 '문화재 예배당'은 19세기에 지어진, 지금까지 남아 있는 유일한 서구식 개신교 예배당으로 1898년 완공된 명동성당과 함께 당시 서울 장안의 명소로 이름을 날렸다. 붉은 벽돌로 지어진 단층 고딕양식의 이 건물은 당초 건평 115평의 십자형 건물이었으나, 1926년 증개축하여 현재는 삼랑식 구조를 하고 있다. 이 때 원건물을 그대로 두고 날개 부분만을 메워 증축했기 때문에 건물 원형은 그대로 남아 있다. 최근 전면적인 보수공사를 거쳐 현재도 부속 예배당으로 사용하고 있다.

북미계통의 단순화된 교회건물의 맛을 느낄 수 있는 담백한 건물인데, 근검절약과 실용성을 강조하는 청교도적 프로테스탄티즘의 문화를 잘 표현하고 있다. 건축물은 당대의 문화적 마인드와 건축 주체의 의식세계를 잘 보여주는 시금석이라고 한다. 예컨대 콘크리트 건물에 페인트를 칠한 채 목조건물인 양 서 있는 경복궁의 광화문은 철근과 콘크리트를 숭배하던 박정희 정권시절 산업화 마인드의 산물이었다. 콘크리트여 영원하라고 외치며, 석유를 '검은 진주'라 노래하던 당시의 문화 마인드가 거기에 담겨 있다. 마찬가지로 실용성이 돋보이는 담백한 '문화재 예배당' 건물을 통해, 우리는 우리 나라에 처음 들어온 개신교 문화의 일면을 읽는다. 개발독재 시기를 거치며 재벌문화의 잔영이라 할 수 있는 대형화와 성장지상주의, 부자세습의 미련을 아직도 떨치지 못하고 있는 오늘날 개신교회의 모습과는 별개로.

배재학당 – 신문화의 요람지

우리 나라 신교육 도입의 상징적 기념물이라 할 수 있는 배재학당은 정동제일교회 남쪽 언덕에 자리하고 있었다. 1984년 3월 학교가 강동구 명일동으로 이전하면서 동문회관 등으로 사용하던 교사 대부분은 현재 배재주상복합빌딩 신축공사로 헐려 없어지고, 그 앞 운동장터 배재공원에는 러시아대사관과 IMF 사태로 유명해진 미국계 투자회사 JP 모건 체

배재공원 뒤로 JP 모건 체이스 사 건물이 보인다.

배재학당 벽돌교사 신축공사

현재 정동에 남아 있는 배재학당 교사

이스 사가 어깨를 맞대고 있다.

　배재학당은 미 북감리회 선교사 아펜젤러가 1885년 8월 자신의 집에서 두 명의 학생에게 영어를 가르치면서 걸음마를 뗀 신식 사립학교였다. 아펜젤러는 이듬해 6월 8일 정식으로 학교를 개설하여 6명의 학생으로 첫 학기를 시작하였다. 고종은 1887년 2월 이 신식 교육기관에 '배재학당' 培材學堂이란 교명을 내려주면서 관심을 표시하였다. 이후 배재학당에는 영어를 배워 통역관이나 전신국 교환수로 취직하려는 목적에서 많은 학생들이 모여들었다.

　1886년 11월 현재 재적학생 수가 32명에 이를 정도로 학생 수가 늘어나자, 아펜젤러는 1887년 초 새 교사의 신축에 들어가 9월 준공식을 거행하고, 11월 1일 입주를 하였다. 새 교사는 지상 1층, 반지하 1층의 구조를 가진 아담한 르네상스식 벽돌교사였다.

　1층에는 강당(예배당)·도서실·학당장실과 4개의 교실이 들어섰고, 반지하는 고학생들이 학비를 마련할 수 있도록 산업부에 배정하여 학생들에게 노동의 신성함을 일깨워주는 자조훈련과 실업교육의 장으로 활용하였다. 그러나 아쉽게도 지금 그 자리에서 문화재적 가치를 가진 우리나라 최초의 르네상스식 건축물의 자취를 찾을 수는 없다. 1932년 9월 희년기념 대강당 신축공사가 시작되면서 헐려 버린 때문이다.

　배재학당은 교사 신축과 더불어 교사진용도 대폭 보강하여, 1888년 올링거F. Ohlinger 목사와 존스G. H. Jones, 趙元時 목사가 합류하고, 1889년에는 한학자 최병헌이 한문 선생으로 부임하였다. 남관 자리에 40명 가량의 학생을 수용할 수 있는 100평 규모의 한옥 기숙사를 마련한 것도 이 무렵이었다. 이처럼 학당이 근대 교육기관으로서의 면모를 갖추어 가자, 아펜젤러는 마태복음 20장 27~28절을 한역한 '欲爲大者 當爲人役'(크고

자 하거든 남을 섬기라)를 학당훈으로 삼아 근대적 시민을 양성하는 교양교육에 힘을 기울였다. 교과과정도 예비과정부 2학기와 교양과정부 3학년으로 정비하여, 영어·한문·언문을 기본 교과목으로 하고, 과정과 학년에 따라 수학·과학·역사·음악·미술·의학 등을 가르쳤다.

그런데 이 시기에 배재학당을 다닌 학생들 가운데 양반층 자제들은 거의 찾아볼 수가 없었다. 양반층 자제들이 배재학당을 찾기 시작한 것은 1894년 갑오개혁을 통해 신분제와 과거제가 폐지되면서부터였다. 새로운 관료임용제도의 실시와 신식 학제의 도입으로 신교육에 대한 수요가 양반층 자제들에게까지 넓게 확산된 때문이었다. 그런 가운데 1895년 2월 조선정부와 배재학당 사이에, 정부에서 보내는 200명 한도의 학생에 대해 영어·역사·지리·정치경제·수학·과학 등을 가르치되 그 학자금은 물론 교사 월급의 일부까지 국고에서 보조한다는 위탁교육계약이 체결되었다. 이후 배재학당의 등록 학생 수는 이전의 배가 넘는 169명으로 늘어났다. 당시 배재학당의 학제는 학년별이 아닌 학과별 학제를 채택하여 영문·국한문·신학과의 3개 학과로 이루어져 있었는데, 정부위탁생들은 대부분 영문과에 입학하였다.

배재학당 내에 우리 나라 최초의 근대적 학생단체라 할 수 있는 협성회가 조직된 것도 이 무렵이었다. 협성회는 서재필의 지도 아래 1896년 11월 30일 배재학당 학생과 교사들을 중심으로 조직된 단체로, 토론회를 개최하고 기관지 『협성회회보』를 발행하는 등 활동을 전개하였다. 회원은 찬성원(준회원)까지 합쳐 1898년 2월 현재 약 300명에 달했는데, 양홍묵·노병선·이승만·주시경·민찬호·신흥우 같은 쟁쟁한 인물들이 회원으로 참여하였고, 안창호도 찬성원으로 여기를 거쳐 갔다.

협성회의 토론회는 이후 독립협회의 토론회로 확산되어, 충군애국의

배재학당 협성회의 주역 이승만

여론을 조성하고 민중을 계몽하면서 이승만·안창호 같은 개화 개혁운동의 소장 지도력들을 발굴하였다. 그리고 1898년 독립협회가 만민공동회 등을 통해 정치개혁운동을 본격화하는 과정에 일선 행동대로 활약하면서 청년학생운동의 새로운 장을 열어 나갔다. 우리 나라 근대 학생운동 제1세대의 산실이라고나 할까.

독립신문사 터 - 신아빌딩 앞

지금은 헐려 없어졌지만 배재학당 대강당 건물 앞에는 얼마 전까지만 해도 '독립신문사 터'라는 표지석이 서 있었다. 그런데 이 곳은 독립신문사 사옥터가 아니고, 한때 『독립신문』을 인쇄하였다고 하는 삼문출판사가 있었던 자리다. 신문사 편집국과 인쇄소를 혼동한 데서 비롯된 착오로 보인다.

　삼문출판사는 1888년 배재학당 르네상스식 벽돌교사 지하 산업부실에 설치된 인쇄소였다. 학당 내에 인쇄소를 설치하는 작업은 상하이 중국감리교활판소에서 문서선교 사업에 종사하다 1888년 1월 배재학당 교사로 부임한 올링거 선교사의 책임 하에 이루어졌다. 그는 자신이 일하던 중국 상하이에서 서구식 인쇄기와 주조기를 구입하고 각종 연활자를 구비한 다음, 그 해 말 인쇄소의 문을 열었다. '삼문출판사' 三文出版社라는 공식명칭은 한글·영문·한문 세 종류의 인쇄를 하였다고 해서 붙여진 이름이다.

　삼문출판사는 1889년 아펜젤러가 지은 『성교촬요』聖敎撮要를 출판한 것을 비롯하여, 1892년 1월부터 *The Korean Repository*를 발행하고, 1897년 2월부터는 『조선그리스도인회보』를 발간하는 등 신문·잡지·단행본에 걸친 북감리회 선교부 문서선교활동의 센터가 되었다. 출판사의 식자·인쇄·제본 등의 작업은 거의 전적으로 배재학당의 근로학생들에 의해 이루어졌는데, 인쇄수요가 크게 늘어나자 1892년 말경 벽돌교사 옆편에 별도의 인쇄소 건물을 신축하고, 예전 자리에는 제본소를 두었다. 1893년 9월부터는 헐버트 선교사가 재차 내한하여 출판사의 운영 책임을 맡았다. 이후 삼문출판사는 1900년 5월 배재학당 산업부에서 독립하여 감리교인쇄소로 이름을 바꾸었다.

　한편 삼문출판사가 한때 독립신문을 인쇄하였다는 데 대해서는 서로 엇갈린 주장들이 있다. 신용하 교수가 1896년 4월 7일 독립신문 창간 당시부터 독자적인 인쇄시설을 갖추고 있었다는 입장인 데 반해, 이광린

교수는 창간 당시의 여건상 처음 얼마간은 배재학당내 삼문출판사에서 인쇄되었을 것이라고 추정한다. 그리고 윤춘병 목사는 북감리회 선교부에서 미국 본부로 보낸 연례보고서에 삼문출판사가 1898년 5월에 독립신문사와 '2년간의 인쇄계약'을 맺었다는 보고가 있는 것을 근거로, 1898년 5월 11일 서재필이 윤치호에게 신문사를 인계하고 물러난 이후 1899년 12월 4일 폐간될 때까지 삼문출판사에

독립신문 창간을 통해 한국 근대언론사의 새로운 장을 연 서재필

서 독립신문을 인쇄했다는 주장을 하고 있다. 그러나 아직 뭐라 단정할 만한 자료가 없기 때문에, 이 문제는 보다 확실한 관련 자료들이 찾아질 때까지 미결로 남겨둘 수밖에 없다.

그렇다면 독립신문사 사옥은 과연 어디에 있었을까? 최근 오인환 교수가 추적한 바에 따르면, 정동제일교회 동쪽 신아빌딩 앞이 가장 유력하다. 오 교수가 근거로 들고 있는 자료는, 주한미국대사관 문정관으로 있었던 그레고리 헨더슨Gregory Henderson이 1959년 Royal Asiatic Society 한국지부에서 발행하는 『회보』(Transaction, Vol. 35)에 기고한 「정동 일대의 역사와 미국 대사관저」(A History of Chong Dong Area and the American Embassy Residence Compound)라는 글이다. 이 글 21쪽에서 헨더슨은 "(한말 미국공사관) 정문 저 건너편 쪽, (1959년) 현재의 법원 정문 바로 옆에서 서재필 박사가 독립신문을 발행하였다"고 쓰고 있다.

독립신문사 사옥터로 추정되는 신아빌딩 자리

　이를 바탕으로 오 교수는 옛 대법원 정문 서편, 지금의 신아빌딩 바른쪽 앞을 과거 독립신문사 사옥이 있었던 장소로 추정하였다. 앞으로 더 보완적인 조사가 있어야 하겠지만, 설득력이 있는 주장이다. 어쨌든 우리 나라 최초의 민간신문이자 한글신문으로, 한국 근대 언론사는 물론 지성사에 커다란 발자취를 남긴 독립신문사가 어디에 있었는지조차 제대로 밝히지 못하고 있는 우리의 얄팍함에 저절로 고개가 가로저어진다.

덕수궁 중명전 – '을사조약'이 억지 체결된 장소

　배재학당에서 정동제일교회 쪽으로 다시 내려와 길 건너 정동극장 왼편 골목으로 접어들면, 그 안쪽으로 옛 러시아공사관 건물과 뭔지 모르

치욕의 역사현장 경운궁 중명전

게 비슷한 분위기를 풍기는 오래된 양옥 건물 한 채를 발견하게 된다. 경운궁(덕수궁) 중명전重明殿인데, 1905년 11월 17일 이른바 '을사보호조약'이 억지 체결된 바로 그 장소다.

러일전쟁후 태프트-가쓰라 각서(1905. 7. 29), 제2차 영일동맹(8. 12), 포츠머스 강화조약(9. 5)을 통해 미국·영국·러시아로부터 한국에 대한 이른바 '지도 보호'의 권리를 승인받은 일본은, 1905년 11월 이토 히로부미伊藤博文를 특사로 파견하여 한국을 보호국화하는 요식 절차에 착수하였다.

이토가 서울에 도착한 것은 1905년 11월 9일 저녁이었다. 정동 손탁호텔에 여장을 푼 그는 이튿날 주한일본공사 하야시 곤스케林權助와 함께 경운궁에 입궐하여 고종황제를 알현하고 일본천황의 친서를 전달하였다. 그리고 11월 15일 재차 황제를 알현한 자리에서 '보호조약'의 초안을 내놓고 인허할 것을 강요하였다. 황제가 이는 국가 중대사인만큼 대신들과 백성들의 의견을 들어야 한다며 일단 거부 의사를 밝히자, 이토는 다음 날 자신의 숙소인 손탁호텔로 한국정부 대신들을 불러 회유와 협박을 가하였다.

드디어 11월 17일 오후 3시, 완전무장한 일본군이 궁궐 안팎을 겹겹이 에워싸고 무력시위를 벌이는 가운데 중명전에서 어전회의가 열렸다. 저들의 강요 아래 5시간이나 계속된 이 회의에서 조약에 반대하기로 결론이 나자, 이토는 하야시 공사와 하세가와 요시미치長谷川好道 한국주차군사령관을 대동하고 회의장에 들어가 다시 회의를 소집토록 하고, 대신 한사람 한사람에게 가부 입장을 밝힐 것을 강요하였다. 이 때 참정대신 한규설이 완강히 반대를 하자 그를 회의장 밖으로 끌어내고, 8명의 대신 가운데 이완용을 비롯한 이른바 '을사 5적' 다섯 명의 찬성으로 조약이 통과되었음을 일방적으로 선포한 다음 회의를 종결하였다. 그리고 18일 오전 2시, 일부 문구의 수정을 거쳐 조약 체결의 실무를 담당한 외부대신 박제순과 일본공사 하야시 사이에 한국정부의 외교권을 박탈하는 '보호조약'이 조인되었다.

그런데 1905년 11월 17일 날치기 통과된 '을사보호조약'은 고종황제의 서명 날인은 물론 정식 명칭조차 없는 불법 조약이었다. 그러나 이미 열강의 국제적인 침략 승인을 받은 상태였기 때문에 그것은 하등 문제가 되지 않았다. 주권국가 대한제국의 입장은 애시당초 고려의 대상도 아니

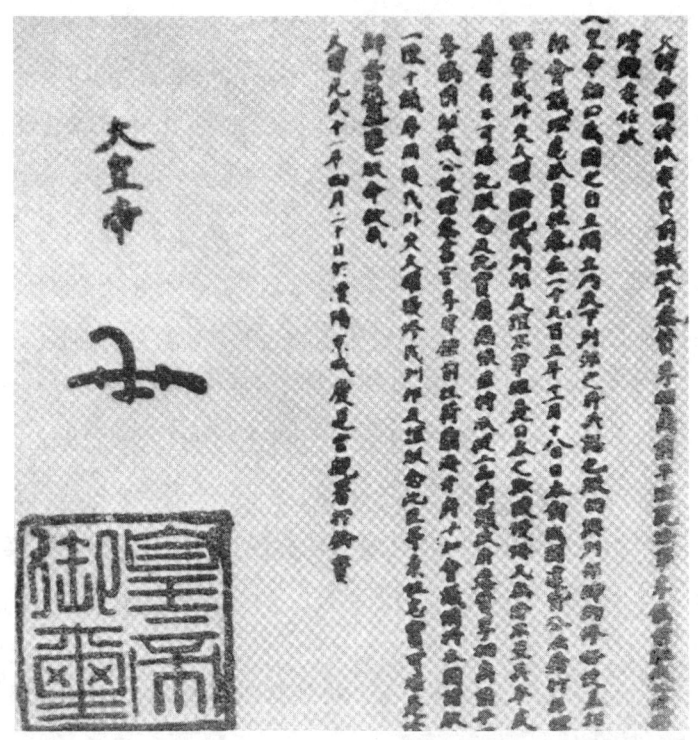

헤이그 특사에게 내린 황제의 신임장.
'을사조약'과 달리 고종의 서명 날인이 선명하다.

었기 때문이다. 다시 말해 일본의 한국침략은 일본의 단독 작품이 아니라, 미국·영국·러시아와의 합작품이었다. 중명전 동쪽 담장 너머, 100년 전 억지 불법조약을 재빨리 승인하고 총영사관으로 간판을 바꿔 달았던 미국공사관(현 미국대사관 관저)은 그러한 사실을 아는지 모르는지……

'을사보호조약'이 억지 체결된 치욕의 현장 중명전은 경운궁(덕수궁)의 서문인 평성문 밖, 현 정동극장에서 예원학교 일대에 걸친 이른바 수옥헌 구역에 조성한 10채의 전각 가운데 가장 중심이 되는 건물이었다.

둘째 마당, 현장 찾아가기_173

1896년경 궁중 최초의 서양식 건물 가운데 하나로 지어질 당시에는 왕실 도서관으로 사용되다가, 1904년 4월 14일 경운궁에 불이 나 고종황제가 피신하면서부터 황제가 외국사절들을 접견하거나 연회를 베푸는 장소가 되었다. 1906년 12월 황태자(순종)와 윤비의 가례 때도 외국사절들을 초청해 이 곳에서 성대한 연회를 베풀었다고 한다.
  지상 2층, 지하 1층의 회색 벽돌건물 중명전은 러시아 건축기사 사바틴의 설계로 지어졌는데, 그래서인지 영국인이 설계한 석조전과는 또 다른 맛을 풍긴다. 1층의 아치형 창이 옛 러시아공사관 건물과 비슷한 것도 그 때문인 모양이다. 1925년 3월 12일 일어난 화재로 외벽만 남기고 내부시설 대부분이 불에 타 버렸으나, 그 뒤 복구하여 지금에 이르고 있다.
  일제하 외국인구락부에 임대된 중명전은 해방 후에도 줄곧 주한 외교관과 선교사들의 사교장으로 사용되다가, 1977년 4월 사기업인 정한개

한가로워 보이는 한낮의 정동길. 왼쪽으로 정동교회가 보인다.

발에 팔려 지금은 개인 소유로 되어 있다. 그런데 1983년 11월 서울시 유형문화재 제53호로 지정되면서, 개인의 사유재산권 보장과 문화재 보호라는 두 마리 토끼를 놓고 분쟁이 일어났다. 최근 서울시에서 매입하여 기념관으로 꾸밀 계획이라고 하는데, 비운의 장소여서 그런지 그 과정이 순탄치만은 않은 모양이다.

| 답사코스 |

지하철 5호선 서대문역▷ 적십자병원(경기감영 터)-4·19도서관-강북삼성병원 본관(경교장)-옛 러시아공사관-예원학교(북장로회 선교기지, 정동여학교 터)-이화여고 백주년기념관(손탁호텔 터)-심손기념관(언더우드학당 자리)-본관 옆 백주년 기념비-'유관순 우물'-유관순기념관-정동제일교회-배재공원-신아빌딩 앞(독립신문사 사옥 추정지)-덕수궁 중명전

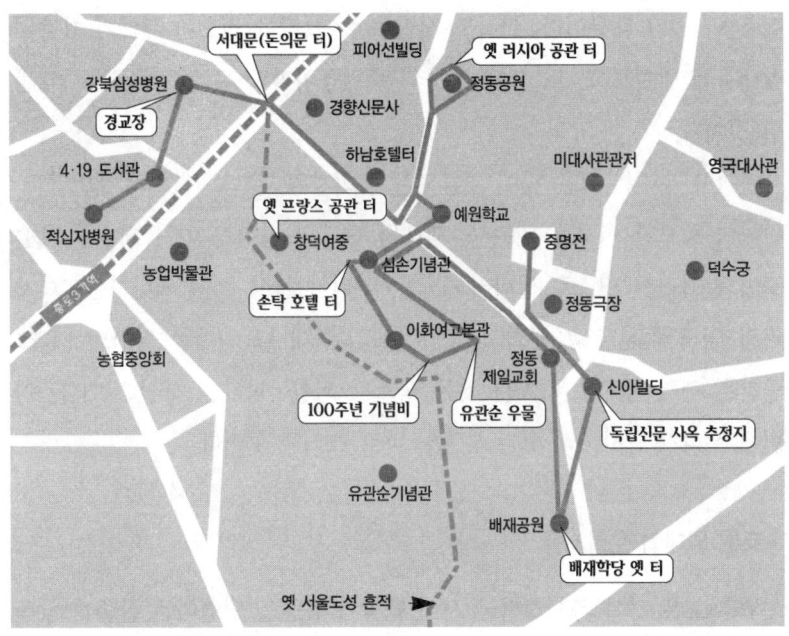

북촌 일대, 개항후 한 세기의 발자취

독일 하이델베르크에 가면 수많은 관광객들이 빼놓지 않고 한 번씩 들러가는 오솔길이 하나 있다고 한다. 독일의 대문호 괴테와 철학자 헤겔이 사색에 잠겨 산책하던 길이라 해서 '철학자의 길'이라고 이름 붙은 곳인데, 어디서나 흔히 볼 수 있는 평범한 산책로라고 한다. 그런데도 사람들이 그 곳을 찾는 것은 거기에 괴테와 헤겔의 숨결이 남아 있기 때문이다. 아마도 사람들은 그 길을 걸으며 괴테와 헤겔의 살내음을 맡아보고, 또 괴테 작품의 주인공이라도 된 듯 상상의 나래를 펼 것이다.

여기서 우리는 요즘 많이 거론되는 문화자원, 문화콘텐츠의 개발과 관련하여 중요한 시사를 얻는다. 괴테와 헤겔의 자취가 있어 평범한 오솔길이 문화적인 명소로 탈바꿈하듯이, 우리가 늘상 스쳐 지나가는 그 자리의 역사적 현장성, 문화적 공간성을 찾아내 그 의미를 담아낼 때 그 공간은 전혀 새로운 가치를 갖는 명소로 되살아난다는 사실 말이다. 이번에 우리가 답사하려 하는 북촌이 바로 그러한 곳이다.

북촌 일대의 문화지형

북촌北村은 경복궁과 창덕궁 사이 백악과 응봉을 연결하는 산줄기 남쪽 기슭, 바로 지금의 계동·재동·가회동·안국동과 길건너 경운동·관훈동·운니동 일대를 지칭하는 이름이다. 서울 도성안 북쪽에 터를 잡아 북촌이라 불렸던 이 마을은 남향하여 양지 바르고 산에서 내려오는 물 또한 맑아 사람이 살기좋은 명당인데다, 궁궐·관청·교육기관과 가까운 편리함도 있어 예로부터 집권 관료들이 주로 모여 살았다. 특히 조선 후기에 이르러 북촌은 당대의 세도가문인 서인-노론 집권층이 모여 살던 곳이었다.

서울정도 이래 조선조 한성부 주민들은 신분 계층과 직업에 따라 각기 주거지역을 달리하고 있었다. 북촌에는 고위관료들이 모여 살았고, 지금의 청진동 주변과 경복궁 서편 통의동·체부동·내자동 일대에는 관청 출퇴근의 편의를 고려하여 역관·의관·검률관·도화서원·계사計士 등 경아전京衙前들이 다수 모여 살았다. 또한 훈련원과 훈련도감 하도감이 있던 동대문과 광희문 사이, 그리고 왕십리 일대에는 군교軍校들이 모여 살았으며, 청계천 좌우측 오늘날의 종로와 을지로 일대에는 시전행랑과 상인들의 가옥, 서민들의 빈약한 가옥이 밀집해 있었다. 한편 청계천 아래 목멱산(남산) 북쪽 기슭은 양지바른 곳은 아니지만 조용하고 물 구하기가 좋아, 연암 박지원의 한문소설『옥갑야화』玉匣夜話 속의 주인공 허생 같은 가난한 선비들이 주로 모여 살았다.

이렇게 신분 계층별로 주거지를 달리한 속에서 북촌은 당대의 권세와 부를 쥐고 흔들던 이른바 '북촌양반'들의 동네로, 조선시기 정치사의 이면을 화려하게 장식하였다. 개항 전후만 해도 대원군 개혁정치의 산실이었던 운현궁이 이 곳에 있었고, 갑신정변의 거사공간 또한 그 반경 안에 있었다. 이후 갑오개혁의 신분제 폐지 조치와 더불어 승려들의 도성 출입이 허용된 데 이어, 안국동에 양반들의 개신교회로 안동교회가 설립되고, 민중종교 동학의 후신인 천도교의 중앙총부가 송현동 지금의 덕성여

1950년대의 북촌과 오늘날의 북촌 전경

중 자리에 자리를 잡는 한편으로, 한성중학교·휘문학교·기호학교(중앙학교) 같은 신식학교들이 들어서면서 북촌의 공간적 성격은 다소 변화를 보인다. 그러나 사회 지도층 인사들의 거점으로서 북촌이 차지하는 위치와 비중에는 변함이 없었다.

특히 일제가 한국을 강점하여 청계천을 경계로 이북지역에는 조선인이, 이남지역에는 일본인이 주로 거주하게 되면서, 북촌은 서울을 가로지르는 조선인의 거리 종로의 배후지로서 3·1운동을 비롯한 각종 민족운동의 진원지 노릇을 하였다. 더불어 해방직후 치안유지와 건국준비를 위해 조직된 조선건국준비위원회 또한 북촌을 그 터밭으로 하고 있었다. 말하자면 북촌은 개항전후 이래의 행정行程만 놓고 볼 때도 한국 근현대사의 굵직굵직한 사건들과 호흡을 같이했던 역사의 현장이자 문화공간이었던 셈이다. 이제 지하철 안국역 주변 북촌 길을 따라 지난 한 세기 동안 그 곳에서 무슨 일들이 있었는지 찾아가 보도록 하자.

운현궁-대원군 개혁정치의 산실

지하철 3호선 안국역에서 내려 남쪽 낙원상가 방향으로 50m쯤 걷다 보면 운현궁雲峴宮의 고풍스런 건물들이 모습을 드러낸다. 운현궁은 흥선대원군 이하응의 개인집이자 고종이 태어나 열두 살 때까지 살았던 곳으로, 대원군 섭정기 10년 동안 각종 개혁정책이 구상되고 추진되었던 역사의 현장이다.

흥선대원군은 1820년(순조 20) 남연군 이구의 넷째 아들로 태어났다. 원래 그가 태어나고 자란 곳은 지금의 안국동이었는데, 언제 이 운현궁에 터를 잡았는지는 분명치 않으나, 뒤에 고종이 된 둘째 아들 명복을 여기서 낳은 것으로 보아 대략 1852년(철종 3) 이전으로 추정된다. 우리는 보

운현궁 전경

통 파락호 시절의 대원군 모습을 떠올리지만, 그 무렵에도 집의 규모는 영조의 현손으로서 왕족의 집답게 그리 궁색한 편은 아니었다고 한다.

이 곳이 서운관書雲觀(관상감觀象監의 별칭, 지금의 현대사옥 구내) 앞 고개 '운현'雲峴의 지명을 따 '운현궁'이라 불리게 된 것은 1863년 12월 고종이 철종의 왕위계승자로 지명된 뒤 그 아버지 이하응에게 '흥선대원군'이라는 작호가 내려지면서부터였다. 건물에 대한 대대적인 보수 증축도 뒤따라 1864년(고종 1) 9월 노안당老安堂과 노락당老樂堂의 낙성식이 고종과 대왕대비, 왕대비까지 참여한 가운데 성대하게 거행되었고, 6년 뒤에는 안채에 이로당二老堂이 새로 들어섰다. 또한 기존의 대문 외에 창덕궁과의 사이에 임금 전용의 경근문敬覲門과 대원군 전용의 공근문恭覲門이 세워졌다. 이후 운현궁은 대원군 섭정 10년간은 물론 개항후 임오군변을 비롯한 굵직굵직한 사건의 진앙지로서 세인들의 이목을 집중시켰다.

　대원군 당시의 운현궁은 현재의 규모가 아니라, 일본문화원, 덕성여대 평생교육원 일대까지를 아우르고 있었다고 한다. 그러나 일제시기 이왕직李王職 관리 하에 있다가 해방후 대원군 후손에게 소유권이 넘어간 이후, 동쪽의 3천여 평 되는 땅이 덕성여대에 팔리는 등 그 규모가 크게 축소되어, 지금은 수직사 · 노안당 · 노락당 · 이로당만이 남아 있다. 그 뒤 서울시에서 매입하여 1993년 12월부터 2년여에 걸친 보수 복원공사를 마치고, 1996년 10월 26일 고종과 명성왕후의 가례식을 재현함과 동시에 일반에 공개하였다.

대원군의 집권과 노안당

　운현궁 정문을 들어서면 오른편으로 궁의 경비와 관리를 담당한 사람들이 거처했던 수직사守直舍가 나온다. 대원군 집권기에는 관리가 파견되

운현궁 수직사

왼쪽 | 수직사를 옆으로 하여 중문을 들어서면 노안당이다. 오른쪽 | 노안당의 사랑방
아래 | 노안당 모습

고 사람들이 몰려들어 북적댔다고 하는데, 지금은 몇 안 되는 관리인만이 이 곳을 드나든다.

수직사를 옆으로 하고 솟을지붕을 한 중문을 들어서면 왼편으로 행각이 있고 정면에 사랑채인 노안당이 그 모습을 드러낸다. 대원군의 일상 거처였던 노안당은 1898년 대원군이 파란만장한 80 평생을 마감한 곳이기도 하다. 본래 운현궁 사랑채에는 노안당 말고도 아재당我在堂이라는 건물이 하나 더 있었다. 그러나 '내가 있는 곳'이라고 하여, 대원군이 자신의 위풍당당한 기개를 과시하던 아재당은 지금 남아 있지 않다. 남향하여 자리잡은 노안당의 마루 위에는 『논어』의 "노인을 편안하게 한다"는 구절에서 따온 '노안당'이라는 현판이 걸려 있는데, 대원군이 추사 김정희의 글씨에서 집자해 만든 것이라고 한다. 홑처마 끝에 나무를 길게 대어 차양을 달아 놓은 건축수법이 이채롭다.

노안당 안쪽 방에는 병풍을 둘러치고 방석과 서안書案을 놓아 대원군 당시의 분위기를 재현해 놓았다. 당색을 초월한 인재 등용, 서원 구조조정, 호포제 실시, 복식 개혁 등과 같은 일대 개혁정책을 논의하던 당시의 모습이 아마도 그러했을 듯싶다.

대원군, 그는 누구인가?

우리는 보통 대원군 하면 쇄국정책을 고집했던 완고한 늙은이의 모습을 떠올린다. 그러나 1866년의 대대적인 천주교 탄압 이전에 그는 천주교 평신도지도자 남종삼의 건의를 받아들여 한때 러시아의 남하를 견제하기 위해 프랑스와의 제휴를 모색하기도 했다. 또 당시 민폐의 주요한 원인이 되고 있던 서원을 구조조정하면서는 "진실로 백성에게 해되는 것이 있으면 비록 공자가 다시 살아난다 하더라도 용서하지 않겠다"는 단

홍선대원군 이하응

호한 의지를 보였다. 적어도 세계관의 차원에서 천주교 자체를 부정하지 않고 공자보다 내 백성을 앞세운 점에서, 대원군은 서양의 존재 자체를 부정하고 국가와 민족보다 유교의 도道를, 그리고 신분제와 화이관에 기초한 중국중심의 중세적 세계질서를 앞세웠던 위정척사론자들과는 분명히 달랐다. 그와 관련해서는 대원군이 조선 후기 실학의 끄트머리를 장식한 추사 김정희를 스승으로 모신 사실 또한 고려할 필요가 있다.

　더욱이 '내가 있는 곳'이라는 운현궁 아재당의 당호와 한강의 풍광을 보며 '내가 웃는다'고 하여 아소정我笑亭이라 이름붙였던 마포 공덕리의 별장(지금의 동도중학교 자리)을 통해서는 희미하나마 '나'를 주장하는 근대적 자아의식의 냄새까지 맡을 수 있다. 허례의 상징이던 갓의 테두리를 줄이고 두루마기나 도포의 거추장스런 소매를 좁게 잘라낸 복식개혁 또한 그의 실용적 마인드를 잘 보여주는 대목이다. 그 간편함으로 인해 요즈음 한복의 일부가 되어버린 마고자 또한 1885년 초 중국에서 연금생활을 마치고 돌아올 때 입고 와 유행시킨 패션이라고 한다. 가수 윤복희가 미국에서 돌아오면서 미니스커트 선풍을 일으켰듯이.

　사실 개항기 국내에서 대원군만큼 대중적 인기를 누렸던 정치인도 드물었다. 1882년 집단행동에 돌입한 구식군인들의 발길이 자연스레 운현궁에 닿은 데서도 알 수 있듯이, 그는 서민들이 비빌 수 있는 그나마 몇 안 되는 언덕 가운데 하나였다. 임오군변으로 재집권에 성공한 지 한 달 남짓한 1882년 7월 13일 청나라 군대에 납치되어 중국 바오딩부保定府에서 4년간 유폐생활을 하다 돌아온 뒤에도, 그는 국정이 난맥상을 드러낼 때마다 화려한 조명을 받으며 부상하였던 정치권의 히든 카드였다. 무엇보다 서민들과 친숙한 정치가로서의 이미지, 그것이 그의 가장 큰 정치적 자산이었는데, 그것을 이해하려면 먼저 1863년 12월부터 1873년 11월까지 만 10년간에 걸친 대원군의 개혁정치를 돌아볼 필요가 있다.

대원군의 집권, 60년 만의 정권교체

당시 대원군의 집권은 안동김씨의 60년 세도를 마감한 사실상의 정권교체였다. 소수세력으로서 대원군의 집권은 세도정권 내부의 균열을 틈타 풍양조씨 조대비(익종비) 세력과 철종의 후사 문제를 놓고 얼마 전 'DJP 연대'를 연상시키는 정치적 담합을 함으로써 이루어졌다. 양측의 묵계대로 1863년 12월 철종이 후사 없이 승하하자 조대비는 흥선군의 둘째 아들 명복을 익성군翼成君에 봉하여 익종翼宗(효명세자, 순조의 아들)의 대통을 계승케 하는 형식으로 왕위에 오르게 하고 수렴청정을 하였다. 그리고 흥선군을 흥선대원군으로 봉한 뒤 그에게 섭정의 대권을 위임하였다.

그러나 그것만이 정권교체의 비결은 아니었다. 1998년 50년 만의 수평적 정권교체가 'IMF 위기'로 인해 비로소 가능했듯이, 거기에는 1862년 진주를 비롯해 전국 70여 개 군현을 파도처럼 휩쓴 농민항쟁의 도도한 물결이 자리잡고 있었다. 대원군은 세력기반이 취약한 자신이 집권하는 데 세도정권을 몰락의 길로 몰아넣은 농민들의 저항이 큰 힘이 되었다는 사실을 누구보다 잘 알고 있었다. 그래서 그는 농민들의 분출된 요구를 받아들여 기존의 경제체제를 유지하는 선에서 할 수 있는 민생 개혁을 과감히 추진하였다.

비록 취약한 권력기반 속에서 서원 정리에 따른 보수세력의 불만을 무마하기 위해 천주교 탄압과 쇄국정책이라는 정치적 카드를 꺼내들고, 왕권강화에 대한 지나친 집착에서 경복궁 중건을 강행하다 민생을 곤경에 빠뜨리기도 했지만, 그것으로 전정·군정·환곡 삼정三政에 걸친 세제 개혁의 의미까지 덮어 버릴 수는 없다. 특히 양반·상민을 막론하고 모든 호에 군포를 부과한 호포제의 실시는, 관직에 나아가 국가에 봉사한다는 이유로 사실상 군역을 면제받고 있던 양반 기득권층의 조직적 반발로 200년 가까이 논의만 무성했던 것을 일거에 돌파해 낸 쾌거였다. 그로 인해 상민들의 세 부담은 다소 가벼워졌고, 양반·상민 모두 군역세를 내게 되었다는 점에서 사회적 평등의식도 한층 확산되었다.

이러한 대원군의 일련의 내정개혁은 백성들의 여망과 지지에 의해 뒷받침되었는데, 바로 여기에 대원군의 대중적 인기의 비결이 있었다. 더불어 집권 이전 안동김씨 세도정권의 종친들에 대한 감시와 경계를 피하기 위해 시정잡배들과 어울려 파락호 생활을 서슴지 않으며 서민들과 정서적 유대를 다지고, 또 그러한 생활을 통해 서민생활과 백성들의 여망에 접하는 기회를 가질 수 있었던 것 역시 대중정치가로서 그의 이미지 형성에 한몫을 하였다.

그런데 대원군의 정치는 '동교동계' '상도동계' 하며 얼마 전까지 지속되었던 보스정치·가신정치의 구태 또한 보여주고 있었다. 얼마 전에 복원한 노안당 서행각西行閣이 그 단적인 예다. 운현궁 사랑채의 행각은 대원군 문하에서 그를 보스로 받들며 정치적 야망을 불사르던 대원군의

대원군 가신정치의 유산 노안당 서행각

심복과 식객들이 주로 머무르던 공간이었다. DJ나 YS의 비서 출신으로 정계에 입문한 이들이 하나같이 회고하는, 동교동·상도동 집의 문간방에 해당하는 곳이다. 우리네 가신정치의 원조라고나 할까, 아무튼 그 또한 우리 정치의 엄연한 역사적 자화상의 하나임에는 틀림없다.

노락당과 이로당의 사계

노안당 서행각에서 북쪽으로 난 중문을 들어서면 운현궁의 안채 노락당이다. 운현궁에서 가장 규모가 크고 중심이 되는 건물로 삼간택을 마친 명성왕후 민씨가 왕비수업을 받으며, 고종과 가례의 육례六禮 가운데 오례五禮를 치른 곳이다.

운현궁 안채의 중심건물 노락당

삼간택에서 뽑힌 예비 왕비는 이미 보통 사람의 신분이 아니기 때문에 사가로 돌아가지 않고 별궁을 따로 정해, 거기서 첫날밤을 보내는 동뢰同牢 의식을 제외한 수납채의受納采儀·수납징의受納徵儀·수고기의受告期儀·비수책의妃受冊儀·친영의親迎儀 등의 의례를 치른다. 그런데 민치록의 딸이 왕비로 간택되면서 별궁으로 선정된 곳이 바로 운현궁이었다. 그리하여 1866년(고종 3) 3월 9일 수납채의에서 시작해 육례 중 가장 중요한 의식인, 임금이 친히 납시어 왕비를 창덕궁으로 모셔가는 친영 의식이 3월 21일 운현궁에서 치러졌다.

가례뿐 아니라 가족들의 회갑이나 그 밖의 잔치 또한 여기서 치러졌다. 아마도 대원군의 권세가 하늘을 찌를 듯하던 시절에는 이 앞마당이

안채 역할을 한 이로당

온갖 잔치준비로 북적거렸을 것이고, 권력에서 밀려나 유폐와 다를 바 없는 생활을 하던 시절에는 앞마당도 덩달아 스산한 연금 상태에 들어갔을 것이다.

그 북쪽으로는 노락당과 함께 안채 역할을 하던 이로당이 남아 있다. 정면 7칸·측면 7칸의 'ㅁ'자로 된 특이한 건물로, 가운데에 조그만 마당이 있다. 바깥남자들이 쉽게 들어오지 못하게 이러한 구조를 취했다고 하는데, 첫 눈에도 금남의 공간이란 느낌을 준다.

이들 안채의 주인은 대원군의 아내이자 고종의 어머니인 부대부인 민 씨였다. 운현궁 안주인으로서 자신이 낳은 아들이 임금의 자리에 오르는 기쁨, 같은 집안의 12촌 자매지간이자 친동생 민승호의 양누이인 명성왕

독특한 ㅁ자형의 이로당 내부

이로당 뒤뜰의 경송비

후를 며느리로 맞아들여 성대한 가례식을 치르던 즐거움, 남편이 실각당하는 슬픔, 손자 준용이 역모에 연루되어 귀양길에 오르는 아픔 등을 두루 겪어야 했던, 한 여인네의 사연많고 곡절많은 한 평생의 체취가 깊게 배여 있는 곳이다.

이로당 동편 뒤뜰에는 사람의 눈길이 잘 닿지 않는 후미진 곳에 '경송비'慶松碑라는 비석이 있다. 고종이 왕이 되어 창덕궁으로 들어간 뒤 어릴 적 함께 벗하여 놀던

소나무가 그리워 정이품이라는 관작을 내리고 금관자를 달아 주었다고 하는데, 그러한 연유로 해서 세워진 비석이다. 그러나 지금 정이품 대부송正二品大夫松은 온데간데 없고, 경송비만이 남아 고종의 어린 시절 추억을 되새기게 한다.

유물전시관에서

이로당 서쪽 넓은 마당 한켠에는 서울시에서 운현궁을 보수 복원하면서 새로 꾸민 유물전시관이 있다. 두 개의 전시공간 가운데 제1전시관에는 한편에 대원군의 영정과 운현궁의 모형, 대원군의 그 유명한 석파란石坡蘭 사본과 낙관, 붓·먹·벼루, 운현궁답양안雲峴宮畓量案, 노락당기老樂堂記 현판, 나전칠기함과 자기쟁반·목각쟁반 등의 유품이 전시되어 있다.

복식개혁 이전 사람들의 복장, 신윤복의 풍속화

그리고 맞은편에는 1843년(헌종 9) 이하응을 흥선군에 봉하는 임금의 교지와 노락당 상량문, 고종과 명성왕후가 친영의를 치를 당시 입었던 면복冕服과 적의翟衣, 대원군과 부대부인의 조복朝服과 원삼圓衫이 재현되어 있다.

제2전시관에는 병인양요 · 신미양요 당시 사용했던 활 · 화살 · 화승총 · 홍이포 · 용고龍鼓 등의 무기류, 대원군의 쇄국정책을 상징하는 척화비 모형, 복식의 실용화 · 평등화를 가져왔던 대원군 복식개혁의 의의에 대한 설명과 갓 · 탕건 · 사모 등 실용화된 복식들, 경복궁 중건에 따른 백성들의 과중한 부담을 잘 대변해 주는 당백전, 대원군의 교의交椅(혼백틀), 정이품 대부송과 대원군 사랑방의 모형 등이 전시되어 있다.

작은 규모지만 근대 여명기의 굵직한 사건들과 함께 한 대원군의 숨결과 파란만장했던 운현궁의 역사를 느낄 수 있게 하는 전시물들이다. 그

일본풍의 서양건물 운현궁 양관

러나 고종이 즉위한 뒤 대원군의 창덕궁 출입을 돕기 위해 1864년 6월 운현궁과 금위영(현 삼환기업 앞) 사이에 세웠다고 하는 공근문의 자취는 찾을 길이 없다. 다만 고종 전용으로 만든 경근문의 기초가 현재 일본문화원 주변에 남아 있다는 설명문만이 전시관 한 귀퉁이에서 우리의 아쉬움을 달래준다.

한편 노락당 뒤 동편으로는 고풍스럽지만 허름한 서양건물이 하나 서 있다. 일제가 한국을 강제 병합할 무렵 운현궁의 새 주인이 된 대원군의 손자 이준용을 회유하기 위해 지어 주었다고 하는 양관(洋館)이다. 언뜻 보아도 왜색풍이 짙게 풍기는 서양건물인데, 거리는 지척이지만 현재 덕성여대 평생교육원 소유로 되어 있어 운현궁 출입문을 나와 빙 돌아가야만 한다. 전통가옥과 서양건물이 한데 어우러져 있고, 그 한가운데가 38선을 연상시키는 담장으로 가로막힌 운현궁⋯⋯전통과 왜색풍으로 왜곡된 근대가 뒤섞여 있고, 또 한편으로 단절된 우리 근대사의 자화상이 아닐까?

교동초등학교와 서북학회 회관 터

운현궁에서 나와 낙원상가 쪽으로 조금 걷다 보면 왼편으로 교동초등학교가 나온다. 교동초등학교는 1894년 9월 18일 왕실 자제들에게 신교육을 시키기 위한 왕실학교로 설립되어, 1895년 7월 23일 한성사범학교와 부속소학교 규칙이 공포되면서 한성사범학교 부속소학교로 개편된 우리 나라 초등교육의 요람이다. 계동소학교(지금의 재동초등학교)를 비롯해 제1세대 관립 초등학교들이 모두 「소학교령」이 공포된 1895년 7월 19일 이후에 설립된 학교들이니까, 교동초등학교는 그보다 1년 앞서 우리 나라 초등교육의 맏형 자리를 차지하게 된 셈이다.

교동초등학교에서 건널목을 건너 인사동길 쪽으로 접어들면 낙원빌딩

우리 나라 초등교육의 요람 교동초등학교의 옛모습

　맞은편으로 건국주차장이 나오는데, 바로 대한제국 말기 우리 나라 교육구국운동의 산실이었던 서북학회 회관이 있던 자리다.

　대한제국 말기 국권회복운동의 일환으로 활발히 전개된 교육구국운동은 을사조약의 억지 체결 이후 서울에서 활동하던 지방출신 인사들에 의해 지방별 학회가 조직되고 전국 각지에 사립학교 설립붐이 일면서 본격화하였는데, 그 대표적인 단체가 서북학회와 기호흥학회였다. 서북학회는 평안도·황해도 출신 인사들에 의해 조직된 서우학회와 함경도 인사들에 의해 조직된 한북흥학회가 1908년 1월 통합하여 발족시킨 학회였다.

　교육을 통한 국권회복과 민권신장을 표방하였던 서우학회의 창립 당시 회관은 하교동 48통 10호, 지금의 청계천과 을지로 3가 사이 입정동에 있었다. 이후 서우학회는 1907년 6월 무렵 창덕궁 서편 원서동으로 회관을 이전하였다가, 얼마 안 되어 1907년 11월 14일 낙원동 282번지, 지금의 건국주차장 자리로 이전하여 정착하였다. 그리고 1908년 1월 2일

위 | 교동초등학교의 현재 모습
아래 | 교문 옆으로 한국최초의 초등학교라는 표지석이 서 있다.

    서우학회와 한북흥학회가 합동하여 서북학회로 새롭게 출범한 이후 서북학회 회관으로 이름을 바꾸었다. 그 직후 1월 18일 개최한 서북학회 특별총회에서는 양 학회 회관에 교원양성을 위해 설립한 서우학교와 한북학교를 합설하고 명칭은 서북협성학교로 할 것을 가결하였다.
    서북학회는 1908년 4월 낙원동의 오래된 회관 건물을 헐고, 3층 양옥으로 서북학회 회관 겸 서북협성학교 교사를 신축하는 공사에 착수하였다. 서북학회 회관은 1909년 10월 15일 준공되었는데, 당시 서울 도성 안에 황성기독교청년회관, 한미전기회사 사옥과 함께 웅립하는 형세를 이루었다고 한다. 당시 서북학회에서는 "국민의 자력으로 이 같은 큰 공사를 성사시킨 것은 4천년 건축 역사에 본관의 성립이 초유한 광채가 될지로다"라고 하여 그 자부심을 표현하였다. 회관의 신축에는 이용익의 손자 이종호가 1만 환, 조정윤이 5천 환, 이갑이 1천 환을 기부한 것으로 되어 있다.

일제 강점으로 서북학회가 강제 해산당한 이후 회관 건물은 1910년 10월 서북협성학교를 계승하여 서북 5도대표자 명의로 설립한 오성학교의 교사가 되었다. 그리고 1918년 4월 오성학교가 폐교당한 이후에는 1922년까지 보성법률상업학교(보성전문학교)에서 빌려 사용하였고, 1922년 4월 오성학교의 후신으로 협성학교가 개교하면서는 그 교사가 되었다. 협성학교는 1927년 7월 협성실업학교(상과·공과·야간 전수과)로 개편되었다. 이후 협성실업학교는 안창호 계열 수양동우회(1929. 11. 동우회로 개칭)의 주요거점 역할을 하던 중 1937년 6월 동우회사건으로 교장 김여식을 비롯한 교직원 7명이 피검당함으로써 커다란 시련을 맞이하였다. 1939년 4월 박흥식이 학교를 인수하여 1940년 7월 광신상업학교로 교명을 변경하고 1943년 회기리의 신축교사로 이전하면서, 서북학회 회관 건물은 유석창에게 양도되었다. 유석창은 민중병원을 설립한 함경도 단천 출신의 기독교계 중진 인사로, 해방후 이 자리에서 조선정치학관(1946. 5. 설립, 건국대의 전신)을 개교하였다.

오성학교, 협성학교·협성실업학교, 건국대학교가 모두 서북인이 중심이 된 교육기관이었다는 점에서, 서북학회의 정신은 학회가 해산당한 이후에도 연면히 계승되어 내려온 셈이다. 그러나 지금 이 자리에서 그 유

해방 직후 조선정치학관이 개교할 당시의 서북학회 회관과
건국대 캠퍼스에 복원된 현재의 회관 모습

주차장으로 변해버린 서북학회 회관터

 서깊은 서북학회의 건물을 찾아볼 수는 없다. 종로 금싸라기 땅에 대한 재산권이 추후 이 건물의 문화재 지정으로 제약받을 것을 염려한 건국대 당국에서 사전에 건물을 철거한 때문이라고 한다.
 비록 서북학회 회관 건물은 1985년 광진구 모진동 건국대 캠퍼스 내에 복원되어 현재 건국대 박물관에서 사용하고 있지만, 그러한 재산권 행사의 결과가 겨우 주차장이었나 생각하니 씁쓸한 뒷맛을 떨쳐 버릴 길이 없다. 차라리 이북 5도민회 같은 데 건물을 팔아 그 회관으로 사용하도록 했다면, 이 곳의 역사적 의미도 살리고 더 좋지 않았을까 생각해 본다. 그러한 면에서 서북학회 회관 터는 문화재의 보존과 사유재산권의 행사 사이에 개재하는 오랜 딜레마를 다시금 느끼게 하는 역사의 현장이기도 하다.

천도교 중앙총부 전경

천도교 중앙총부 일대의 역사 지층

서북학회 회관 터에서 발걸음을 돌려 다시 안국역 방향으로 거슬러 올라가다 보면 왼편으로 바로크풍의 탑지붕을 한 붉은 벽돌건물 하나가 고풍스런 자태를 드러낸다. 우리나라 천도교의 총본산인 천도교 중앙대교당이다. 사람의 발길이 닿은 곳 가운데 어디 안 그런 곳이 드물지만, 특히 조선시기 이래 사회 지도층 인사들이 모여 살던 북촌 일대만큼 마치 양파껍질 벗기듯 시대의 변화에 상응해서 각각의 역사적 속살을 드러내는 곳을 찾기란 그리 쉽지 않다. 천도교 중앙총부 일대 또한 그러한 곳이다.

갑신정변의 현장-일본공사관 터와 박영효의 집

먼저 갑신정변 때로 거슬러 올라가 이 자리에서 우리는 일본공사관의 흔적을 발견한다. 당초 일본공사관이 있었던 곳은 서대문밖 천연정天然亭 (현 금화초등학교 교정)이었다. 1880년 11월 하나부사花房義質가 우리 나라에 주재하는 최초의 주차변리공사 자격으로 서울에 들어와 상주공관을 요청하자, 근대적 외교관례에 생소하였던 조선정부가 갑론을박 끝에 제공한 장소였다. 그 위치가 서대문밖으로 정해진 것은 서울 도성 안에 외국인의 상주공간을 허락할 수 없다는 이유에서였다고 한다. 그러나 천연정의 일본공사관 청수관淸水館은 1882년 6월 9일 임오군변 과정에서 한 차례 소실되고, 이후 이 곳 교동에 새로 자리를 잡게 된다. 그 위치에 대해서는 수운회관 북쪽 지금의 서울노인복지센터 일대라는 이야기도 있으나, 대한제국 말기 헌정연구회·대한자강회의 대표적 이론가였던 윤효정은 『풍운한말비사』(1931)에서 천도교 중앙대교당 자리라고 회고하고 있다.

김옥균을 비롯한 갑신정변 주역들이 거사를 앞두고 일본공사 다케조에竹添進一郎 등과 일본 측의 재정·군사적 지원 문제에 대해 협의를 할 당시 교동의 일본공사관은 신축한 지 얼마 안 돼 내부설비조차 완전히 끝나지 않은 상태였다고 한다. 아무튼 1884년 12월 4일(음력 10월 17일) 밤 우정국 개국축하연을 이용하여 거사에 돌입한 정변 주역들은 고종을 모시러 창덕궁으로 들어가기에 앞서 일본 측의 지원을 최종 확인하기 위해 이 곳에 들렀다. 그리고 12월 6일 예상을 뒤엎은 청국군의 신속한 대응으로 정변이 '3일천하'로 끝나버린 뒤 다시 이 곳으로 피신하였다가, 인천을 거쳐 일본으로 망명 길을 떠났다. 그 와중에 일본공사관은 다시 불에 타고, 그 뒤 자리잡은 곳이 남산 북쪽 기슭 지금의 서울예전 일대였

남산 왜성대 한국통감부 청사

경인미술관으로 변한 박영효 집터

남산골 한옥마을에 이전 복원된 박영효가 사랑채와 박영효

다. 남산의 일본공사관 자리는 '을사보호조약'의 억지 체결 이후 한국통감부, 조선총독부로 변신을 거듭하며 한국침략의 전초기지 역할을 하게 된다.

한편 천도교 중앙총부 서남쪽 담장 너머에는 갑신정변의 주역 가운데 하나인 금릉위 박영효의 집이 있었다. 박영효가 철종의 부마로 왕족 대우를 받고 있었기 때문에 숙위 명목으로 사람들이 다수 출입하더라도 눈에 띄지 아니하는 편의도 있어, 김옥균 홍영식 서광범 등이 자주 모여 정변을 모의했다는 역사의 현장이다. 지금의 관훈동 30번지 경인미술관 자리인데, 당시의 가옥은 현재 남산골 한옥마을로 옮겨져 아쉽게도 그곳에서 그 모습을 찾을 수는 없다.

박영효의 집은 조선시기 대표적인 양반 전통가옥으로서뿐 아니라, 갑신정변의 현장으로서 더욱 주목을 받는 곳이다. 그런데 그것이 장소 따

전통찻집으로 변한 민익두 가

로, 건물 따로가 되어 버렸을 때, 그 건물은 끈 떨어진 연이요, 그 장소는 연 날라가 버린 끈이 되고 만다. 그래서 나는 박제품들로 가득찬 전시공간보다는 하나라도 역사의 숨결을 생생하게 느낄 수 있는 역사현장, 문화공간의 보존을 고집한다.

갑신정변이 실패로 돌아가면서 박영효의 집은 몰수되어 그 뒤 어떠한 경로를 거쳤는지는 모르나, 일제하에 장안의 최고 갑부로 손꼽히던 민영휘의 서자 민대식의 소유가 되었다. 그와 이웃한 서쪽 경운동 64·65번지의 대지 681평도 그의 땅이었으니까, 관훈동 30번지 940평까지 합쳐 1,621평이나 되는 대지가 모두 그의 소유였던 셈이다. 그리고 그 남쪽 경운동 66번지에는 대지가 1,622평이나 되는 민영휘의 대저택이 있었다. 그러나 지금은 촘촘히 들어선 상가건물들로 그 모습을 찾을 길이 없고, 천도교 중앙총부 남쪽 담장 건너편에 서울시 민속자료 제15호로 지정된 민익두 가만이 홀로 그들 부자의 옛 영화를 말해준다. 민익두 가는 근대건축가 박길룡이 설계한 1930년대 가옥으로, 전통 한옥과 근대 건축 양식의 조화가 돋보이는 건축물이다.

3·1운동 이후의 '천도교 타운'

천도교 중앙총부 자리는 3·1운동의 역사현장이기도 하였다. 3·1운동 당시 천도교 중앙총부는 송현동 34번지 지금의 덕성여중 자리에 있었다. 그리고 이 곳에서는 의암 손병희의 주관 하에 중앙대교당의 신축 공사가 1918년 12월 1일 개기식을 갖고 막 시작되려는 참이었다. 그런데도 이 곳이 3·1운동과 관계를 맺게 된 것은 그 입구에 민족대표 33인의 한 사람으로 독립선언서에 서명한 이종일의 집이 있었기 때문이다.

천도교에서 경영하던 출판사 보성사의 사장이었던 이종일은 1919년 2

3·1운동 전날 전국 각처로 비밀리에 독립선언서를 배부한 이종일의 집터. 수운회관 간판 아래 길가에 표지석이 보인다.

월 27일 밤 보성사(현 조계사 서편 경내)에서 인쇄한 독립선언서 2만여 매를 자신의 집으로 운반해 와 다음 날 전국 각지로 배포함으로써 거족적인 독립운동의 발판을 마련하였다. 중앙총부 입구의 '독립선언서 배부터' 라는 표지석은 그래서 남다른 의미를 갖는다. 뿐만 아니라 중앙대교당의 신축을 위해 신도들로부터 모금한 기금의 일부가 3·1운동의 거사자금으로 사용되었다고 하니, 이 자리는 이래저래 3·1운동과 뗄래야 뗄 수 없는 인연을 맺고 있는 셈이다.

천도교 중앙대교당은 26만 원의 거금을 들여 1921년 2월 완공을 보았다. 지금은 없어졌지만 중앙종리원 건물도 이 때 그 동남편에 함께 세워졌다. 그리고 지금의 수운회관 자리에 1924년 수운 최제우 탄신100주년 기념사업으로 수운기념관이 들어섬으로써 이 일대는 우뚝 솟은 세 채의 양옥과 교직자들의 사택이 어우러진 '천도교 타운' 이 되었다.

천도교 민족운동의 진앙지 중앙종리원 터

지하철 안국역에서 천도교 중앙총부로 들어서다 보면 그 왼편에 '세계어린이운동 발상지' 라는 다소 거창한 이름이 기념비와 '개벽사 터' 라는 기념동판이 정문기둥에 붙어 있는데, 바로 이 자리가 1920~30년대 천도교 계열 민족운동과 사회운동의 거점이었던 중앙종리원 건물 터다. 당시 이 건물에는 천도교회의 총본영인 중앙종리원뿐 아니라, 천도교청년회(1923년 9월 천도교청년당으로 개편)·천도교소년회·조선농민사 등 천도교 계통 사회단체의 본부와 개벽사를 비롯한 잡지사들이 입주해 있었다.

그러한 연유로 이 곳은 손병희의 사위이기도 한 소파 방정환이 김기전 등과 함께 1921년 5월 1일 천도교소년회를 창립하고, 이듬해 5월 '어린

도로확장 과정에서 사라져 버린 천도교 민족운동의 진앙지
천도교 중앙종리원 터

이 날'을 제정 공포하면서 닻을 올린 어린이운동의 발상지가 되었다. 또한 1920년 6월 천도교청년회에서 창간하여 당대 출판문화운동의 상징이 된 종합잡지 『개벽』이 1921년 3월호부터 이 곳에서 발행되고, '지상천국의 건설'을 표방한 천도교청년당과 민족주의 진영 최대의 농민운동 조직이었던 조선농민사 역시 이 곳에 근거를 둠으로써 중앙종리원 건물은 명실상부한 천도교 민족운동의 진앙지가 되었다.

중앙대교당과 수운기념관 - 조선 민족의 민간 의사당

동학을 근대 종교로 재편하여 1905년 12월 출범한 천도교는 전국에 3백만 교세를 자랑했던 일제하 최대의 민족종교이자 민중종교였다. 그 명성에 걸맞게 천도교 중앙총부 서북편에 우뚝 선 중앙대교당 역시 일제하

천도교 중앙대교당

서울의 3대 건축물 가운데 하나로 꼽히며 조선사람의 힘만으로 지은 것 중에 가장 큰 건물로서 그 위용을 자랑하였다.

  1918년 시공하여 1921년 완공한 중앙대교당은 건평 212평의 화강석 기초에 붉은 벽돌을 쌓아올린 단층구조로, 전면에 2층 구조의 사무실을 붙여 짓고, 그 중심 현관부분을 바로크풍 탑 지붕으로 높이 쌓아올린 겉모습이 여느 교회당 건물과는 색다른 맛을 풍긴다. 회당 내부에는 중간

기둥을 하나도 두지 않고 천정을 철근 앵글로 엮은 뒤 맞배지붕을 덮었는데, 아치형의 천정에 장식한 석고 조각들이 아름답다. 손병희는 당초 이 건물을 건평 400평 규모로 지으려 계획했으나 조선총독부의 허가가 나지 않아 그 절반 규모로 축소하였다고 한다. 그래도 1천 명은 빼곡히 들어설 수 있는 넓은 공간이다.

중앙대교당 동편 수운회관 자리에는 수운 최제우 탄신100주년 기념사업으로 지은 수운기념관이 있었는데, 상하층 의자에 1천 4백 명을 수용할 수 있는 규모였다고 한다. 그런데 중앙대교당과 수운기념관은 본래의 종교적 목적보다는 다른 이유에서 민중의 사랑을 받았다. 그것은 이 곳이 종로 중앙YMCA 회관과 더불어 민간 차원에서 우리 민족의 여론을 대변할 몇 안 되는 공회당이었기 때문이다. 얼마 전까지 명동성당이 약자들의 작은 소리를 대변하는 열린 마당 구실을 한 것처럼, 1922년 12월 서울 시내의 인력거꾼들이 동맹파업에 돌입하면서 이 곳 중앙대교당에서 총회를 열고, 1923년 1월 공식 발족한 조선물산장려회가 설날을 맞아 물산장려 대강연회를 개최하는 등 일제하 각종 단체의 집회와 강연회가 이들 공간에서 열렸다. 그리고 해방 후에도 독립촉성중앙협의회 제2차 회의, 전국농민조합총연맹 결성대회 등 굵직굵직한 정치·사회단체들의 집회가 잇따랐다.

이렇게 천도교 중앙총부 일대는 갑신정변과 3·1운동의 현장으로, 천도교 계열 민족운동의 진앙지로, 어려운 시절 민족의 여론을 대변하던 민간 의사당으로 우리 근현대사의 결을 따라 그 호흡을 같이해 온 역사의 현장이자, 각종 잡지와 책자들이 발행되고 문화행사가 열리던 문화의 공간이었다.

휘문학교 자리에 들어선 현대사옥

현대사옥과 그 주변

북촌 초입의 원서공원을 포함해 현재 현대사옥이 들어서 있는 원서동 206번지에서 계동 140, 147번지에 이르는 6천여 평의 부지는 예전 휘문학교가 있던 자리다. 그런데 이 곳 또한 북촌의 다른 장소들처럼 개항기에서 해방 직후에 이르기까지 굵직굵직한 사건들과 함께했던 역사의 현장이었다. 개항 후만 해도 먼저 갑신정변 당시 역사의 현장이었던 경우궁과 계동궁이 이 곳에 있었고, 대한제국 말기에는 휘문학교가 들어섰다. 그리고 해방 직후에는 여운형의 건국준비위원회가 주도한 첫 정치집회가 이 곳 휘문학교 교정에서 개최되었으며, 건준 창립본부와 여운형의 집 역시 그 주변에 위치하고 있었다.

경우궁과 계동궁 터 - 갑신정변의 자취

지하철 3호선 안국역에서 현대사옥·창덕궁 방면 출구로 나오면 중앙고등학교 진입로 입구, 현대사옥 구내 서남쪽 끄트머리에 '제생원 터'라는 표지석이 나온다. 조선 초기 서민들의 질병치료를 관장하는 의료기관으로 설립되어, 세조 때 혜민국惠民局에 합병된 제생원濟生院이 있던 자리다. 그리고 그 동쪽 맞은편으로는 마치 경주 첨성대를 연상시키는 관상감 관천대가 고풍스런 자태를 드러낸다. 세종 때 설립된 두 종류의 천문관측대 중 하나인 소간의대小簡儀臺로 추정되는 시설물인데, 소간의 또는 해시계를 올려놓고 별을 관측하거나 시간을 측정하던 곳이다. 그 앞고개의 이름 '운현'이 세조 12년(1466) 관상감으로 그 이름을 바꾸기 이전 명칭이었던 서운관에서 비롯된 지명이라고 하니, 그 연륜을 미루어 짐작할 수 있다.

현대사옥 한켠의 관상감 관천대

이렇게 운치있고 고즈넉한 동네가 격동의 역사 현장으로 탈바꿈한 것은 갑신정변에 이르러서였다. 1884년 12월 4일 밤 우정국 낙성식 연회석상에서 거사의 깃발을 올린 김옥균 등 개화당 인사들은 곧바로 교동 일본공사관을 거쳐 창덕궁으로 들어가 이 곳 경우궁으로 고종을 모셔왔다. 그런데 경우궁은 순조의 생모인 수빈 박씨의 신주를 모신 사당으로 사람이 살지 않았기 때문에, 겨울철 방한시설은 물론 음식 반입 등에 불편한 점이 많았다. 그래서 이튿날 오전 10시경 그 남쪽에 고종의 사촌형 이재원이 살던 계동궁으로 처소를 옮겼다. 그리고 그 날 오후 5시경 명성왕후와 대왕대비의 완강한 요청으로 다시 창덕궁으로 돌아갔다. 결국 갑신정변은 그 다음 날 오후 3시경 청국군 1,500명이 일제히 공격을 개시하면서 '3일천하'로 막을 내렸다.

이 '3일천하'의 과정에서 정변의 현장으로 세인의 관심을 끌었던 경우궁과 계동궁 터는 모두 지금 현대사옥 구내에 편입되어 있다. 경우궁은 1908년 지금의 청와대 서편 궁정동 1번지 육상궁 자리로 옮겨갔는데, 얼마 전 일반에게 공개한다고 해서 신문에 오르내린 칠궁七宮이 바로 그 곳이다. 칠궁은 실제 즉위하거나 추존된 임금들의 생모가 되는 후궁 일곱 분의 신주를 모신 사당으로, 그 가운데 하나가 수빈 박씨의 경우궁이다. 그 뒤 경우궁과 계동궁 터는 민영휘가 세운 휘문학교의 교정이 되었다.

현대사옥으로 변한 옛 휘문학교 교정

휘문학교는 1906년 5월 민영휘閔泳徽가 설립한 사립학교다. 설립 당시 고종황제가 '휘문의숙'徽文義塾이란 교명을 하사했다고 하는데, 민영휘의 이름 끝자와 휘문의 '휘' 자가 같다. 민영휘는 명성왕후의 친조카인 민영익을 따라다니다가 명성왕후의 눈에 들어 출세가도를 달리며 민씨 척족의 거두로서 세도를 부린 인물이다. 그는 그 때 모은 재산으로 조선 최고의 갑부 가운데 하나로 행세하였는데, 그 재산의 상당 부분이 1880년대 후반 평안감사로 가서 지방 부호들로부터 긁어모은 것이었다.

평안도 일대는 조선후기 이래 상공업이 발달하여 재원이 풍부한데다,

일제하의 휘문고보

지역의 양반사족들 또한 미미하여 돈과 권력에 탐닉하는 벼슬아치라면 누구나 눈독을 들이는 곳이었다. 여기에 풍류의 대명사인 평양기생들까지 있고 보니 '평안감사도 제 하기 싫으면 그만'이라는 말이 절로 나올 만했다. 그런 곳에 감사로 부임하자 민영휘(당시 이름은 영준泳駿)는 먼저 도내 부호들의 명단을 확보하고 그들의 재산 정도를 낱낱이 조사시켰다. 그리고 그들을 하나씩 불러 그대를 어느 군의 수령으로 발탁되도록 손을 써 놓았으니 돈을 준비하라고 하면서, 그 부호의 거의 전 재산에 해당하는 금액을 불렀다고 한다. 십중팔구 그 엄청난 금액에 놀란 부호가 알거지 신세를 면하려고 정중히 사양하면, 이미 청탁을 넣었는데 무마는 해야 하지 않겠느냐 해서 처음 가격의 반액 또는 1/3을 일종의 위약금 조

휘문의숙의 첫 졸업식(1910. 4. 4)

로 물려 고스란히 착복했다는 것이다. 이것이 관직을 마다하는 대가로 돈을 긁어들인다 해서 항간에 '마다리' 수법으로 알려진, 민영휘 신안특허의 부정축재 방식이었다.

이렇게 종래의 매관매직보다 한 단계 업그레이드된 '마다리' 수법 말고도, 민영휘는 부호들의 약점을 캐내거나 그 밖에 가능한 모든 방법들을 동원하여 부민들의 재산을 갈취하였다. 고종에게 금송아지까지 만들어 상납했다고 할 정도니, 그 규모를 짐작할 만하다. 그의 이 같은 부정축재 행각은 평안도에만 국한된 것이 아니었다. 그리하여 1890년대 전반에 이미 한 해 추수한 곡식이 13만 석에 이를 정도로 조선에서 손꼽히는 갑부의 반열에 오를 수 있었다.

휘문중학교 교정의 여운형

 그런 그가 교육구국운동의 열기가 한참 달아오르던 대한제국 말기 휘문학교를 설립한 것이다. 외척의 권세를 이용한 권력형 부정축재의 대명사이자 수전노로 유명한 민영휘가 학교를 세우다니, 참으로 의아한 일이 아닐 수 없었다. 그러나 그 속내를 살펴보면 그렇지만도 않았다. 동학농민전쟁 이후 하늘 높은 줄 몰랐던 권세가 한풀 꺾이면서 민영휘는 이제 예전의 민영휘가 아니었다. 억울하게 재산을 빼앗긴 사람들이 재판소에 고소를 하거나 그의 집에 뛰어들어 칼을 꽂아놓고 담판을 벌이는 사태가 잇따랐고, 각 신문에는 그의 과거 비행과 죄상들이 심심찮게 오르내렸다. 최근에도 정권이 바뀔 때 부정축재의 도마 위에 오른 기업가들이 재산의 일부를 사회에 환원하고 당장의 위기를 모면하는 사례가 종종 있다. 민영휘의 휘문학교 설립에도 혹시 그런 사연이 있었던 것은 아닐까. 그래서인지 예전 휘문학교에서는 평안도 출신 학생들을 거의 찾아볼 수 없었다고 한다.

휘문학교는 1918년 휘문고등보통학교로 승격한 데 이어, 1938년 휘문중학교로 이름을 바꾸었다. 바로 이 휘문중학교 교정에서 해방직후 첫 정치집회가 열리게 되는데, 일본이 연합국에 항복한 다음 날인 1945년 8월 16일 오후 1시 조선건국준비위원회(이하 건준)에서 주최한 집회가 바로 그것이다. 이 자리에서 건준 위원장 여운형은 전날 아침 조선총독부 엔도 정무총감과의 협상 내용을 알리고, 민족의 힘을 하나로 모아 치안유지와 건국준비에 나설 것을 주창하였다. 당시 모시 적삼 차림에 손을 위아래로 휘두르며 열변을 토하는 여운형의 모습이 한 편의 「영상실록」에 담겨, 지금까지 그 날의 감동을 전한다.

해방직후 건국운동의 현장

현대사옥에서 중앙고 진입로로 방향을 틀다 보면 눈앞에 '산내리 한정식'이란 간판을 단 음식점이 나타난다. 언뜻 보아도 한 시절의 영화를 쉽게 짐작할 수 있는 고풍스런 양반 대갓집인데, 한규설 대감의 손자 한학수가 살던 집이라고 한다. 바로 이 집 사랑방에서 1945년 8월 18일 원세훈을 위원장으로 하는, 해방직후 우익진영 최초의 정당인 고려민주당이 결성되었다고 송남헌 선생은 회고하고 있다. 이후로도 이 곳은 원세훈 김병로 조병옥 송남헌 등 우익 인사들이 모여 우익진영의 정치적 진로와 세력규합 방안을 논의했던 장소로 널리 이용되어, 8월 28일 고려민주당계를 포함한 김병로계·홍명희계·이인계의 우익인사 2백여 명이 발기인으로 참여한 가운데 조선민족당 발기인 총회가 개최되기도 하였다.

한정식 집으로 변한 해방 당시 한학수의 집

　여기서 한 100m쯤 올라가면 현대사옥 주차장 입구 맞은편으로 지난 4월까지 고풍스런 2층 양옥 한 채가 자리잡고 있었는데, 이 곳이 바로 건준이 창립 당시 본부를 두었던 임용상의 집(재동 84-2)이다. 건준은 온건좌파 여운형(위원장)과 온건우파 안재홍(부위원장)을 중심으로 좌우익 세력이 건국준비를 위해 결집한 일종의 통일전선 조직으로, 해방후 조직된 최초의 정치단체였다.

　건준의 결성작업은 8월 15일 아침 조선총독부 측의 통지를 받은 여운형이 필동의 정무총감 관저를 방문하여 엔도 정무총감, 니시히로 경무국장과 회담을 마치고 돌아온 다음 본격화되었다. 이 자리에서 엔도는 여운형에게 당일 정오에 일본 천황의 항복 선언이 있을 예정이라는 사실을 알리고 연합국이 들어올 때까지 치안유지에 협력해 줄 것을 요청하였다. 여운형은 엔도의 제의를 즉각 수락하고, 니시히로 경무국장에게 정치범

건준 창립 당시 본부를 두었던 재동 임용상의 집.
지난 4월 느닷없이 철거되었다.

과 경제범의 석방, 3개월간 서울의 식량 확보, 조선인의 정치활동 불간섭 등 다섯 가지 요구조건을 제시하여 승락을 얻어냈다.

 이후 여운형은 엔도와의 당초 약속인 치안유지 협력에서 한 걸음 나아가 민족역량을 일원화하여 새나라 건설의 준비에 착수할 것을 밝히고 조선건국준비위원회를 발족하였다. 그는 우익 진영의 유력한 지도자였던 송진우에게 협력을 요청했으나 거절당하자, 안재홍 등과 함께 일제말 자신이 조직한 비밀결사 건국동맹을 중심으로 건준을 발족하고 8월 15일 밤 임용상의 집에 본부를 설치하였다. 그리고 이튿날인 8월 16일 아침 건준이 활동을 개시한다는 전단을 시내 곳곳에 뿌리는 한편, 오후 1시 휘문중학교 교정에서 첫 대중집회를 개최한 데 이어, 오후 3시에는 역시 휘문중학교 강당에서 여운형 직계의 장권을 대장으로 하는 건국치안대를 결성하고 안국동 풍문여학교에 본부를 두었다. 8월 17일에는 제1차 중앙부서의 조직을 완료하였는데, 이처럼 중앙에 건준이 결성되자 전국 각지에서도 자치위원회를 비롯한 다양한 명칭의 지방지부들이 자발적으로 조직되어 8월 말에는 그 수가 145개소에 이르게 되었다.

이 과정에서 임용상의 집은 건준의 창립본부로서 해방직후 건준을 중심으로 하는 건국운동의 중심지 역할을 하였다. 그런데 그 같은 역사적 명소가 지난 4월 느닷없이 철거되어 버렸다. 아마도 사람들의 관심이 높아가는 데 대해 집주인이 적잖은 부담을 느낀 때문이 아닌가 여겨지는데, 이로써 우리는 한국 현대사의 아주 소중한 역사공간 하나를 잃어버리고 말았다. 내 재산 내 마음대로 한다는데 달리 할 말은 없으나, 꼭 그렇게 해야만 했을까? 개인의 사유재산권 행사와 문화재 보호 사이의 해묵은 갈등은 언제쯤이나 해결의 실마리를 찾을 수 있을까? 언론의 주목조차 제대로 받지 못하는 건준 본부의 초라한 마지막이 우리네 문화의식의 현주소를 보여주는 것은 아닌지, 착잡한 마음을 뒤로한 채 여운형 집으로 발길을 옮긴다.

해방직후 건준의 활동이 임용상의 집과 휘문학교 등 계동 일대를 주요 무대로 하여 전개된 것은 이 곳에 그 지도자 여운형의 집이 있었기 때문이다. 당시 여운형의 집은 건준 창립본부 자리에서 중앙고 방향으로 올라가다 네거리에서 오른편으로 돌아 100m 남짓한 언덕길 바로 밑에 있었다. 지금의 현대사옥 뒤편 '안동손칼국수'라는 음식점 간판이 붙은 집이다. 해방직후 건준 위원장, 인민당 당수 등을 역임하며 좌우합작을 통한 통일민족국가의 건설에 매진하였던 몽양 여운형이 살던 곳인데, 지금은 어디서도 그 당시의 분위기를 찾아보기가 힘들다. 다만 도로확장공사

도로확장으로 반토막이 난 여운형의 집, 칼국수 집 간판이 붙은 곳이다.

여운형의 집 아래 부동산 간판이 보이는 건물이 홍증식의 집터고, 그 아래 부대고기집이 심우섭의 집터다.

로 반 토막이 잘려나간 그의 집 건물만이 두동강이 난 우리 국토처럼 분단의 아픈 상처를 상징적으로 보여주고 있을 뿐이다.

한편 여운형의 집 바로 아래편으로는 좌익계의 거물 홍증식의 집이 있었는데, 이 곳 또한 8월 15일 밤 이관술 하필원 정백 등이 모여 조선공산당 재건 대책을 논의했던 역사적인 장소다. 그 날 모임과 바로 직결되는 것은 아니지만, 이튿날 이영 최익한 강진 등 좌익 지도자들은 종로 YMCA회관 옆 장안빌딩에 '조선공산당 경성지구위원회' 라는 간판을 내걸었는데, 이것이 세간에 해방직후 조직된 최초의 정당으로 알려져 있는 이른바 '장안파' 공산당이다. 그리고 홍증식의 집 아래로는 소설『상록수』의 저자로 유명한 심훈의 형 천풍 심우섭의 집이 있었다. 심우섭은 일제 때 경성방송국의 제2방송과장으로 있으면서 조선어방송을 담당하였던 문화계의 명사였다.

3·1운동의 역사공간

계동 현대사옥에서 중앙고등학교에 이르는 남북축의 일직선 진입로는 해방직후 건국운동의 주요 동선으로서뿐 아니라, 3·1운동의 발상지로서 또한 중요한 의미를 갖는 공간이었다. 거족적인 독립만세운동으로 한국민족주의의 신기원을 이룩한 3·1운동은 처음에 천도교계와 기독교계, 그리고 학생세력이 각각 별도의 거사를 모색하다가 천도교 측과 기독교 측을 중심으로 운동의 일원화를 이루어내면서 급류를 탔는데, 그 주요 거점이 바로 종로의 배후 근거지였던 북촌이었다. 이제 3·1운동 거사 준비과정을 머리에 그리며 이 길을 따라가 보도록 하자.

계동 김성수의 거처-천도교계와 기독교계의 첫 접촉

3·1운동 당시 천도교와 기독교 측이 간접적으로 처음 접촉한 계동 130번지 김성수의 거처. 차고가 보이는 건물이다.

현대사옥을 지나 중앙고등학교를 향해 쭈욱 걷다보면 오른편 대동정보산업고로 꺾어지는 골목 어귀에 3·1운동 당시 인촌 김성수가 거처하였던 계동 130번지 김사용의 집이 있었다. 당시 중앙고보의 주인이었던 김성수가 서울에 올라와 살던 집으로, 1919년 2월 11일 최남선의 편지를 받고 급거 상경한 이승훈이 현상윤의 중개로 중앙고보 교장 송진우와 역사적인 만남을 가진 장소다.

3·1운동의 거사 준비는 1919년 1월 하순 일본 도쿄 유학생 송계백이 계동 중앙고보 숙직실로 교사 현상윤을 방문해, 교장 송진우와 함께 한 자리에서 도쿄 유학생들의 거사 계획을 알리고 「2·8 독립선언서」 초안을 전달한 것이 계기가 되었다. 이후 현상윤과 송진우, 보성학교 출신 송계백에게서 같은 소식을 전해들은 보성고보 교장 최린과 신문관의 최

굳게 문이 닫혀 있는 인촌 김성수 고거

남선은 재동 68번지 최린의 집과 중앙고보 숙직실 등지에서 모임을 거듭하며 거사를 모의하기 시작하였다.

그들은 민족자결 원칙에 입각하여 독립운동을 전개하는 데 의견의 일치를 보고 1월 말부터 2월 초에 걸쳐 여기에 참여할 민족대표를 교섭하는 작업에 착수하였다. 그러나 그들의 교섭을 받은 박영효 윤용구 한규설 김윤식 등 대한제국 시기 요로에 있던 명망가들이 난색을 표하면서 거사계획은 처음부터 난관에 봉착하였다. 그리하여 종교계를 중심으로 하는 거사가 모색되었는데, 천도교계의 경우 그 중진인 최린이 이미 참여하고 있으므로 별 문제가 없었으나 기독교계의 경우는 새로 그 지도자를 교섭해야만 했다. 이 과정에서 유력한 후보로 떠오른 인물이 바로 평안북도 정주에서 오산학교를 경영하고 있던 이승훈 장로였다. 그리하여

2월 7일경 최남선이 인편으로 이승훈에게 급히 상경을 요망하는 편지를 보내고 이승훈이 서울로 올라오게 된 것이다.

계동 김성수의 거처에서 있은 회동에서 최남선을 대신해 나온 송진우가 천도교 측에서 기독교 측과 힘을 합쳐 독립운동 거사를 할 의향이 있다는 제안을 하자, 이승훈은 그 자리에서 쾌히 승락을 하고 곧바로 기독교계의 세 규합에 착수하였다. 그러니까 계동 김성수의 거처는 간접적인 형태로나마 천도교계와 기독교계가 첫 접촉을 하고 독립운동 일원화의 물꼬를 튼 역사적인 장소인 셈이다. 현재 계동 130번지 김사용의 집 동편으로는 1923년 무렵부터 김성수 부자가 살았던 대저택이 옛 모습 그대로 보존되어 있다. 역사적인 면에서뿐 아니라 북촌 한옥마을을 대표하는 문화공간으로서도 중요한 의미를 가지는 김성수의 집은 아쉽게도 일반인의 출입을 일체 금한 채 철옹성처럼 꽉 닫혀 있다.

한용운의 거처-불교계의 민족대표 합류

2월 11일 이승훈과 송진우의 회동으로 물꼬를 튼 천도교 측과 기독교 측의 거사 일원화 작업이 이후 순탄하기만 했던 것은 아니었다. 양측의 매파 역할을 하던 송진우가 운동 일선에서 한 발 물러선 때문이었다. 천도교 측과의 연락이 두절되자 평안도 일대에서 동지를 규합한 다음 2월 17일 재차 상경한 이승훈은 한때 기독교계 단독의 거사를 생각하기도 하였다. 그러던 중 2월 21일 최남선이 이승훈의 숙소로 찾아와 이승훈과 최린의 회담이 전격 성사됨으로써 기독교 측과 천도교 측의 합작 교섭은 다시 급물살을 탔다. 이승훈과 함태영은 2월 24일 최린과 함께 송현동 34번지 현 덕성여중 자리에 있던 천도교 중앙총부로 손병희를 방문하여 양측의 독립운동 일원화 방침을 최종 확정하였다.

천도교·기독교·불교계 대표로 이루어진 민족대표의
골격이 완성된 계동 43번지 유심사 자리

천도교 측과 기독교측의 합작교섭을 마무리지은 최린은 이어 계동 43번지 유심사(唯心社)로 만해 한용운 스님을 찾아가 불교계의 민족대표 참여를 내락받았다. 천도교계와 기독교계, 불교계 지도자들로 이루어진 민족대표의 골격이 비로소 완성되는 순간이었다. 당시 최린이 찾았던 한용운 스님의 거처는 앞서 김성수의 거처에서 중앙고 진입로를 따라 50m쯤 올라간 지점에 있다. 지금의 중앙탕이라는 목욕탕 골목 맞은편 두 번째 집이다. 30평 남짓한 초라한 한옥집인데, 한용운 스님이 1918년 9월 월간지 『유심』을 창간하고 제3호 (1918. 12)까지 발행한 곳이다.

한용운은 1910년 12월 『조선불교유신론』을 저술한 이래 민중불교를 표방하며 불교개혁운동을 전개하였는데, 그가 편집겸 발행을 맡았던 『유심』지 또한 불교를 대중화하는 데 목적을 둔 잡지였다. 그런데 이렇게 유서깊은 장소가 불교계의 관심에서조차 멀어진 채 날로 쇠락해 가고 있다. 더 늦기 전에 이 집을 만해기념관으로 꾸며 일제의 조선불교 왜색화에 맞서 불교개혁운동을 전개한 한용운 스님의 정신을 기리고, 김성수의 거처와 중앙고등학교를 연계시켜 3·1운동의 정신을 되새기는 역사교육장으로 조성했으면 하는 기대를 가져본다. 이 곳마저 건준 창립본부의 전철을 되밟지 않았으면 하는 안타까운 마음에서다.

이렇게 중앙고 진입로변 김성수의 거처와 한용운의 거처는 3·1운동 당시 천도교계와 기독교계의 첫 만남이 이루어진 장소이자, 여기에 불교계까지 가세시켜 민족대표 33인의 윤곽을 완성한 공간이었다.

중앙고보 숙직실 터와 손병희 집터-3·1운동 거사준비의 시작과 매듭

3·1운동 당시 한용운의 거처에서 100m쯤 언덕길을 오르면 정면에 중앙고등학교가 모습을 드러낸다. 정문을 지나 앞마당으로 접어들면 서편의 6·10만세운동 기념비와 짝을 이루어 서 있는 '삼일운동 책원지'라는 기념비가 눈길을 끈다. 중앙고등학교 남동쪽 앞마당, 이 곳은 3·1운동의 책원지가 된 중앙고보 숙직실이 있었던 곳이다.

앞서 살펴보았듯이 중앙고보 숙직실은 도쿄 유학생 송계백이 찾아와 현상윤과 송진우에게 유학생들의 서사 계획을 알리고 「2·8 독립선언서」 초안을 전달함으로써 3·1운동의 도화선을 놓은 장소다. 기념비 동북쪽으로는 학교 담장가에 당시의 모습대로 복원된 숙직실 건물이 삼일 정신을 기념하며 서 있다. 너무 후미진 곳이라 사람들의 눈에 잘 띄지 않는 것이 아쉽다.

중앙고등학교를 나와 서쪽길로 돌아 내려오다 보면 가회동사무소가 있는 곳에 '손병희 집터'와 '이상재 집터'라고 쓰여진 두개의 표지석을 발견하게 된다. 민족대표 33인의 좌장이었던 천도교 제3대 교주 손병희의 집이 있었던 곳이다. 그러나 이 표지석의 위치가 정확하다고는 할 수 없

중앙고등학교

'3·1운동 책원지' 중앙고보 숙직실 터

교정 동편에 당시의 모습대로 복원된 중앙고보 숙직실

한의원과 음식점, 그 뒤편의 민가까지 아우르고 있었던 손병희의 집터

다. 손병희의 800평도 훨씬 넘는 대저택이 있었던 가회동 170번지는 현재 가회동사무소 북쪽의 한의원과 음식점, 그리고 그 뒤편의 민가 몇 채를 아우르는 권역이었기 때문이다.

손병희의 집은 3·1운동 거사 전날인 2월 28일 민족대표 33인 가운데 23인이 상견례를 겸해 서로의 지면을 익히고 독립선언식의 절차를 협의하기 위해 최종 회합한 장소로 유명하다. 그런데 이 자리에서 공개적인 장소에서의 독립선언식이 가져올 만일의 사태를 우려하는 의견이 제기되었다. 그 결과 거사장소가 당초 예정했던 탑골공원에서 평소 손병희가 자주 찾던 인사동의 요리점 태화관으로 급작스레 바뀌게 된다.

명월관 분점 태화관은 일제의 한국 강제병합 당시 매국노 이완용이 살며 나라 팔아먹는 역적모의를 했던 곳이다. 그러니까 나라를 팔아먹는 모의를 한 그 장소에서 독립을 선언한다는 것 또한 의미없는 일은 아니었다. 그러나 대중과 유리된 민족대표들만의 독립선언식 거행이 과연 적절한 처사였을까? 최린을 비롯해 이후 친일로 전향한 적지 않은 수의 민족대표들의 행적이 오버랩되며 드는 아쉬움이자 안타까움이다.

헌법재판소 구내의 역사지층

가회동사무소에서 지하철 안국역을 향해 쭈욱 내려가다 보면 오른편으로 헌법재판소의 웅장한 건물이 우리를 반긴다. 북촌에서 어디 안 그런 곳이 드물지만 재동 헌법재판소 구내 또한 마치 양파껍질 벗기듯 시대의 변화에 상응해서 각각의 역사적 속살을 드러내는 곳이다.

개항을 전후한 시기 개화파의 산실 역할을 하였던 박규수의 집터가 있

헌법재판소 전경

었고, 1880년대 외교통상 업무를 담당하던 정부의 특별기구 외아문과 갑신정변의 주역 가운데 하나인 홍영식의 집 또한 그와 이웃해 있었다. 이후 홍영식의 집에서 우리 나라 최초의 서양식 병원인 광혜원(제중원)이 문을 열었고, 일제하에는 한성고등여학교-경성여자고등보통학교-경기고등여학교(오늘날 경기여고의 전신)가 그 뒤를 이었다. 3·1운동의 총연출자였던 최린의 집과 신간회 초대회장 이상재 선생이 숨을 거둔 집도 지금의 헌법재판소 구내 지하주차장 입구에 있었다. 그리고 해방 직후에는 이 곳 경기고녀 강당에서 1945년 9월 6일부터 8일까지 여운형과 박헌영을 비롯한 좌익 세력들이 전국인민대표자대회를 개최하고 조선인민공화국을 선포하기도 하였다.

개화파의 산실 박규수 집터

개화파의 산실이라 할 수 있는 박규수의 집 사랑방은 천연기념물 제8호 재동 백송白松이 있는, 지금의 헌법재판소 서북쪽 빈터에 있었다. 이에 대해 민족주의 사학자 문일평은 「구거유화」舊居遺話라는 글에서 "재동여고숙사(경성여고보 제2기숙사)는 옛날 유명한 박 정승의 집터이다. 그 뜰에 있는 백송은 수령이 육백 년쯤 된 조선에 드문 진목珍木으로 본래 박 정승집 중사랑 뜰에 섰던 것이다. 박 정승은 이름이 규수요 호는 환재니 대문호 연암 박지원의 손자이다"라고 적고 있다. 박영효 또한 자신과 김옥균·홍영식·서광범·박영교 등 갑신정변의 주역들이 재동 박규수 집 사랑방에 모여 『연암집』과 서양의 정치·경제·역사·지리·풍속 등을 소개한 중국의 신서적을 읽으며 평등사상과 개화사상에 눈을 떴다고 회고한 바 있다.

박규수가 이 곳에 언제 자리잡았는지는 분명치 않다. 20세 무렵 효명

재동 백송. 개화파의 산실인 박규수의 집터다.

세자(뒤에 익종으로 추존)와 교유할 당시 그는 계산桂山(계동) 언덕에 있는, 할아버지 박지원의 옛집에 살았다고 한다. 이 때 효명세자가 친히 그의 집을 찾았다는 기록이 행장行狀에 나온다. 그런데 박영효는 박규수의 집이 재동에 있었다고 회고하고 있고, 행장에도 병자년 12월 27일(양력 1877년 2월 9일) 북부 재동 집에서 일생을 마쳤다고 기록하고 있어 이 곳 재동에서 말년을 보냈음을 알 수 있다. 제너럴 셔먼호 사건 당시

1880년대 전반의 외아문 모습

외아문이 있었던 헌법재판소 청사

평안감사로 사건 처리를 진두지휘하였던 그가 재동에 자리를 잡은 것은 한성판윤으로 영전되어 서울로 올라온 1869년 4월 이후로 추정된다. 북학파의 태두로 실학사상의 꽃을 피웠던 할아버지처럼 그 또한 이 곳에서 개화사상의 기초를 놓았던 것이다.

한편 지금의 헌법재판소 청사 자리에는 1880년대 전반 정부 초기 개화정책의 주요거점 가운데 하나였던 외아문이 자리잡고 있었다. 조선정부는 개항과 더불어 만국공법으로 대표되는 근대적 세계질서에 발을 들여 놓았지만, 그에 걸맞게 근대적 외교통상 업무를 담당할 정부 직제를 갖추지는 못했다. 그러한 가운데 1881년 1월 개화 사무를 담당할 특별부서로 통리기무아문이 설치되고, 뒤이어 내아문과 외아문으로 나뉘어지는데, 그 외아문이 자리한 곳이 바로 민비의 친정조카 민영익의 집이었다. 그리고 외아문 북쪽 두 번째 집에는 갑신정변의 깃발을 올렸던 우정국 개국 축하연의 주인공 홍영식이 스승인 박규수와 담을 마주하며 살고 있었다.

홍영식의 집터와 광혜원의 개원

갑신정변의 무대가 되었던 우정국 개국 축하연의 주인공 홍영식(1855~1884)의 집은 지금의 헌법재판소 구내 서북쪽 빈터에 있었다. 1885년 4월 홍영식의 집에 광혜원을 개원하면서 외아문에서 서울 4대문과 종각에 게시한 '고시문'을 보면, 그 위치를 '한성 북부 재동 외아문 북편의 두 번째 집'이라고 적고 있다. 지금의 재동 백송 북쪽의 빈터 자리다. 그러니까 현재 헌법재판소 청사 정면 오른편 표지석에 '광혜원 터'(홍영식 집터)라고 적힌 위치는 잘못된 것이다.

홍영식은 영의정을 지낸 홍순목의 아들로, 박규수와 유홍기 문하에서

개원 당시의 광혜원(제중원) 모습

연세대학교 내에 복원된 광혜원 모습

개화사상의 세례를 받고, 과거에 급제하여 신사유람단의 조사朝士, 외아문 참의와 협판, 미국에 파견된 사절단의 전권부대신, 우정국 총판 등을 두루 거치며 정부의 개화정책을 일선에서 이끌어 나갔던 개화파의 촉망받는 신진관료였다. 그러나 갑신정변 실패후 청국 군대에게 죽임을 당하고, 아버지 홍순목마저 자결하면서 그의 집은 풍비박산이 나고 말았다. 그리고 그 자리에는 우리 나라 최초의 서양식 병원인 광혜원이 들어섰다. 그런데 광혜원의 설립은 미국 북장로회 의료선교사로 입국한 알렌이 우정국 사건 당시 중상을 입은 민영익을 치료해 준 것이 그 계기가 되었으니, 실로 기이한 인연이라 아니할 수 없다.

아무튼 알렌은 조선정부로부터 병원 수리비와 경상비 일체를 지원받고, 4월 10일부터 진료를 시작하였다. 병원 이름은 4월 14일 광혜원으로 정했다가, 1주일 뒤인 4월 21일 제중원으로 다시 바꾸었다. 당시 제중원은 약 40개의 병상을 가지고 있었는데, 그 후 진료업무가 번창하자 1886년 가을 규모를 확장하여 구리개銅峴(지금의 을지로2가 외환은행 본점 동편)로 이전하였다. 그 뒤 과거 외아문 청사를 포함한 이 일대에는 1910년 경기여고의 전신인 한성고등여학교가 들어섰다.

경기여고와 그 주변

한성고등여학교는 1908년 4월 순종의 칙령에 따라 설립된 우리 나라 최초의 관립 여자 중등학교였다. 설립 당시 교사는 지금의 종로구 도렴동에 있었는데, 1910년 8월 재동 헌법재판소 자리의 목조 2층건물로 이전하였다. 1911년 「조선교육령」이 공포되면서 경성여자고등보통학교로 이름을 바꾼 경기여고는 1913년 4월 설립된 부속보통학교가 재동 교사를 사용함에 따라 지금의 종로경찰서 자리로 옮겼다가, 1922년 4월 재동

경기여고의 전신 경성여자고등보통학교

에 2층 벽돌로 된 교사를 신축하고 다시 입주하였다. 1938년 4월 경기고등여학교로 다시 이름을 바꾼 경기여고는 해방후 1945년 10월 정동 1번지의 일본인 여학교 자리로 이사를 가는데, 그 직전인 9월 6일 여운형과 박헌영을 비롯한 좌익세력이 이 학교 강당에서 전국인민대표자대회를 열고 조선인민공화국을 선포함으로써 격동의 역사현장이 되었다.

그 뒤 창덕여고에서 1949년부터 교사로 사용하다가 1989년 방이동으로 이전한 이후, 1993년 6월 헌법재판소가 청사를 신축하고 입주하여 오늘에 이르고 있다. 한편 헌법재판소 구내 지하주차장 입구, 과거 재동 68번지의 60평쯤 되는 땅에는 민족대표 33인의 한 사람인 최린의 집이 있었다. 비록 뒤에 친일파로 변절하기는 했지만, 당시 그는 이 집을 근거로 3·1운동의 기획과 연출을 도맡아하다시피 했다. 1922년 말부터는

헌법재판소 지하주차장 입구의 최린·이상재 집터

신간회 초대회장을 지낸 이상재 선생이 세들어 살다, 1927년 3월 이 집에서 돌아가셨다. 이렇게 헌법재판소 구내는 개항기에서 일제하, 해방 후에 이르기까지 굵직굵직한 사건들과 함께했던 역사의 현장이자, 서양 의학과 여성교육의 꽃을 피운 문화의 공간이었다.

이와 같이 조선조 집권양반들의 주거지로 북촌은 조선시기 정치사의 이면을 화려하게 장식한 곳이자, 한국 근현대 민족운동의 흐름과 그 결을 같이했던 대표적인 역사현장이었다. 요즈음 북촌 한옥마을의 보존 문제가 심심치 않게 신문지상에 오르내리는 것을 본다. 그러나 북촌은 단지 전통 양반가옥들이 밀집되어 있는 문화공간으로서뿐 아니라, 한국 근현대사의 산 증인으로서 보다 더 큰 의미를 지니는 역사현장이다. 북촌의 보존이든 개발이든 사업에 착수하기에 앞서 이러한 점들을 먼저 고려했으면 한다. 특히 건준 창립본부 건물의 철거와 같은 사태가 더 이상 되풀이 되어서는 안 될 것이다. 끝으로 북촌 초입에 문화장승이라도 하나 세워, 북촌의 역사현장과 문화공간들을 한눈에 담고 머리에 그리며 역사·문화기행을 떠날 수 있도록 해주었으면 하는 소박한 기대를 가져본다.

| 답사코스 |

지하철 3호선 안국역▷ 운현궁(수직사·노안당·노락당·이로당)-교동초등학교-건국주차장(서북학회회관 터)-천도교 중앙총부(중앙대교당·수운회관·중앙종리원 터)-민익두 가-경인미술관(박영효 집 터)-현대사옥(관상감, 경우궁·계동궁, 휘문학교 자리)-한학수 집(산내리 한정식)-건준 창립본부-여운형 집(안동손칼국수)-김사용 집터-김성수 집-유심사(한용운 거처)-중앙학교 숙직실 터-손병희 집 터-헌법재판소(박규수 집터, 홍영식 집터=광혜원터, 최린 이상재 집터, 경기여고)

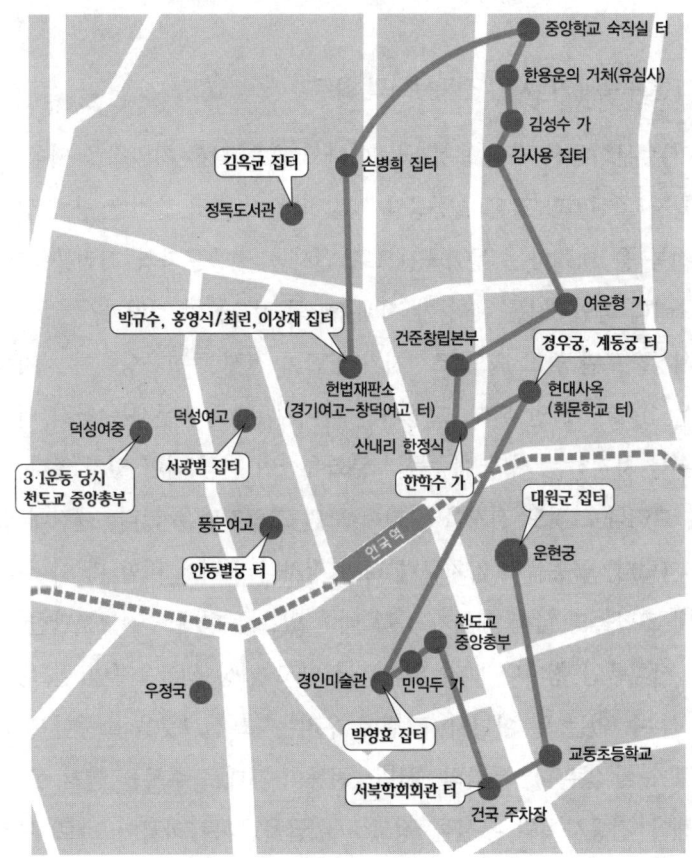

피마골 풍물기행

질그릇과 뚝배기, 서민 전통문화의 화두

우리는 문화유산 하면 보통 궁궐이나 고래등 같은 기와집을 떠올리고, 고려청자 조선백자 같은 골동품을 생각한다. 그리고 그러한 양반 귀족적인 '전통'을 대표하는 문화공간으로 인사동 전통문화의 거리를 연상한다. 그런데 과연 '전통'은 양반 지배층만의 전유물인 것일까?

수치상으로만 놓고 봐도 조선시기 양반이 전체 주민구성에서 차지하는 비율은 10%가 채 안 된다. 그렇다면 나머지 90%는? 문제는 당시 인구의 대다수를 차지하는 서민 대중들의 문화유산이 거의 남아 있지 않다는 점이다. 그러나 그것도 시각을 달리해 보면 그렇지만은 않다. 예컨대 질그릇이 그렇다. 골동품적 가치로 본다면 청자나 백자에 비할 바 아니지만, 우리네 조상들의 삶의 체취가 듬뿍 배어 있는 문화재로 질그릇만한 것이 없다. 사치품인 청자나 백자 없이는 살아도 일상 생활용구인 질그릇 없이는 살 수 없는 일 아닌가. 그런데 우리는 그 질그릇을 소중한 문화유산으로 보지 않는다. 우리의 '서민' 전통이 제대로 주목을 받지 못하고, 기껏해야 전통사회의 부산물 정도로 취급을 받는 까닭이 바로 여기에 있다.

이번에 답사하려 하는 피마골은 질그릇과 뚝배기로 상징되는 '서민 전통'의 문화공간이다. 종로1가에서 종묘까지 큰길 양편 시전행랑 뒤쪽으

1899년 서대문-청량리 간 전차가 개통될 당시의 종로거리.
오른편으로 보이는 일직선의 골목길이 피마골이다.

로 나 있던 골목길 '피마골'은 조선시기 서민들이 고관대작들의 큰길 행차를 피해 접어들었던 그들만의 해방공간이었다. 지금은 남쪽 골목길이 도로확장 과정에서 종적을 감추고, 종로3가 단성사 골목에서 종로1가 청진동 해장국 골목까지 북쪽으로만 그 자취가 남아있지만, 엄격한 신분제 사회의 쌍생아로서 피마골의 역사는 서울이 조선왕조의 새 도읍으로 조성될 당시로까지 거슬러 올라간다.

그래서 나는 피마골을 600년의 역사와 전통을 자랑하는, 우리 나라에서 가장 오래된 '문화재 골목길'이라고 부른다. 피마골을 문화재라고 하는 것은 비단 그 오랜 역사 때문만이 아니다. 말 한 마리 다닐 만한, 폭 1m 남짓의 좁다랗고 누추한 이 골목길에 녹아 있는 서민들의 일상의 애환과 살내음을 맡을 수 있기 때문이다. 이 골목은 지금도 값싸고 푸짐한 음식점과 술집들이 이 곳의 공간 아이덴티티인 개방성과 서민 취향의 전통을 이어가고 있다. 인사동과 대비되는, 서민 전통문화의 거리인 셈이다.

피마병문과 단성사

지하철 1·3·5호선 종로3가역에서 내려 단성사로 가다 보면 그 남쪽에 종묘로 통하는 일직선의 골목길이 나온다. 이 골목 끝이 바로 종묘에서 피마골로 들어가는 어귀라고 해서 '피마병문'避馬屛門이라 불렸던, 피마골의 공식 입구다. 일제하 이 곳 피마병문에서는 지게꾼 인력거꾼 미장이 등이 하루의 일거리를 찾아 대기하는 인력시장이 열렸다고 하는데, 서민들의 공간으로서 피마골은 그 시작부터 이렇게 생계를 찾는 발길들로 북적거렸다. 바로 이 피마골 초입에 한국영화사의 산 증인으로 자리잡고 있는 건물이 단성사다.

단성사는 1907년 6월 지명근 주수영 박태일 등이 공동 출자하여 종로3가 지금의 위치에 기존 목조 2층건물을 가지고 설립한 극장이다. 개관 당시 단성사는 기생들의 판소

피마병문. 지금은 보석거리로 유명하다.

리·민요·민속무용·악기연주와 재담·무속 등을 공연하던 전통연희 전문극장이었다. 그러던 것이 1914년 초 서양식 외형에 일본식 내부설비를 갖춘 1천 석 규모의 극장건물을 신축 개관하면서부터 신파극을 공연하는 극장으로 탈바꿈하였다. 이 때 상연된 작품 가운데 하나가 그 유명한, 이수일과 심순애의 애절한 사랑을 담은 「장한몽」이다.

단성사는 박승필이 경영을 맡으면서 영화상영관으로 면모를 일신하였다. 박승필은 1918년 12월 건물을 신축하고, 쇼치쿠 영화사와 미국 유니버설 영화사로부터 직배로 필름을 들여와 상영하면서 단성사를 서울 제일의 영화개봉관으로 키워 나갔다. 박승필은 국산영화의 진흥에도 남다른 관심을 보여, 활동사진 연쇄극(연극 도중 그 줄거리의 일부로 상영하는 영화)으로 찍은 최초의 국산영화 「의리적 구투」義理的仇鬪를 제작하는 데 자본을 대기도 하였다. 「의리적 구투」는 1919년 10월 27일 단성사에서 처음 상영되었는데, 오늘날 영화인들이 '영화의 날'로 기념하는 바로 그 날이다. 뿐만 아니라 단성사는 나운규의 「아리랑」(1926)이 개봉된 곳이기도 하다. 「아리랑」은 그 때까지 신파조 아니면 일본영화를 모방하던 수준

위 | 1930년대의 단성사
아래 | 헐리기 전의 단성사 모습

에서 벗어나 심리적 몽타지의 전위적 수법을 사용하여 민족정신을 일깨운 우리 민족영화의 이정표였다.

이렇게 단성사는 한국영화의 산실로서 영화인들의 고향과도 같은 곳이다. 2년 전 단성사의 건물을 헐고 최신식 복합상영관을 짓는다고 해서 논란이 많았다. 그런데 단성사가 갖는 역사적 가치는 건물보다는 그 장소에 있다. 건물은 1907년 개관 이래 여러 차례 새로 지어졌기 때문이다. 그래서 말인데 아쉽기는 하지만 새로 지어지는 건물의 한 층쯤에 한국영화사 박물관이 꾸며져, 단성사와 함께한 한국영화 한 세기를 돌아볼 수 있는 문화공간이 마련되기를 바랄 뿐이다.

명월관과 선술집들

단성사 맞은편에 현재 신축공사중인, 과거 피카디리극장 제2관과 그 앞에 영화인들의 손도장이 찍혀 있는 마당은 예전 서울 장안에서 제일가는 요리점(요정) 명월관과 선술집 동양루가 있던 곳이다.

요리점과 기생은 과거 화류계의 상징과도 같은 존재였다. 요리점의 원조는 궁중요리를 담당하였던 안순환이 1904년 무렵 광화문 네거리 동아일보 구사옥 자리에 개업한 명월관이었다. 『대한매일신보』 1907년 4월 5일자를 보면, '대한에 제일등 요리점'이라고 해서 다음과 같은 '명월관 확장광고'가 나온다.

> 근일 이층 양옥을 광활히 신건축하고, 다락 아래는 온돌방을 은밀리 배치하고, 포진범절을 새로 하와 오시는 귀객이 편하시도록 주의하였사오며, 각종 음식은 보기에 화려하고 먹기에 정미하게 일신 준비하여 주야로 파오되, 서양주는 잔으로 파오며, 특별 신개량 교자음식은 오시는 때로부터 한 시간이 되면 몇 상이라도 곧 가져가시도록 하오니, 내외 귀

1930년대 초반의 명월관

신축공사중인 피카디리극장.
앞쪽 마당이 동양루 터고, 오른쪽에 건물 골조가 올라간 자리가 명월관 터다.

객은 속속 왕림하시압……明月館 主人 金東植 告白

그러나 1918년경 화재를 당해 3층건물 전체와 서화·악기·의복·그릇 등 진기품 모두가 불타버리고, 그 뒤 새로운 명월관이 지금의 피카디리극장 제2관 자리에 들어섰다. 당시 명월관은 천향원·식도원과 함께 서울의 명물로 손꼽히는 일류 요리점이었다. 그래서 서울 구경오는 관광객들은 대개 여기서 한 상 차려놓고 기생의 장구가락에 따라 흘러나오는 수심가 한 자락은 들어야 서울 다녀왔다고 거들먹거릴 수 있을 정도였다고 한다.

명월관을 비롯한 피마골 주변의 요리점이 서울의 명물로 자리잡을 수 있었던 것은 요리도 요리지만, 그보다는 여기서 술 따르고 노래와 춤을 공연하는 화류계의 주인공 기생 때문이었다. "비단이 장사 왕서방 명월이한테 반해서 비단이 팔아 모은 돈 통통 털어서 다 줬어. 띵호아 띵호아" 하는 노래가사는 당시의 그러한 모습을 잘 보여주는 풍속도의 한 장면이다.

기생들은 본래 궁중이나 지방관청에 딸린 식구였다. 그러나 1894년 갑오개혁 때 기생안이 혁파되면서 자유업자로 처지가 바뀌었다. 그 뒤 기생들은 기생조합(일제강점후 일본식 권번으로 바뀜)에 가입하여 일정액의 수수료를 내고 요리점에 소개를 받아 나가며 살 길을 찾았는데, 1908년 서울의 관기 출신을 중심으로 조직한 한성기생조합(한성권번)이 그 원조였다. 이후 평양 기생이 중심이 된 다동조합(대동권번)이 그 뒤를 이었고, 1917년 경상·전라 양도의 기생을 중심으로 설립된 한남권번이 지금의 종로2가 삼성생명빌딩 뒤편 종로외국어학원앞 주차장 자리에 둥지를 텄다. 요리점과 기생은 해방 후에도 정치인들의 밀실정치를 의미하는

다동기생조합 기념사진

'요정정치'라는 신조어를 만들어내며 한동안 성업을 하였다.

  요리점과 기생이 과거 서울의 명물로 아무리 이름이 높았다 해도 일반 서민들에게는 그림의 떡에 지나지 않았다. 그러한 가운데 서민들에게 친숙한 공간으로 종로 뒷골목 피마골을 화려하게 장식하였던 것이 바로 선술집이었다. 선술집은 첫째 시간이 절약되고, 둘째 단돈 5전만 있으면 약주나 막걸리 한 잔에 안주 한 꼬치가 해결되며, 셋째 신분 계급에 관계없이 누구나 같은 장소에 서서 먹는데다가, 넷째 술국이나 목판에 놓인 육포·어포·너비아니·제육·편육·빈대떡 같은 안주 가운데 마음대로 골라 바로 굽든지 익혀 먹을 수 있어 크게 각광을 받았다. 그래서 전날에는 하층민들이나 드나들던 것이 1920년대 무렵부터는 말쑥한 신사, 모던 보이축들도 요리점이나 앉은술집 다니듯이 보통으로 다니게 되

종로2가 피마골 초입의 주점타운

었다. 선술집에 '민중호텔'이니 뭐니 하는 하이컬러 별호가 붙기 시작한 것도 이 때부터였다.

선술집 가운데서도 현재 피카디리극장 앞마당에 있던 동양루라는 2층 집은 비교적 규모가 큰 선술집으로 서민들의 사랑을 받던 장소였다. 1930년대 중반 종로1가에서 동대문까지 약 220개 정도의 선술집이 성업

종로2가 피마골 초입의 주점타운

하였는데, 이 피마골을 따라 길게 난 선술집들을 횡단하는 술집 순례는 당시 문인들이 호기를 부리며 즐겨하던 풍류의 한자락이기도 하였다.

선술집처럼 흔치는 않았지만 그보다 조금 지체가 높은 데가 서너 사람이 방에 들어가 앉아 술상을 차려놓고 먹는 '앉은술집'이었는데, 요리집에 갈 처지가 못 되는 사람들이 많이 몰려들었다고 한다. 한편 명월관

본점 뒤편 지금의 초동교회 주변으로는 전등에 술 '주'酒자를 써 붙이고 '음식점영업'이라는 간판을 걸어놓은, 얼핏 여염집같이 생긴 으슥한 색주가들이 지나가는 남정네들을 유혹하였다고 한다.

지금도 단성사 옆골목에서 피마골을 따라 가다보면 옛날 선술집의 전통을 계승하며 즐비하게 들어서 있는 술집들의 숲에 파묻히게 된다. 특히 탑골공원에서 잠시 끊겼다가 길건너로 이어지는 종로2가 피마골 초입의 주점타운은 얼마 전 화재로 큰 타격을 받았지만, 이 곳을 찾아 몰려드는 20대들의 발길로 주말이면 발디딜 틈조차 없다. '학사주점'이란 간판을 내건 술집 점원들이 안에 빈 자리 수에 맞춰 손님을 받아들일 정도니 더 이상의 설명은 필요없을 듯싶다. 어렵사리 안에 들어서면 나무탁자를 마주하고 빼곡히 들어찬 젊은이들의 군상이 눈앞에 펼쳐진다. 서너 명이 한 자리 차지하고, 푸짐한 안주에 마실 만큼 마시고 떠든 다음 계산을 해도 단돈 2만 원이면 족할 정도니, '민중호텔'이라는 별칭이 옛날 명성만은 아닌 듯싶다.

그래서 나는 이 곳이 좋다. 누구에게나 열려 있고, 누구나 부담없이 드나들 수 있으며, 담배연기 자욱하고 시끌벅적한 가운데 사람 냄새가 피어나는 곳, 비록 겉모습은 많이 바뀌었지만 1m 남짓한 골목길이 연출하는 정겨운 풍경이 예나 지금이나 그대로이기 때문이다. 피마골은 다른 데와 달리 지금도 살아 숨쉬는 문화재다. 강남 압구정동의 오렌지족이나 낑깡족과는 또 다른 신세대족이 여기에 있고, 과거 선술집의 전통문화가 끈질긴 생명력을 가지고 시대의 변화와 호흡을 같이하며 그대로 재현된다.

조선극장과 승동교회

종로2가 피마골 입구 표지판을 옆에 끼고 인사동 방면으로 접어들다

1930년경의 탑골공원 전경. 왼편으로 보이는 길이 인사동 길이다.

인사문화마당으로 꾸며진 옛날 천향원 자리

주차장으로 변한 우리 나라 신극운동의 산실 조선극장 터

보면 인사문화마당이 나온다. 바로 명월관과 더불어 서울의 3대 요리점 가운데 하나로 손꼽혔던 천향원 자리다. 여기서 조금 더 위로 올라가면 주차장이 하나 있는데, 우리 나라 신극운동의 요람인 조선극장이 있던 자리다.

조선극장은 1920~30년대 한국인이 경영하는 극장으로 단성사와 쌍벽을 이루던 곳이었다. 조선극장은 경영주 황원균이 '조선인 관람객을 대상으로 조선연극을 상연' 할 것을 표방하며, 1922년 11월 개관한 연극·영화 겸용 극장이었다. 7백여 석 규모의 신축 3층건물에 최신설비를 바탕으로 조선극장은 영화관 최초로 발성영화를 상영하는 등 서양영화 개봉관으로서도 성가를 높였지만, 그보다는 각종 명창대회와 신극단체의 단골무대로서 우리 문화운동에 크게 기여하였다. 특히 1923년 9월 토월회가 「카츄샤」(톨스토이의 『부활』)를 상연하여 큰 성공을 거두고 우리 나

극예술연구회의 공연(1932)

라 신극운동의 횃불을 든 장소로 유명하다.

  토월회는 1923년 초 박승희(박정양의 3남)를 비롯한 일본 유학생들이 도쿄 김기진의 하숙집에 모여 조직한 신극운동 단체였다. 토월회는 첫 사업으로 일본풍의 신파극에 젖어 있던 국내 연극계의 쇄신을 위해 여름 방학을 이용해서 신극 공연을 계획하고, 그 해 7월 안톤 체홉 원작의 「곰」과 박승희의 창작극 「길식이」를 조선극장 무대에 올렸다. 그러나 제1회 공연은 무대경험이 없는 학생출신 배우들의 서투른 연기로 도중에 막을 내리는 낭패를 보았다. 토월회 회원들은 이 실패를 거울 삼아 안석영 복혜숙 등을 배우로 새로 영입하고 연습을 거듭하여, 1923년 9월 1일 톨스토이 원작의 「카츄샤」와 마이스텔 원작의 「하이델베르크」를 다시 조선극장 무대에 올렸다. 제2회 공연은 사실적인 무대장치와 의상, 일상회화식의 대화, 충실한 작품 고증과 탄탄한 연출을 통해 종래의 신파극과

우리 나라 '민중교회'의 원조 승동교회.
간판이 보이는 깊숙한 곳에 자리잡고 있다.

차별화를 이루고, 흥행 면에서도 커다란 성공을 거두었다.

 이처럼 조선극장은 토월회에서 극예술연구회(1932)로 이어지는 우리나라 신극운동의 산실이었다. 그런데 그러한 문화의 명소가 지금은 주차장으로 방치되어 있다. 정부에서 아무리 '한국방문의 해'니 뭐니 하며 떠든들, 이렇게 소중한 우리의 문화자원이 방치된 속에서 어디서 무엇을 보고 느낄 수 있을까? 이제라도 정부나 연극인들이 나서, 한국 연극운동 산실로서의 문화적 공간성에 걸맞는 명소로 다시 꾸며지기를 바랄 뿐이다.

 예전 조선극장이 있었던 주차장에서 위로 조금 더 올라 가다보면 승동교회라는 표지판이 나온다. 북장로회 선교사 무어가 1893년 설립한 곤당

건물 반지하 1층 '승동유치원'이란 표지판이 붙은 곳이 3·1운동 당시 학생단의 거사모의 현장이다.

골교회에 뿌리를 두고 있는 승동교회는 대갓집 소실로 있던 여인네들과 백정·장인들이 많이 다닌다고 해서 '첩장(妾匠)교회'로 불렸던, 피마골 사람들의 이른바 '민중교회'였다. 승동교회 하면 빼놓을 수 없는 이가 백성 출신의 초내 장로 박성춘이다. 그는 1898년 10월 독립협회 관민공동회의 연사로 나서, 양반사족만이 아니라 사농공상 모두를 합하여 나라의 기둥으로 삼을 때 나라의 힘이 더욱 공고해 질 수 있다는 요지의 연설을 하여 세인의 주목을 받았던 인물이다. 그의 아들 박서양도 세브란스의학교를 1회로 졸업하고 의사로서는 물론 민족운동가로서 헌신하였다 하니, 이들 부자의 인생유전이 극적이기만 하다.

승동교회는 또한 3·1운동 당시 학생단 거사의 거점으로도 유명한 곳이다. 당시 이 교회에 다니던 연희전문의 김원벽을 비롯한 시내 전문학교 학생대표들은 1919년 2월 20일 여기서 첫 모임을 갖고 독립운동을 이끌어 갈 학생 지도부를 구성하였다. 그리고 3·1운동 전야인 2월 28일 다시 모여 학생 동원을 최종점검하고 독립선언서 배포 등의 역할을 분담함으로써 이어지는 탑골공원에서의 독립선언식과 만세시위의 발판을 마련하였다. 지금의 예배당은 증축한 것이지만 그 때의 건물 골격이 그대로 남아 그 날의 숨결을 전한다. 이렇게 승동교회는 백정이나 첩들도 사람이라는 사실을 일깨워준 교회로, 3·1운동의 발상지로 한국 근대사에 뚜렷한 자취를 남기고 있는 곳이다.

'인사동 전통문화 거리'의 산파 계명구락부와 한남서림

승동교회에서 나와 인사동길로 접어들면 얼마 안 가 인데코화랑이 나오는데, 일제하 지식인들의 사랑방 계명구락부와 여배우 복혜숙이 운영하던 바 비너스가 있었던 곳이다. 피마골 주변에 자본주의 유흥문화의 꽃이라 할 카페나 바가 등장한 것은 1930년을 전후해서였다. 푸른 조명등과 전기축음기에서 울려나오는 요란한 재즈음악에 양장 또는 일본옷을 입은 '재즈 기생' '모던 기생'(웨이트리스)의 술시중이 곁들여지고, 모던 남녀의 수작과 웃음소리, 담배 연기 자욱한 가운데 에로틱한 분위기를 연출하던 카페의 모습은 영화 「장군의 아들」에서 쉽게 찾아볼 수 있는 장면이다.

이렇게 '모던 보이'들이 즐겨 찾던 카페와는 좀 격이 다르게 모던한 지식인들의 사랑방을 겸해 등장한 것이 다방이고 바였다. 이 가운데 바 비너스는 마담인 복혜숙의 재담과 해학으로 인기를 끌었던 시인·소설가·화가·연극인·영화인·기자 등 문인 예술가들과 모던 남녀의 휴게실이었다. 「날개」로 유명한 소설가 이상 또한 영화 「금홍아 금홍아」에도 나오듯이, 배천에서 데려온 기생 금홍이와 함께 종로1가 청진동 입구에

1930년대의 카페

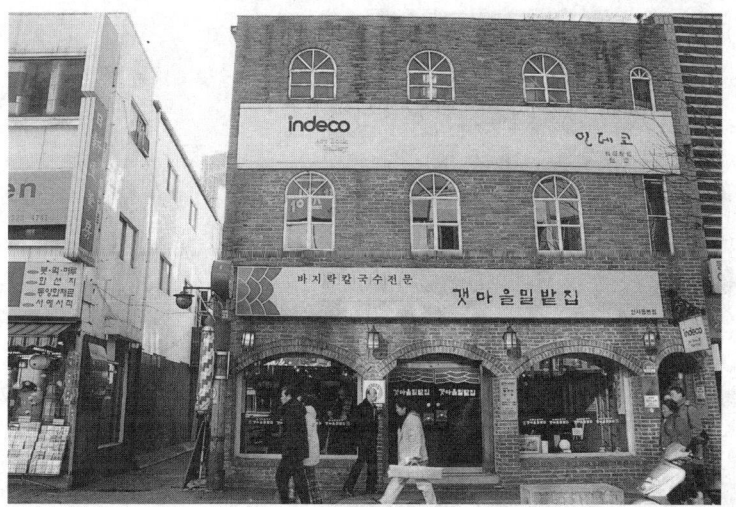

바 비너스와 계명구락부가 둥지를 틀고 있었던 인데코화랑 건물

'인사동 전통문화 거리'의 자존심 한남서림.
오늘날 간송미술관의 모체다.

한남서림 자리의 박당표구사와 명신당필방

'제비'라는 다방을 개업하기도 하였다.

한편 바 비너스 위층에는 당시 지식인들의 사랑방 노릇을 하던 계명구락부 또한 둥지를 틀고 있었다. 계명구락부는 1918년 박승빈을 비롯한 지식인 33인이 발기하여 창립한 단체로, 기관지 『계명』과 고서 등을 간행하고, 음력설 폐지와 두루마기에 단추달기 등 의식주에 걸친 신생활운동을 전개하던 당대 문화운동의 사랑방이었다. 오늘날 인사동길을 특징 짓는 키워드 가운데 하나인 '생활한복' 운동의 첫 단추를 낀 장소였던 것이다. 계명구락부의 좌장은 보성전문의 교장을 역임한 박승빈이었는데, 그는 조선어학회와 별도로 조선어학연구회를 조직하는 등 한글운동에도 남다른 관심을 기울여, 구락부 한켠에 칸막이를 해놓고 조선어사전 편찬작업을 벌이기도 하였다.

계명구락부와 더불어 오늘날 '인사동 전통문화 거리'의 기초를 일군 일등공신으로 빼놓을 수 없는 것이 한남서림이다. 인사동길 중간에 위치한 한남서림은 문화재 수집가로 유명한 간송 전형필澗松 全鎣弼이 운영하던 고서점이었다. 배오개梨峴(현 종로4가) 일대의 돈줄을 쥐락펴락했던 거상의 후예 전형필이 우리 문화재의 수집에 남다른 관심을 갖기 시작한 것은 1930년 와세다 대학 졸업 후, 민족대표 33인의 한 사람이자 당대 최고의 고미술품 감식가였던 위창 오세창의 문하를 드나들면서부터였다. 1932년 주변의 권유로 한남서림을 인수한 전형필은 오세창이 길러낸 문화재 중개상 이순황에게 경영을 맡기고, 본격적으로 우리의 소중한 문화유산들을 수집하기 시작하였다.

당시 인사동에서 북촌에 이르는 지역에는 전통적인 양반가옥이 밀집해 있어, 그 곳에서 나오는 고서·골동·서화·병풍들을 중심으로 고서적과 고미술품을 취급하는 상가가 1930년대 인사동길에 들어섰는데, 여기서 거래되는 골동품들은 일본으로 반출되는 것이 보통이었다. 그러한 상황에서 최상급의 우리 서화와 골동품 수집에 남다른 노력을 기울였던 전형필의 한남서림은 우리 문화재의 해외 유출을 막는 파수꾼과도 같은 존재였다.

전형필은 한남서림 등을 통해 수집한 문화재들을 수장하기 위해 1934년 서울 성북동의 별장과 주변 땅 만여 평을 사들여 북단장北壇莊을 개설하고, 이어 1938년 개인 박물관으로 보화각을 지었는데, 그것이 오늘날의 간송미술관이다. 현재 간송미술관에는 전형필이 자신의 10만석 재산을 들여 수집한 고려청자·청화백자·『훈민정음』원본·혜원 신윤복의 풍속화·추사 김정희의 작품 등 국보급 문화재들이 소장되어 있는데, 그 상당수가 당시 한남서림을 통해 수집한 것들이었다. 말하자면 한남서림은 오늘날 간송미술관의 모체였던 셈이다. 현재 인사동길 한가운데 한남서림이 있었던 자리에는 박당표구사와 명신당필방이 들어서 있다. 그러나 이 곳이 인사동길을 '문화재 해외 반출의 거점'이라는 오명에서 건져내어, 오늘날의 전통문화 거리로 일궈낸 고마운 자리였다는 사실을 기억하는 인사동 사람은 거의 없다.

이문설렁탕과 피마골의 음식문화

인사동길 허리의 네거리에서 서쪽 태화관길로 접어들면 도심 뒤편의 빌딩 숲 한가운데 태화빌딩이 그 모습을 드러낸다. 3·1운동 당시 당초 예정대로 탑골공원에 모인 학생 시민들을 뒤로 한 채, 민족대표 33인이 그들만의 독립선언식을 거행했던 명월관 분점 태화관 자리다. 여기서 다시 삼성생명 빌딩 쪽으로 난 음식점 골목을 따라 걸어 가면 오른편으로 90년 전통을 자랑한다는 이문설렁탕의 간판이 보인다.

피마골 음식문화의 상징 설렁탕집

    이문설렁탕은 1920년대 종로1가 교보문고 옆에 있던 일삼옥설렁탕과 함께 하이컬러 청년들까지 이 곳 설렁탕이 아니면 식사를 거른다고 할 정도로 세도를 누렸던 곳이다. 채반 위에 털도 안 뽑힌 삶은 소머리가 놓여 있고, 높이가 한 자밖에 안 되는 식탁과 목침 높이만한 걸상에 쪼

1920년대 연계탕과 갈비구이의 원조 전동식당 자리.
지금도 삼계탕집이 그 맥을 잇고 있다.

그려 앉아 오지 뚝배기 그릇에 담긴 설렁탕을 먹는 것이 옹색하기는 했지만, 보통 한 그릇에 15전으로 값이 싼 데다 맛으로나 영양으로나 손색이 없어 당시 피마골 설렁탕집의 인기는 하늘높은 줄 몰랐다고 한다. 이문설렁탕은 본래 장안빌딩 뒷골목 피마골과 화신백화점이 만나는 지점에 있었는데, 지금은 화신백화점 자리에 새로 들어선 삼성생명빌딩 뒤편으로 장소를 옮겨 예전의 명성을 이어가고 있다.

피마골은 설렁탕 말고도 오늘날 우리가 대표적인 대중음식들로 손꼽는 갈비·연계탕·대구탕·해장국·냉면·떡국 등을 상품으로 개발한 골목으로도 유명하다. 특히 1920년대 후반부터 유행하기 시작한 연계탕과 갈비구이의 원조로 손꼽히는 전동식당은 그러한 한식집의 선두주자였다. 좀 시끄럽지만 조촐한 식당 내부에 냉면·비빔밥·상밥·대구탕·갈비 등의 간단하고 값싼 차림표를 갖추고, 손님을 끌던 오늘날 대중 한식집의 원조였던 것이다. 지금의 공평빌딩 남쪽 골목 중간쯤이 바로 그 자리인데, 옛 지번을 가지고 찾아가 보니 '종로 닭 한마리'란 간판이 눈에 들어온다. 혹시 연계탕의 원조 전동식당이 이름을 바꾼 게 아닌가 싶어 반가운 마음에 들어가 확인해 보니, 주인 말이 이제 개업한 지 2년째란다. 비록 주인도 이름도 바뀌었지만, 연계탕 원조 자리에 삼계탕집, 참 우연치고는 묘한 우연이다. 아마 특정한 공간이 갖는 규정성이란 게 이런 것인가 보다.

청진동 해장국 골목에서

삼성생명빌딩 옆 횡단보도를 건너 제일은행 본점 옆으로 난 종로1가 피마골 골목을 한 블럭 지나면 이번 피마골 풍물기행의 종착점인 청진동 해장국 골목이 나온다. 청진동 해장국 골목은 대중음식점과 선술집들로 이루어진 피마골의 완결판에 해당하는 곳이다. 술집에서 시달린 속을 해장하는 장소이자, 빈 속에 곡기를 채우고 힘찬 내일을 준비하는 장소이기 때문이다. 아니 해장국집 그 자체가 술과 해장과 요기가 어우러진 피

해장국집 간판이 즐비한 청진동 해장국 골목

마골 전체의 축소판이라고 할 수 있다. 그래서 지금도 청진동 해장국 골목은 직장생활에 지친 장년층들의 변함없는 사랑을 받고 있다.

현재 청진동 해장국 골목은 도심재개발 문제로 몸살을 앓고 있다. 정부에서는 도심재개발과 관련해 기존의 고층건물 위주의 획일적 방식에서 벗어나 역사성과 문화자원 등 지역별 특성을 살리는 방향으로 그 정책을 전환하겠다고 밝힌 바 있다. 그러나 나는 그런 재개발 자체도 마땅치 않다. 인사동 전통문화의 거리를 보라. '전통문화'란 이름 말고 거기에 어디 고풍스런 양반문화가 남아 있는지. 그게 그 곳의 역사와 문화를 특성화한 개발인지. 박제품이나 화석은 박물관에서 보는 것으로 족하다. 그 공간의 아이덴티티를 상실한 재개발은 짠 맛을 잃어버린 소금이고, 빛좋은 개살구일 뿐이다.

우리네 서민문화의 보물창고로서 청진동을 포함한 피마골 전체가 가지는 공간 아이덴티티는 누구에게나 열린 공간만이 풍기는 사람내음이고, 시골 장터처럼 시끌벅적한 가운데 피어나는 인정이다. 이 곳이 누추해서 재개발을 해야 한다고 한다. 그러나 그 누추함이야말로 피마골을 피마골이게 하는 원동력이다. 피마골의 1m 남짓한 조붓한 골목길은 6·25전쟁의 총탄세례도, 근대화와 도시화의 거센 물결도 어쩌지 못한 서민들의 강인한 생명력 그 자체다. 피마골의 골목길이 좁고 누추해 관광객들이 다니기에 불편하다고 혹이나 그 골목을 확장한다면 그 피마골은 더 이상 피마골이 아니다. 그래서 하는 말인데, 눈높이를 생긴 그대로의 피마골에 맞추자. 이 곳을 청결하고 깔끔하게 가꾸는 데 신경을 쓸지언정, 성형수술하듯 인위적인 칼을 들이대지는 말자. 그리고 다른 데서는 찾아볼 수 없는 피마골만의 맛과 멋과 소리를 먹고 마시고 느끼자.

| 답사코스 |

지하철 1·3·5호선 종로3가역 ▷ 종묘 서편 피마병문 자리 – 단성사 – 피카디리극장 주변(동양루, 명월관 터) – 피마골 주점타운 – 인사문화마당(천향원 터) – 조선극장 터(주차장) – 승동교회 – 인데코화랑(바 비너스, 계명구락부 터) – 박당표구사(한남서림 터) – 태화빌딩(태화관 터) – 종로외국어학원 주차장(한남권번 터) – 삼성생명빌딩(화신백화점 터) – 청진동 해장국골목

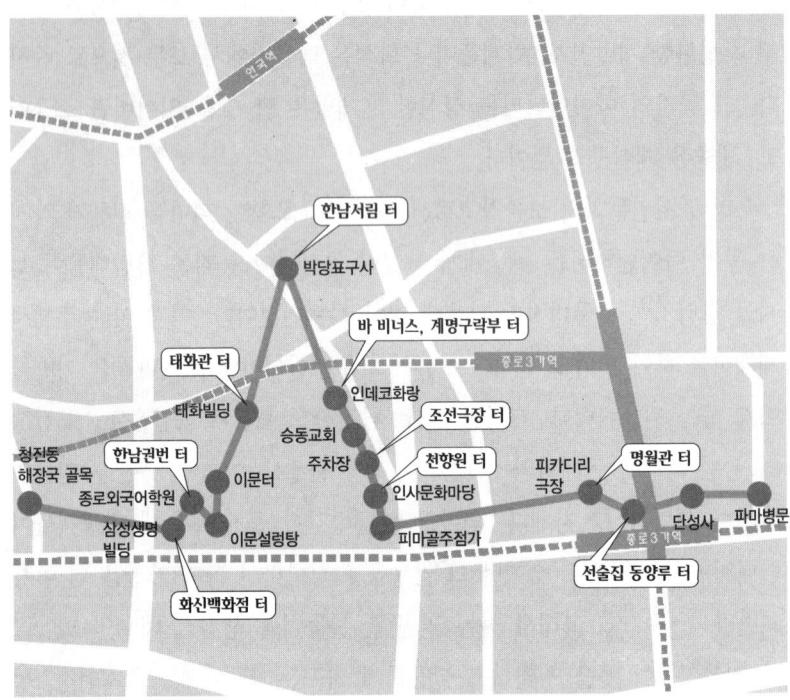

셋째 마당,

문화지도 만들기
[문화편람]

종로·북촌 문화산책

1. 종로·북촌의 역사와 문화

　서울을 대표하는 거리 종로의 역사는 1394년 한양이 조선왕조의 도읍지로 정해진 이후 시전市廛이 조성되면서 시작되었다. 조선시기 경복궁 광화문 앞, 지금의 세종로에는 각종 중앙관청들이 빼곡히 들어서 '육조거리'라 불렸다. 그리고 여기서 종로를 거쳐 보신각 앞에서 지금의 남대문로로 이어지는 거리는 당시 국가의 기간 도로망이었다. 특히 시전가로서 물건을 사고 파는 사람들이 구름같이 모였다가 구름같이 흩어진다고 해서 '운종가'雲從街라 불린 종로거리는 도성 주민들의 생활 중심지였다. 덧붙여 종로 대로를 따라 양편으로 길게 늘어진 시전행랑 뒤쪽으로는 서민들의 골목길 '피마골'이 나름의 독특한 서민문화를 연출하였다.

　한편 경복궁과 창덕궁 사이, 백악과 응봉을 연결하는 산줄기 남쪽 기슭 양지바른 곳에는 풍수지리상의 명당이기도 하지만, 궁궐·관청·교육기관과 가까운 지리적 이점도 있어 고위관료들이 모여 살았다. 바로 지금의 계동·재동·가회동·안국동 등과 길건너 경운동·관훈동 일대다. 당시 '북촌'北村으로 불린 이 곳은 이른바 '북촌양반'들의 본거지였다.

　이렇게 종로·북촌 일대는 조선시기 육조거리의 관청가를 중심으로 하는 관청문화, 종로-남대문로 일대의 시전가를 중심으로 하는 상인문화, 피마골의 서민문화, 북촌의 양반문화가 한데 어우러진 공간이었다. 그러한 공간적 특성으로 인해 종로 일대는 개항후 시대가 바뀌면서 근대화의 거점, '민의를 수렴하는 마당'으로 각광을 받기 시작했다. 1898년 3월 지금의 보신각 앞 종로 네거리에서 개최된 우리 역사상 최초의 본격적 대중집회인 만민공동회를 필두로 1919년 3·1운동 등으로 이어진 일련의 대중운동이 그것을 잘 말해준다.

일본에 나라를 빼앗긴 뒤 종로는 조선인(한국인)들의 생활거점이자 민족운동의 진원지가 되었다. 일제하 서울은 청계천을 경계로 남쪽의 일본인 생활권과 북쪽의 조선인 생활권으로 나뉘어져 있었다. 당시 서울에는 경복궁 근정전 앞을 가로막으며 우뚝 선 조선총독부 청사를 기점으로 광화문로(지금의 세종로)에서 새로 개통한 태평로를 거쳐 남대문-용산-영등포로 이어지는 남북축의 위압적이고 권위적인 도로 교통망을 따라 일제 식민지 지배의 거점들이 자리잡고 있었다.

이 때 종로를 가로지르는 공간은 식민지 조선인들의 고단한 일상이 배어 있는 생활의 공간이자, 민족의 해방을 추구하는 민족운동과 사회운동의 공간이었고, 문화예술의 공간이었다. 또한 민족적 차별과 생활고의 시름을 술과 유흥으로 배설하던 환락의 공간이기도 하였다. 그러한 연유로 3·1운동이 종로와 그 배후지 북촌을 근거로 일어났고, 각종 사회단체와 종교·문화단체, 교육기관들이 이 곳에 둥지를 틀었다. 그리고 비록 쇠락하기는 했지만 옛날 시전의 전통을 이어받은 종로상가 또한 그 명맥을 유지하면서, 그 뒤편으로 음식점·주점·요리점·인쇄소·목공장 등이 펼쳐진 가운데 카페·다방·극장 등으로 대표되는 자본주의 소비문화가 발을 들여놓고 있었다.

해방후 서울이 한 나라의 수도로서 그 지위를 회복하면서 종로는 예전의 활기를 되찾기 시작하였다. 현재 종로 일대에는 북촌 정독도서관 주변의 학생문화, 종로2가 피마골 주변의 청년층 문화, 청진동 해장국골목 주변의 장년층 문화, 탑골공원 주변의 노년층 문화가 공존하고 있다. 그리고 근대화·현대화의 물결 속에서 피마골의 서민문화 전통, 인사동길의 양반문화 전통 또한 끈질긴 생명력으로 그와 공존하고 있다. 이렇게 종로는 오늘날에도 전통과 현대가 만나고, 계층과 세대가 공존하는 '화합의 공간'으로서 그 나름의 역사와 문화적 개성을 이어가고 있다.

2. 종로·북촌 일대의 문화유적지 표지석

서울시에서는 1985년부터 문화유적이 있던 자리에 유적에 대한 간단한 설명을 새긴 '문화유적지 표지석'을 세우고 있다. 그런데 종로와 북촌의 표지석 가운데는 위치가 틀린 곳이 간혹 발견된다. 대표적으로 *표시를 한 광혜원 터는 박규수 집터 북쪽으로, 손병희 집터는 가회동사무소 북쪽으로, 김상옥 의거터는 YMCA회관 서편의 장안빌딩으로 그 위치가 시정되어야 한다. 앞으로 보다 엄밀한 고증을 통해 우리의 문화유산을 제대로 널리 알리는 발판이 이들 표지석을 통해 마련되기를 바란다.

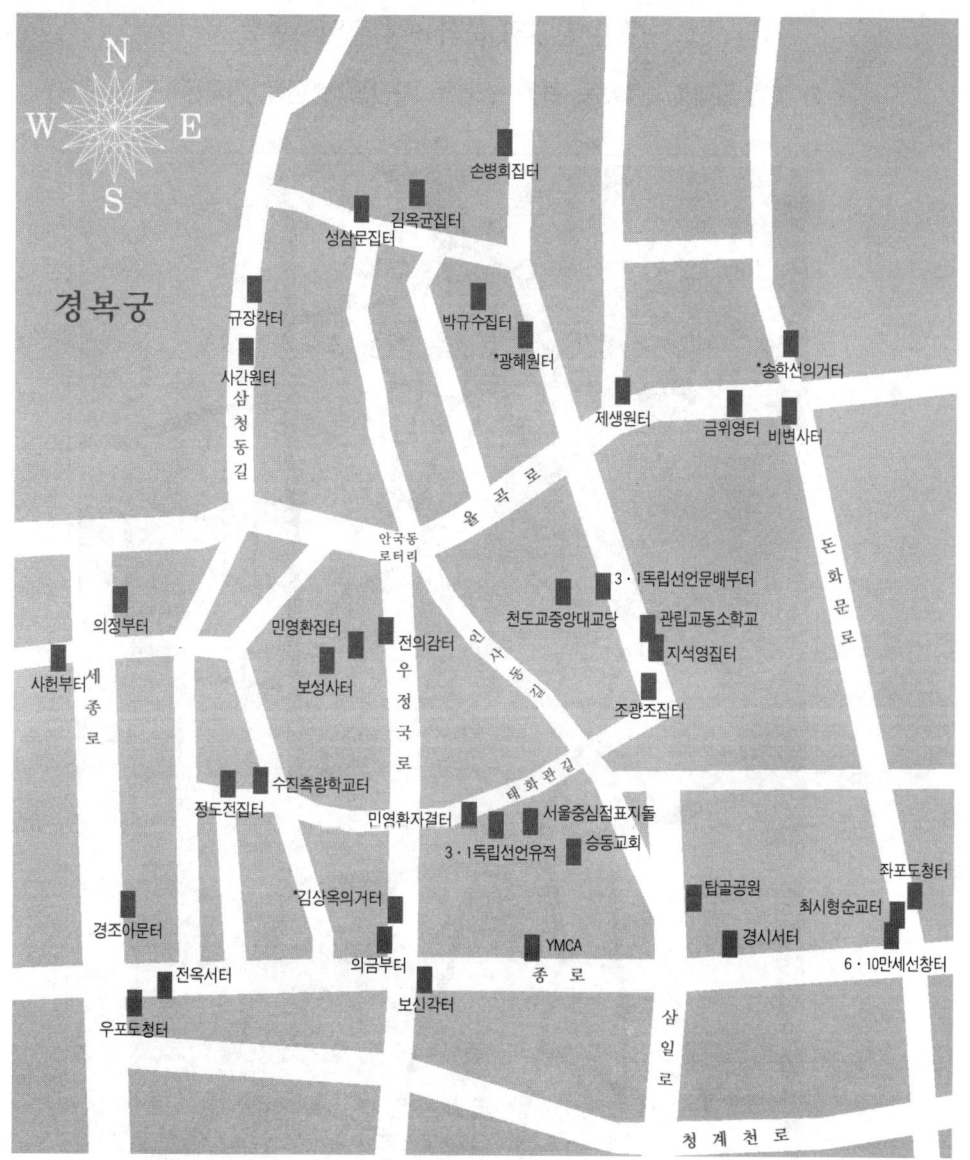

3. 종로·북촌 일대의 문화유적과 역사현장

1) 북촌 일대 I : 가회동, 화동, 소격동, 사간동, 송현동, 안국동

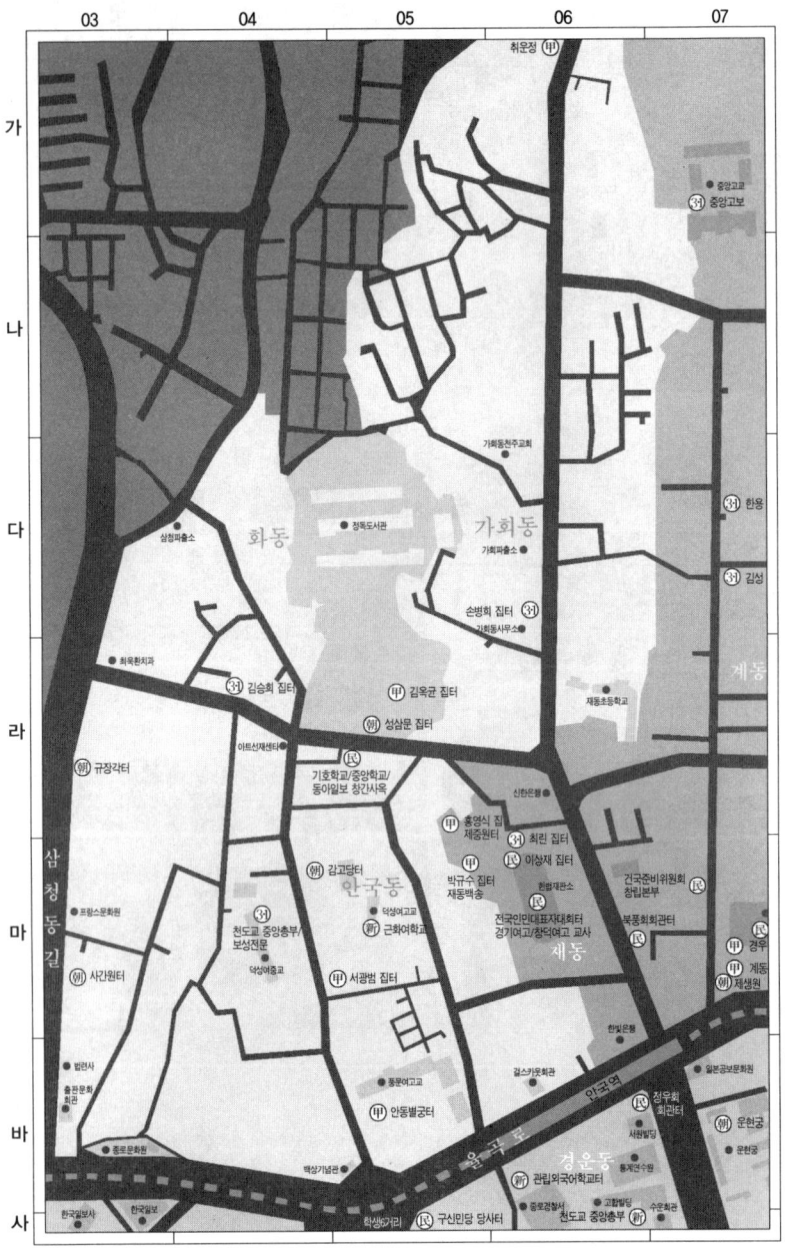

마-04_ 감고당 터(안국동 37)

덕성여고 교정 북쪽. 감고당感古堂은 여양부원군 민유중의 저택으로 장희빈을 총애하던 숙종에게 폐비당한 인현왕후 민씨가 6년 후 복위되어 다시 입궁할 때까지 유폐생활을 하던 곳이다.

라-03_ 규장각 터(소격동 165)

국군서울지구병원 자리. 정조 때 세워진 왕실 도서관인 규장각이 있던 곳이다.

라-05_ 기호학교 / 중앙학교 / 동아일보 창간사옥(화동 138)

정독도서관 맞은편 아트숍 경敬. 기호학교는 1908년 1월 교육계몽운동단체로 출범한 기호흥학회가 같은 해 6월 교원양성과 중등교육을 위해 설립한 학교로, 소격동 육군위생원 건물(지금의 국군서울지구병원)을 빌려 사용하다가 1908년 12월 이 곳으로 이전하였다. 기호학교는 1910년 9월 흥사단에서 설립한 융희학교(수송동 51)를 합병한 데 이어, 교명을 중앙학교로 바꾸었다. 1915년 김성수가 인수하여 1917년 12월 교사를 계동 1번지 신축건물로 이전한 후, 이 곳은 1920년 4월 창간한 동아일보의 창간사옥으로, 그리고 동아일보가 1926년 광화문 신축사옥으로 이전하면서는 중외일보의 창간사옥으로 사용되었다.

라-04_ 김승희 집터(소격동 133)

국군서울지구병원 동북쪽 정독식당 앞에 있었던 김승희의 집터는 1919년 2월 11일에 이어 17일 재차 상경한 이승훈이 송진우와 만나 3·1운동을 모의했던 장소다. 당시 송진우의 미온적 태도와 천도교 측과의 교섭 부진으로 이승훈은 한때 기독교계 단독의 거사를 고려하기도 하였다.

라-05_ 김옥균 집터(화동 106)

정독도서관 구내 동남쪽. 갑신정변의 주역 김옥균이 살던 집으로, 정변 실패후 국가에 몰수되어 1900년 한성중학교(경성제일고보-경기고의 전신)가 설립되면서 그 부지가 되었다. 현재 김옥균 집터 동편에는 1981년 삼청동에서 이전해 온 종친부(종실 제군의 봉작·승습·관혼상제 등의 사무를 맡아보던 곳) 건물이 자리잡고 있다.

마-03_ 사간원 터

경복궁 맞은편 갤러리 현대 부근. 조선시기 왕의 언행이나 시정, 그리고 일반 정치에 대한 언론을 담당하던 삼사三司의 하나인 사간원司諫院이 있던 곳이다. 이 곳의 사간동이라는 지명 또한 여기에서 비롯되었다.

마-05_ 서광범 집터(안국동 177)

덕성여고 교정 남쪽. 갑신정변 4대 주역 가운데 한 사람인 서광범이 살던 집으로 안동별궁(현 풍문여고)과 담을 맞대고 있었다. 당초 갑신정변 거사의 횃불을 올리는 장소로 안동별궁이 선택되었던 것도 그러한 지리적 조건 때문이었다.

라-05_ 성삼문 집터(화동 138)

정독도서관 입구. 세조 때 사육신의 한 사람으로 이름이 높은 성삼문이 살던 곳이다.

라-06_ 손병희 집터(가회동 170)

가회동사무소 북편. 3·1운동 거사 전날인 1919년 2월 28일 민족대표 33인 가운데 23인이 지면을 익히고 독립선언식의 절차를 협의하기 위해 최종 회합한 장소다. 이 자리에서 독립선언식 장소를 당초 탑골공원에서 인사동의 명월관 지점 태화관으로 급작스레 변경함으로써 거사 일정에 혼선을 초래하기도 하였다.

바-05_ 안동별궁 터(안국동 175)

풍문여고 자리. 갑신정변은 당초 안동별궁에 불을 지르는 것을 신호로 거사에 돌입하기로 계획되었으나, 사정이 여의치 않아 우정국 인근 초가집에 불을 지르는 것으로 시작되었다. 안동별궁은 왕가의 혼례식이 거행되던 장소로, 순종황제가 황태자 시절 이 곳에서 순명황후 윤씨와 혼례식을 올렸으며, 일제 하에서는 퇴직한 상궁들의 거처로 이용되었다.

마-04_ 천도교 중앙총부 / 보성전문학교(송현동 34)

덕성여중 자리. 교섭부진으로 한때 삐꺽거렸던 천도교 측과 기독교 측의 3·1운동 합작계획이 2월 21일 최린과 이승훈의 만남으로 다시 봉합된 뒤 2월 24일 기독교계 대표 이승훈 함태영이 최린과 함께 손병희를 방문하여 3·1운동의 일원화 방침을 최종 확인한 장소다. 천도교 중앙총부가 1921년 경운동 88번지 신축건물로 이전함에 따라 이 곳은 당시 천도교에서 운영하던 보성전문학교의 교사가 되었다.

가-06_ 취운정

감사원·삼청동우체국 일대. 취운정翠雲亭은 가회동 막바지에 있는 공원으로, 원래는 삼청동 쪽을 백록동白鹿洞, 창덕궁 쪽을 취운정이라 불렀다. 갑신정변을 모의하던 처음에 김옥균 등 정변 주체들은 이 곳 정자에서 연회를 개최, 반대파를 제거하려는 계획을 세웠다가 여의치 않자 우정국 개국축하연회로 그 장소와 일정을 변경하였다. 취운정의 한규설 별장은 갑신정변 후 미국유학에서 돌아온 유길준이 거주제한 조치를 당해 유폐생활을 하며 서양의 문물 제도를 소개한 『서유견문』을 저술한 장소로 유명하다.

사-05_ 학생 6거리(안국동 6거리)

안국동로터리 일대에는 일제하 경성제일고보(다-05 화동 106 : 경기고, 현 정독도서관), 중앙고보(가-07 계동 1), 휘문고보(마-07 계동 206 : 현

현대사옥), 중동학교(사-03 수송동 85 : 현 연합뉴스빌딩), 경성여고보(마-06 재동 83 : 경기여고, 현 헌법재판소), 숙명여고보(아-03 수송동 80 : 현 재보험빌딩), 동덕여고보(사-05 관훈동 151 : 현 동덕빌딩), 근화여학교(마-05 안국동 37 : 덕성여고), 보성전문학교(마-04 송현동 34 : 현 덕성여중) 등 각종 학교가 밀집해 있었다. 그래서 이들 학교들의 관문이라 할 수 있는 안국동 6거리는 아침 등교시간이 되면 이 길을 거쳐 통학하는 학생들로 붐벼 '학생 6거리'라는 별명이 붙었다.

조선조의 문화유적	감고당 터, 규장각 터, 사간원 터, 성삼문 집터
갑신정변의 현장	김옥균 집터, 서광범 집터, 안동별궁 터, 취운정
신문물의 도입	학생 6거리
3·1운동의 현장	김승희 집터, 손병희 집터, 천도교 중앙총부/보성전문
민족·사회운동의 현장	기호학교/중앙학교/동아일보 창간사옥

2) 북촌 일대 II : 재동, 계동, 원서동, 와룡동

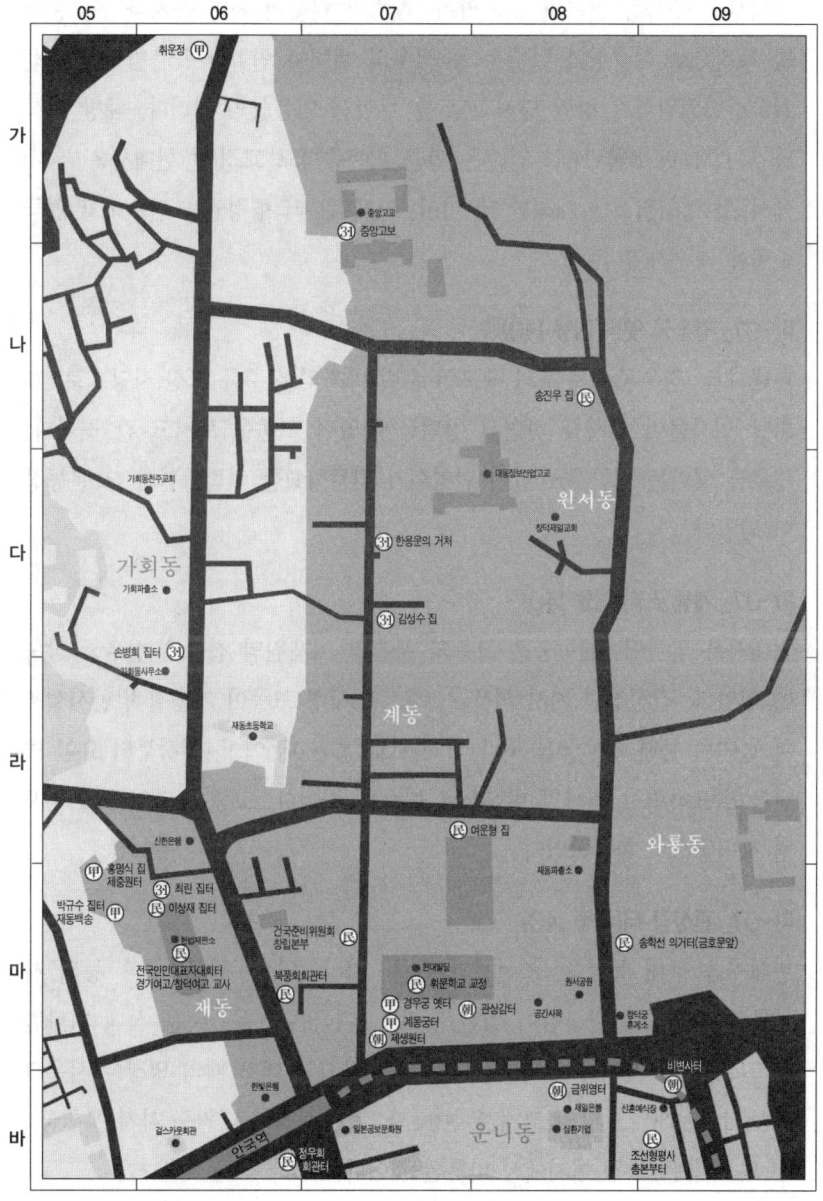

마-07_ 건국준비위원회 창립본부(재동 84-2)

현대사옥 주차장 맞은편 2층 양옥. 해방과 더불어 치안 유지와 건국준비를 목적으로 여운형과 안재홍 등 좌우익 세력이 연합하여 출범시킨 조선건국준비위원회가 창립 당시 본부를 두었던 임용상의 집터다. 해방 이튿날인 1945년 8월 16일 건준은 인근 휘문중학교 교정(현 현대사옥 부지)에서 첫 정치집회를 개최한 데 이어, 일제로부터 행정권을 인수하고 건국준비에 착수하였다.

마-07_ 경우궁 옛터(계동 140)

현대사옥. 경우궁은 순조의 생모인 수빈 박씨의 신주를 모신 사당으로, 개화당 인사들이 거사를 하면서 창덕궁에 있던 고종을 모시고 간 곳이다. 경우궁 옛터는 대한제국 말기 민영휘가 휘문학교를 설립하면서 그 운동장이 되었다.

마-07_ 계동궁 터(계동 140)

현대사옥 앞마당. 계동궁은 고종의 사촌형 이재원의 집으로 경우궁 남쪽에 있었다. 갑신정변 거사 이튿날 오전 10시경 고종이 겨울철 방한시설조차 변변치 못한 경우궁을 떠나 이 곳으로 옮긴 데 이어, 신정부의 요인 명단을 발표하면서 역사의 현장으로 떠오른 곳이다. 고종은 당일 오후 5시경 창덕궁으로 환궁하였다.

마-07_ 관상감 터(계동 140)

현대사옥 구내 동남쪽. 조선시기 천문·지리·역수·점산·측후 등의 사무를 관장하였던 관상감이 있던 자리로, 지금은 천문관측용 석대 하나만이 그 당시의 자취를 전하고 있다. 설립 당시인 태조 때의 명칭은 서운관書雲觀이었는데, 그 앞의 고개 운현雲峴과 그 아랫녘의 대원군 사저 운현궁雲峴宮의 이름은 모두 여기에서 비롯된 것이다.

다-07_ 김성수 거처(계동 130)

중앙고 앞길 대동상고 진입로 옆집. 3·1운동 당시 김성수의 거처(김사용의 집)는 1919년 2월 11일 최남선의 편지를 받고 상경한 이승훈이 현상윤의 중개로 송진우와 회합하여 기독교 측의 독립운동 참여를 내락함으로써 별개로 추진되던 천도교 측과 기독교 측의 거사준비를 일원화하는 계기를 마련한 장소다. 그 뒤편으로는 김기중·김성수 부자가 1923년경부터 살았던 대저택이 옛 모습 그대로 남아 있다.

마-05_ 박규수 집터(재동 83)

헌법재판소 구내 서북쪽 백송(천연기념물 8호)이 있는 자리. 박규수 집 사랑방은 1870년대 전반, 뒷날 갑신정변의 주역이 된 김옥균·박영효·서광범·홍영식 등이 모여 박지원의 『연암집』과 서양 사정을 소개한 중국의 신서적을 공부하며 개화사상을 싹틔운 개화파의 산실이다.

마-06_ 북풍회 회관터(재동 84)

한국병원 남쪽 자현당표구사 부근. 북풍회는 일본 도쿄에서 창립한 사회주의 사상단체 북성회의 국내조직이라 할 수 있는 건설사(1923. 10)의 후신으로, 서울청년회·화요회와 더불어 당시 사상운동을 주도했던 단체다.

나-08_ 송진우 집터(원서동 74)

원서동에서 중앙고로 좌회전하는 길목 비원빌라 자리. 일제하 중앙고보 교장, 동아일보사 사장 등을 역임하고, 해방후 한국민주당 수석총무를 지낸 당대의 대표적인 우익 정치가 송진우가 살던 집이다. 송진우는 해방 직후 여운형의 건준 참여 요청을 거절한 뒤, 김성수와 함께 우익정당 한국민주당을 창당하였다. 반탁운동 당시 온건론을 펴다가 강경파들에게 피살당함으로써 해방후 정치테러의 첫 번째 희생자가 된 인물이다.

마-08_ 송학선 의거터(창덕궁 서쪽 금호문 앞)

순종이 서거한 뒤 1926년 4월 28일 조문차 창덕궁을 찾은 사이토 총독을 민족의 이름으로 응징하려 했던 거사의 현장이다. 비록 소기의 성과를 거두지는 못했지만 송학선의 의거는 뒤이은 6·10만세운동의 전주곡이 되었다.

라-07_ 여운형 집(계동 140-8)

현대사옥 북편 안동칼국수 자리. 해방후 건준 위원장, 인민당 당수 등을 역임하며 좌우합작과 통일민족국가건설에 주력하였던 여운형의 집이다. 도로확장공사로 절반이 잘려나간 그의 집이 민족분단의 아픈 현실을 대변하는 듯하다.

다-07_ 한용운 거처(계동 43)

중앙고 진입로변 중앙탕 옆골목 두 번째 집. 3·1운동 당시 만해 한용운이 거처하며 불교잡지 『유심』을 발행했던 곳으로, 이승훈과의 회합을 통해 천도교계와 기독교계의 독립운동 일원화를 성사시킨 최린이 한용운을 찾아가 불교계의 참여를 이끌어낸 장소다.

마-06_ 이상재 집터(재동 68)

헌법재판소 구내 동북쪽. 이 곳은 일제하 중앙기독교청년회 총무, 조선일보 사장, 신간회 초대회장 등을 역임한 민족운동의 원로 이상재 선생이 1922년 말부터 1927년 3월 숨질 때까지 세들어 살던 집자리다.

마-06_ 전국인민대표자대회 터(경기여고 강당, 재동 83)

헌법재판소 자리. 1945년 9월 6~8일 미군의 진주에 앞서 건국준비위원회 위원장 여운형과 박헌영 등 좌익세력이 전국인민대표자대회를 개최하고 인민공화국의 수립을 선포한 장소다. 대회 직후 경기여고가 정동으로 이전한 뒤, 창덕여고의 교사로 사용되었다. 1993년 헌법재판소가 청사를 신축하고 입주하였다.

마-07_ 제생원 터(계동 140)

현대사옥 구내 서남쪽. 조선초 서민들의 질병치료를 관장하는 의료기관으로 설립되어 세조 때 혜민국에 합병된 제생원이 있던 자리다.

가-07_ 중앙고보(계동 1)

1919년 1월 중순 일본 도쿄 유학생 송계백이 중앙학교로 교사 현상윤과 교장 송진우를 방문하여, 유학생들의 거사 준비상황을 보고하고 「2·8 독립선언」 초안을 전달함으로써 3·1운동의 도화선이 되었던 장소다. 1937년 준공한 본관과 서관·동관 건물이 현재 사적으로 지정되어 있다.

마-06_ 최린 집터(재동 68)

헌법재판소 구내 동북쪽. 3·1운동 당시 보성고보 교장이었던 천도교계의 중진 최린의 집은 송계백(보성학교 출신)이 방문하여 재일 유학생들의 거사 움직임을 보고한 것을 계기로 최린·현상윤·송진우·최남선 등이 수차 회동하면서 운동의 초기 조직화를 도모했던 3·1운동의 산실이었다.

마-05_ 홍영식 집 / 제중원 터(재동 83)

헌법재판소 구내 서북쪽. 박규수 집터 북쪽에 있었던 홍영식의 집터는 1885년 우리 나라 최초의 서양식 병원인 광혜원(제중원)이 설립된 장소이기도 하다. 현재 헌법재판소 본관 앞에 있는 '제중원 터'라는 표지석은 재동 백송 북편으로 바로잡아져야 한다.

조선조의 문화유적	관상감 터, 제생원 터
갑신정변의 현장	경우궁옛터, 계동궁터, 박규수 집터, 홍영식 집/제중원 터

3·1운동의 현장	김성수 집, 유심사 자리, 중앙고보, 최린 집터
민족·사회운동의 현장	건국준비위원회 창립본부, 북풍회 회관터, 송진우 집, 송학선 의거터, 이상재 집터, 전국인민대표자대회 터, 여운형 집

3) 종로1가 일대 : 세종로, 중학동, 수송동, 청진동, 서린동

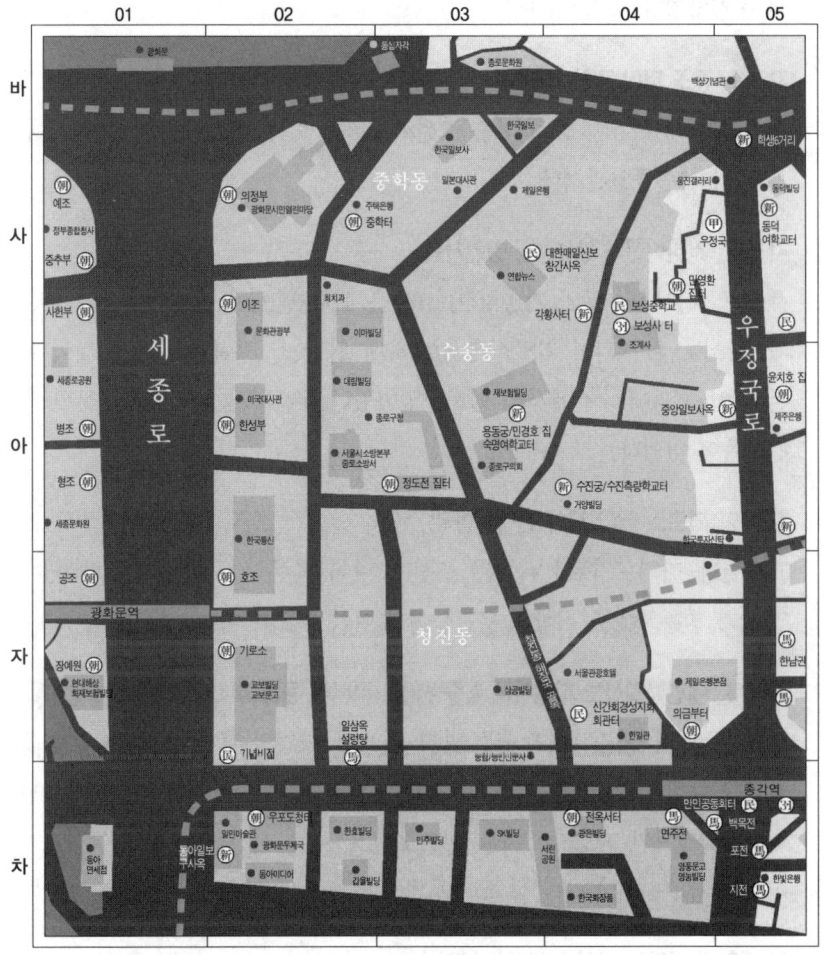

사-04_ 각황사 터(수송동 82)

조계사 서편 '숙명여학교 옛터' 표지석 자리. 각황사는 1895년 승려의 도성입성이 허용되면서 1910년 창건된 사찰로, 1915년 30본산연합사무소가 설치되면서 불교행정의 중심지로 떠오른 곳이다. 연합사무소는 1922

년 조선불교중앙교무원으로 개편된 데 이어, 1927년 지금의 조계사 자리로 이전하였다.

자-01_ 공조 터(일제하 체신국)

세종문화회관 자리. 공조工曹는 조선조 산택·토목·영선·도야 등의 업무를 관장하던 중앙관서다.

자-02_ 기념비전 / 황성신문 창간사옥

세종로 교보빌딩 앞의 기념비전紀念碑殿은 1902년(광무 6) 고종 즉위 40돌과 51세望六旬가 되어 기로소에 입소하게 된 것을 기념하여 세운 것이다. 본래 이 자리에는 순무사의 임시군영이었던 우순청右巡廳과 황성신문의 창간사옥이 있었다.

자-02_ 기로소 터(일제하 간이보험국)

교보빌딩 자리. 기로소耆老所는 조선조 나이 많은 임금이나 실직에 있는 70세가 넘는 정2품 이상의 문관들이 모여서 쉬도록 마련한 곳이다.

사-03_ 대한매일신보 창간사옥 / 중동학교 터(수송동 85)

연합뉴스빌딩 자리. 대한제국 말기 대표적 항일민족언론으로 그 이름을 높였던 대한매일신보가 1904년 창간될 당시의 사옥 자리다. 1907년 1월 대한매일신보가 지금의 프레지던트호텔 근처로 이전한 이후 중동학교가 이 곳에서 개교하였다.

차-02_ 동아일보 구사옥(세종로 139)

동아일보 일민미술관 자리. 1920년 4월 화동 138번지 중앙학교 구교사에서 창간한 동아일보가 1926년 12월 지상3층, 지하1층의 사옥을 신축하고 이전한 곳이다. 이 자리에는 1904년 무렵부터 1918년 화재로 건물이 전소될 때까지 궁중요리사 안순환이 경영하던 요리점 명월관이 있었다. 동아일보 구사옥은 해방후 우익정당 한국민주당의 당사로도 사용되었다. 몇 차례의 증축을 거쳐 현재와 같은 6층의 외양을 갖추게 되었다.

차-05_ 만민공동회 터

백목전(현재 영풍문고) 앞 지금의 종로 네거리는 1898년 3월 10일 1만여 명의 시민이 운집한 가운데 독립협회가 주최한 최초의 만민공동회가 열린 장소다. 이를 계기로 종로 네거리는 민의의 광장으로서 역사에 그 모습을 드러내기에 이른다.

아-01_ 병조 터(일제하 전화국)

세종로공원 자리. 병조兵曹는 조선조 군무를 관장하던 중앙관서다.

사-04_ 보성중학교 / 보성사 터 / 조선불교중앙교무원 / 태고사 터(수송동 44)

조계사 자리. 보성중학교는 궁내부 내장원경 등을 역임하며 고종의 측근으로 활약하던 이용익이 1906년 전 아어俄語(러시아어)학교 자리에 설립한 학교다. 러일전쟁 당시 친러파의 핵심으로 지목되어 일본에 억류당했다 풀려난 이용익은 귀국후 보성전문학교와 보성소학교를 설립한 데 이어 이듬해 보성중학교를 설립하고, 초·중·고등 과정을 두루 갖춘 체계적인 근대교육을 시도하였다. 그리고 교재출판을 위해 인쇄소인 보성사를 학교 구내에 설치하였다. 이용익의 사후 보성학교는 재정난으로 1910년 천도교에 경영권이 넘어갔다. 이 곳에 위치한 보성사는 3·1운동 당시 「독립선언서」를 인쇄한 장소로 특히 유명하다. 보성중학교는 일제의 교육령에 따라 고등보통학교로 개편된 데 이어, 1924년 조선불교중앙교무원으로 그 경영권이 넘어갔다. 이후 보성고보가 1927년 혜화동 신축교사로 이전하면서, 이 자리에는 각황사에 있던 조선불교중앙교무원이 들어왔다. 한용운을 총재로 1927년 11월 경부터 활동을 재개한 조선불교청년회와 불교여자청년회 또한 이 곳에 활동근거를 마련하고 신간회·근우회 등에 참여하여 민족운동의 일익을 담당하였다. 조선불교 31본산 주지들은 1938년 이 곳에 행정중심사찰로 태고사(1955년 조계사로 개칭)를 건립하고, 1941년 조선불교계의 총본산으로 조계종을 공식 출범시켰다.

사-01_ 사헌부 터(일제하 위생시험실)

세종로공원 자리. 사헌부는 조선조 삼사의 하나로 정치에 관해 논의하고 관원들의 비행을 규찰하던 중앙관서다.

아-04_ 수진궁 / 수진측량학교 터(수송동 51)

거양빌딩 자리. 수진궁壽進宮은 본래 예종의 둘째 왕자 제안대군의 궁이었다고 하는데, 혼례를 치르지 못하고 죽은 대군 · 왕자 · 공주 · 옹주의 신주를 모시고 제사를 지내던 곳이었다. 1908년 유길준이 이 곳을 빌어 측량전문교육기관으로 수진측량학교를 개설하였으며, 일제하에는 종로소학교가 들어섰다.

자-04_ 신간회 경성지회 회관터(청진동 126)

서울관광호텔 남쪽 잉글랜드양복점 자리. 1927년 7월 신간회 경성지회가 조직되면서 한규설의 기부로 마련한 회관 자리다.

사-01_ 예조 터(일제하 보험관리과)

정부종합청사 자리. 예조禮曹는 조선조 예악 · 제사 · 조빙 · 학교 · 과거 등의 업무를 관장하던 중앙관서다.

아-03_ 용동궁 / 민겸호 집 / 숙명여학교 터(수송동 80)

대한재보험빌딩 자리. 용동궁龍洞宮은 명종의 아들 순회세자가 살던 궁으로 박동궁이라고도 불렸다. 1882년 임오군변 무렵에는 민비의 외척으로 세도를 휘두르던 민겸호가 살았다. 당시 선혜청 당상으로 임오군변의 불씨를 제공하였던 민겸호가 군인들에게 살해당한 뒤, 그의 집은 청나라의 주선으로 내한하여 외교통상업무와 해관세업무를 담당했던 묄렌도르프의 처소가 되었다. 1906년 숙명여학교가 이 곳에서 개교를 하였다.

차-02_ 우포도청 터
광화문우체국 자리. 포도청은 조선조 도성 안팎의 도적 체포와 야간순찰을 담당하던 군영아문의 하나로 좌우 두 청을 두었다. 좌포도청[자-10]은 지금의 종로3가 단성사 자리에 있었다.

사-02_ 의정부 터(일제하 경기도청)
광화문 시민열린마당 자리. 의정부는 조선조 임금을 보좌하며 정무를 총괄하던 행정부의 최고기관이다.

사-02_ 이조 터(일제하 경찰관강습소)
문화관광부청사 자리. 이조吏曹는 조선조 관리들의 인사 고과를 관장하던 중앙관서다.

자-01_ 장예원 터
현대해상화재빌딩 자리. 장예원掌隸院은 조선조 노비의 부적과 소송 관련 업무를 맡아보던 관서다.

아-03_ 정도전 집터(수송동 146)
종로구청 일대. 이 자리는 조선 건국의 밑그림을 그렸던 개국공신 정도전의 집터로, 정도전이 이방원의 쿠데타로 살해당한 뒤 사복시司僕寺(궁중의 가마나 말을 관리하던 관청), 제용감濟用監(포와 인삼의 진상 및 의복의 사여, 포화의 염직 등을 맡아보던 관청) 등이 들어섰다. 일제강점기에는 기마경찰대와 수송보통학교가 있었다.

사-01_ 중추부 터(일제하 순사강습소)

정부종합청사 자리. 중추부中樞府는 조선조 일정한 사무가 없는 당상관들이 모이던 관서다.

사-02_ 중학 터(중학동 83 일대)

한국일보사 뒤편. 중학中學은 조선조 한성부 동·서·남·중부에 설치한 4학의 하나로, 중부에 위치한 유교 교육기관이었다. 중학동이란 이 곳의 지명은 여기에서 유래한 것이다.

자-03_ 청진동 해장국골목(종로1가 청진동길)

청진동 해장국골목은 농민신문사 뒷길, 서울관광호텔 주변의 음식점 골목이다. 조선조 종로에 줄지어 있던 시전행랑 뒤쪽으로는 '피마골'이라 불리던 골목길이 대로 양편 뒤로 나 있어 서민들을 대상으로 하는 술집이나 대중음식점들이 성업을 하고 있었다. 청진동 해장국골목 또한 그러한 피마골 서민문화의 한 풍경으로 출현하여 지금에 이르고 있다. 일제하 서민 대중의 많은 사랑을 받았던 일삼옥설렁탕(자-02) 종로1가 20, 교보빌딩 동남편 시대패션 자리)도 피마길을 배경으로 등장한 음식점이었다.

아-02_ 한성부 터(일제하 경찰관강습소)

미국대사관 자리. 한성부는 조선조 서울의 행정과 사법을 맡아보던 중앙관서다.

아-01_ 형조 터(일제하 위체저금관리소)

세종문화회관 자리. 형조刑曹는 조선조 법률·소송 등을 관장하던 중앙관서다.

자-02_ 호조 터(일제하 경성법학전문학교)

광화문전화국 자리. 호조戶曹는 조선조 호구와 정부재정을 관장하던 중앙관서다.

조선조의 문화유적	공조 터, 기로소 터, 병조 터, 사헌부 터, 예조 터, 우포도청 터, 의정부 터, 이조 터, 장예원 터, 정도전 집터, 중추부 터, 중학 터, 한성부 터, 형조 터, 호조 터
신문물의 도입과 종교·문화의 공간	각황사 터, 동아일보 구사옥, 보성중학교/조선불교중앙교무원/태고사 터, 수진궁/수진측량학교 터, 용동궁/민겸호 집/숙명여학교 터
피마골 주변의 풍물	일삼옥 설렁탕, 청진동 해장국골목
3·1운동의 현장	보성사 터
민족·사회운동의 현장	기념비전/황성신문 창간사옥, 대한매일신보 창간사옥/중동학교 터, 만민공동회 터, 신간회 경성지회 회관터

4) 종로2가 일대 : 견지동, 관훈동, 경운동, 공평동, 인사동, 종로2가, 관철동

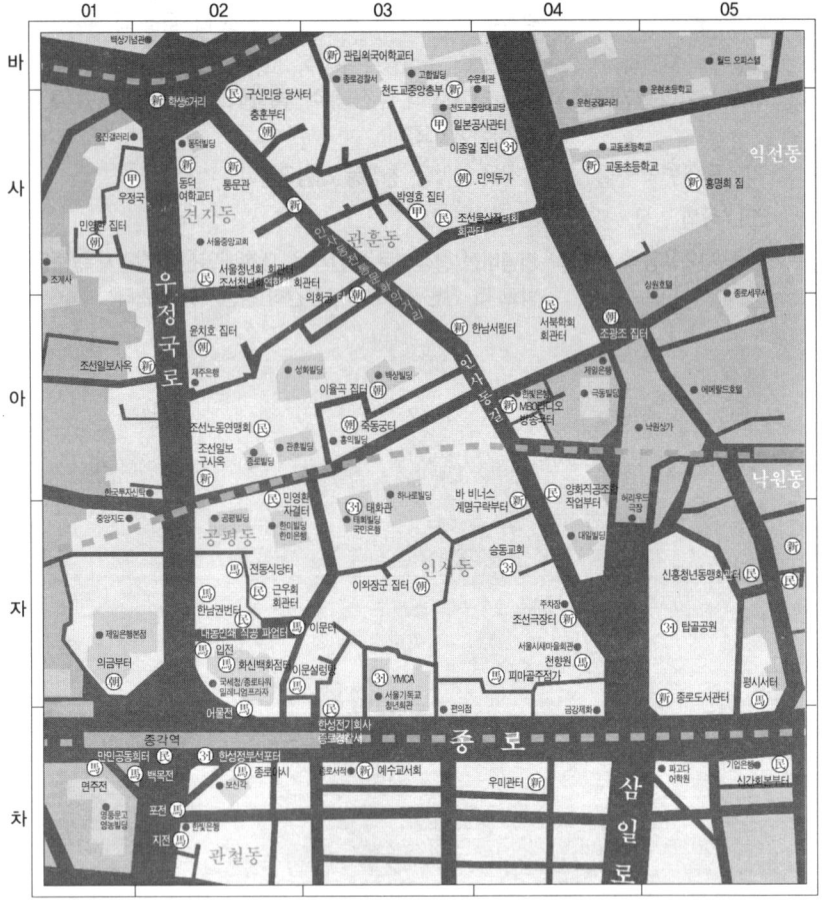

아-07_ MBC 라디오방송국 터(인사동 15)
덕원미술관 자리. MBC 문화방송이 1961년 라디오방송국으로 처음 개국할 당시의 자리다.

자-06_ YMCA회관(종로2가 9)
3·1운동 당시 학생YMCA가 중심이 된 학생단 독립운동의 진원지로,

1927년 2월 신간회의 창립대회가 개최된 장소이기도 하다.

바-06_ 관립외국어학교 터(경운동 90)

종로경찰서 자리. 이 장소는 1895년 「외국어학교령」에 따라 설치된 일어·영어·법어·덕어 학교 등을 1907년 통감부의 방침에 따라 통합하면서 마련된 곳으로, 1911년 외국어학교가 폐지된 이후 1913~22년까지 경성여고보(경기여고) 교사로 사용되었다.

사-07_ 교동초등학교(경운동 18)

낙원상가 북편. 1894년 9월 왕실자녀들에게 신교육을 시키기 위한 왕실학교로 설립되어, 1895년 「소학교령」 반포와 한성사범학교의 설립에 따라 한성사범학교부속소학교로 개편되면서 우리 나라 초등교육의 요람이 된 곳이다.

사-05_ 구 신민당 당사터(관훈동, 인사동길 북쪽 입구)

구 신민당 중앙당부(이문당)가 있었던 자리다. 이문당은 화신백화점의 설계자 박길룡이 설계하여 1943년 건축한 3층 상업건축물로, 1960년대부터 구 신민당의 당사로 14년 5개월간 사용되다가 1978년 철거되었다.

자-05_ 근우회 회관터(공평동 44)

종로외국어학원 뒷골목 남원추어탕 자리. 민족협동전선 신간회의 자매단체로, YWCA 계열과 사회주의 계열의 여성운동 지도자들을 망라하여 출범한 근우회가 있던 자리다.

자-05_ 대동인쇄 직공 파업터(공평동 55)

종로외국어학원 자리. 1920년 11월 복음인쇄소·성문사를 비롯한 세 인쇄소가 합동하여 설립한 대동인쇄주식회사가 있던 자리다. 대동인쇄는 천도교에서 경영하던 보성사가 3·1운동 때 불타 없어진 이후 조선인이 경영하던 가장 큰 규모의 인쇄소로, 족보는 물론 한글로 된 신간 대부분을 인쇄하던 공장이었다. 이 자리에서 1925년 2월과 8월 두 차례에 걸쳐 9시간노동제, 상여금지급 등을 요구하는 문선공들의 파업이 일어났다. 파업은 회사 측의 완강한 태도와 경찰의 개입으로 실패로 끝났지만, 2년 뒤인 1927년 7월 다시 동맹파업에 들어가 산업별 조합인 조선인쇄직공조합은 물론 일반 사회단체와 연대하여 강력한 투쟁을 벌인 결과 임금인상과 노동시간 연장 반대 등 요구조건 모두를 관철시킬 수 있었다. 이렇게 세 차례에 걸친 대동인쇄 직공들의 파업은 노동자들의 조직적 단결역량의 성장과정을 잘 보여주는 1920년대 중반의 대표적 노동쟁의였다.

사-04_ 민영환 집터(견지동 27) / 자결터

조계사 경내 동문안 주차장 자리. 을사조약의 폐기를 상소하고 받아들여지지 않자 자결로써 항거한 대한제국기의 우국지사 충정공 민영환이 살던 집터다. 지금의 한미빌딩 북쪽 길가(아-05 공평동 2)에 있었던 친구 이완식의 집은 그가 자결한 장소로 유명하다.

사-06_ 민익두 가(경운동 66)

천도교 중앙대교당 남쪽에 위치한 한옥주택으로, 건축가 박길룡이 전통 한옥양식과 근대 건축개념을 조화시켜 지은 집이다. 이 곳은 본래 순조비 순원왕후의 동생으로 세도를 휘둘렀던 김좌근의 집터였다. 일제하 경운동 64~66번지 일대에는 당대 최고의 갑부로 유명했던 민영휘, 민대식 부자의 대저택이 자리잡고 있었다.

자-07_ 바 비너스 / 계명구락부 터(인사동 152)

인데코화랑 자리. 여배우 복혜숙이 운영하던 바 비너스Bar Venus가 있던 자리다. 1930년대 카페·다방 등 자본주의 소비문화가 종로로 유입되면서 등장한 비너스는 당시 문인 예술인들의 아지트로 유명하였다. 같은 건물

2층에 있던 계명구락부는 1918년 박승빈 등 지식인 33인의 발기로 창립되어, 기관지 『계명』啓明과 고서를 간행하여 민족문화의 진흥을 꾀하는 한편으로, 음력설 폐지와 두루마기에 고름 대신 단추달기 등 의식주에 걸친 신생활운동을 전개하던 당시 지식인들의 사랑방이었다. 구락부 한켠에서는 조선어학연구회가 조선어사전 편찬작업을 하기도 하였다.

사-06_ 박영효 집터(관훈동 30)
경인미술관 자리. 박영효가 1872년 철종임금의 딸 영혜옹주와 결혼하여 정1품 금릉위에 봉해진 이후 살던 집으로, 개화당 인사들이 모여 갑신정변을 모의하던 주요 거점이었다. 당시 건물은 현재 남산골 한옥마을에 이전 복원되어 있다.

사-05_ 서울청년회 회관터(견지동 80)
서울중앙복음회관 입구. 화요회·북풍회와 더불어 1920년대 전반 사회주의 사상운동의 양대 산맥을 형성했던 서울청년회(1921년 1월 창립)의 회관 자리다. 서울청년회가 이 곳에 둥지를 튼 것은 1925년 6월 무렵부터였는데, 이 허름한 건물에는 서울청년회 계열의 사상단체 사회주의자동맹과 전진회, 폭력단체 적박단, 청년단체 경성청년연합회 등이 함께 입주해 있었다. 당시 서울청년회관에는 이들 단체의 간판과 함께 신생활사라는 간판이 걸려 있었으며, 한때 조선물산장려회와 1925년 8월 조직된 조선프롤레타리아예술동맹(1927년경부터 KAPF로 약칭)이 더부살이를 하기도 하였다.

자-07_ 승동교회(인사동 137)
피마골을 배경으로 성립한 서울의 대표적인 민중교회로 대가집 소실들과 장인 백정들이 모여들어 '첩장교회'란 별명이 붙은 교회다. 3·1운동 전야인 1919년 2월 28일 전문학교 학생대표들이 연희전문 출신의 학생대표 김원벽이 다녔던 이 교회에 모여 학생 조직동원을 최종 점검하고 독립선언서의 배포를 분담하면서, 탑골공원에서의 독립선언식→만세시위로 이어지는 거족적인 민족운동의 발판을 마련하였다.

차-08_ 신간회 본부터(종로2가 45)
탑골공원 맞은편 기업은행 종로지점 앞. 신간회는 전국 120~150여 개의 지회에 2~4만의 회원을 가진 일제하 최대 규모의 민족운동단체이자, '비타협적' 민족주의자들과 사회주의자들의 제휴로 이루어진 대표적인 민족협동전선이었다. 1927년 2월 창립 당시 신간회는 국일관 남쪽에 있던 이갑수의 저택(한성컴퓨터게임장 동편 뒷골목 유일장여관, 관수빌딩 자리) 사랑채를 얻어 회무를 집행하였는데, 그 뒤 종로3가 파출소 뒤편으로 옮겼다가, 1929년 허헌이 위원장이 된 후 이 곳 종로2가 덕원빌딩 2층으로 이전하였다.

아-07_ 양화직공조합 작업부 터(인사동 39)
대일빌딩 북편 성심아트 자리. 1922년 12월 서울 20여 개 양화점 주인들의 공임 인하 담합에 반발하여 일어난 양화직공들의 동맹파업 이후 복직하지 못한 직공들의 생계를 위해 후원자들의 기부를 받아 마련한 양화직공조합 작업부가 있던 자리다.

차-06_ 예수교서회(종로2가 91)
종로서적 동관 대한기독교서회. 기독교 연합의 문서운동 센터인 조선예수교서회와 대영성서공회가 있던 곳이다.

차-07_ 우미관 터(관철동 89)
민속주점 화개장터 자리. 우미관은 1912년 고등연예관이라는 이름으로 문을 연 이래 일본영화를 재상영하거나 외국 대중작품을 개봉하던 2류 영화관이었다. 일본인이 경영하던 이 영화관은 김두한으로 대표되는 종로 주먹패의 본거지로 더 유명하다.

사-05_ 우정국 / 전의감 터(견지동 39-7)

우정국로 초입. 갑신정변의 주무대가 되었던 우정국은 우리 나라 근대 우편제도의 발상지다. 그러나 갑신정변이 1884년 12월 4일(음력 10월 17일) 우정국 낙성식을 기해 일어난 관계로, 정변의 실패와 더불어 이내 그 기능을 상실하고 말았다. 이후 이 건물은 한어학교(중국어학교)의 교사로 사용되었다. 건물 앞에 '전의감 터'라는 표지석이 있어, 우정국이 세워지기 이전 이 곳이 전의감(궁중에서 쓰는 의약품의 공급과 임금이 지시하는 의약에 관한 일을 관장하던 의료행정 및 의학교육의 중추기관) 자리였음을 알려 준다.

자/차-04/05_ 육의전 터

지금의 종로1~3가와 남대문로 일대에는 조선조 국가에서 조성한 시전 행랑들이 줄지어 있었는데, 그 가운데서도 보신각 주변 종로 네거리에는 면주전(명주, 차-04 현 영풍문고 북쪽), 백목전(무명, 차-04 현 영풍문고 동북쪽), 포전(베, 차-05 현 보신각 서쪽), 지전(종이, 차-05 현 보신각 서남쪽), 입전(비단, 자-05 현 삼성생명빌딩 서쪽), 어물전(생선, 차-05 현 삼성생명빌딩 동남쪽) 등 육의전이 자리잡고 있었다.

아-05_ 윤치호 집터(견지동 68)

우정국로 신한은행 종로지점 자리. 독립협회·대한자강회·중앙YMCA 회장을 역임한 대한제국기의 대표적인 개혁정치가 윤치호가 살던 곳이다.

자-04_ 의금부 터(공평동 100)

제일은행 본점 자리. 의금부는 왕명을 받들어 추국을 하고 조정의 커다란 옥사 등을 맡아 처리하던 관서로, 갑오개혁 이후 재판소-평리원으로 직제를 개편하였다. 그리고 일제하에도 재판소로 계속 그 기능을 수행하다가, 1929년 재판소가 정동으로 이전하면서 종로경찰서가 들어왔다. 의금부 맞은편 서린동, 지금의 광주은행빌딩 부근에는 조선조 구금된 죄수의 행형을 관장하는 관서였던 전옥서典獄署(차-04)가 있었다.

아-06_ 의화궁 터(관훈동 192)
성보갤러리 일대. 고종의 다섯째 아들 의친왕 이강이 살던 의화궁 자리로, 임시정부 수립 직후인 1919년 11월 대동단에서 주도한 의친왕 상하이 탈출기도로 세간의 주목을 받은 장소다.

자-05_ 이문 터(인사동 255)
삼성생명빌딩 동북쪽 골목길. 골목안의 집들을 자율적으로 보호하기 위해 세운 일종의 방범초소였던 이문이 있던 자리다.

자-06_ 이완 장군 집터(인사동 222)
하나로빌딩 남쪽 이문식당 주변. 효종 때 북벌계획을 추진했던 이완 장군의 집터다.

아-06_ 이율곡 집터(관훈동 197)
백상빌딩 자리. 조선조의 대표적 유학자 율곡 이이의 집이 있던 곳이다.

사-07_ 이종일 집터(경운동 78)
현 천도교중앙총부 입구. 1919년 2월 27일 밤 보성사(사-04 현 조계사 서편 경내)에서 인쇄한 독립선언서 2만 1천 매를 운반해 와 다음 날 전국 각지로 배포함으로써 전국적인 거사의 발판을 마련한 장소다.

사-05_ 인사동 전통문화의 거리

종로 일대에는 과거 시전의 전통을 배경으로 하여 직조업·목공업·금은세공업 등 가내수공업이 일찍부터 발달하였다. 특히 인사동의 목제장롱은 시골에서도 돈푼이나 있는 집이면 으레 비치할 정도로 손꼽히는 특산명품이었는데, 1930년대에 들어서면서부터는 전통가구뿐 아니라 고서적·고미술품을 취급하는 상가가 이 일대에 들어서기 시작하여 오늘날 인사동 전통문화의 거리를 형성하는 발판이 되었다. 그리고 가내수공업으로 제작하던 금은세공품도 명품으로 꼽혀 국내는 물론 일본 등지로 수출되기도 하였다.

사-06_ 일본공사관 터(경운동 88)

현재의 천도교 중앙대교당 자리는 갑신정변 당시 일본공사관이 있던 자리로, 김옥균 등 갑신정변 주역들이 우정국 개국 축하연 석상에서 거사를 한 뒤 고종을 만나러 창덕궁으로 들어가기에 앞서 일본 측의 지원을 최종 확인하기 위해 들렀던 곳이자, 정변 실패후 일본으로 망명하기 위해 피신을 했던 곳이다.

자-05_ 전동식당 터(공평동 60) / 이문설렁탕 터(인사동 268)

피마골을 배경으로 등장한 전동식당(공평빌딩 뒷골목 정통삼계탕 자리)은 냉면·비빔밥·상밥·대구탕반·갈비 등을 팔던 한식집으로, 1920년대 후반부터 연계탕과 갈비구이를 상품화하여 유행시킨 곳이다. 설렁탕집으로는 그 인근의 이문설렁탕(자-06 삼성생명빌딩 동남편 토속마을순대국 자리)이 유명하였는데, 현재 공평동 47번지로 이전하여 옛 전통을 이어가고 있다.

바-06_ 정우회 회관터(경운동 96)

안국역앞 재동주유소 자리. 정우회는 1925년 조선공산당의 창립과 더불어 그 표현단체로 구성된 화요회·북풍회·조선노동당·무산자동맹의 4

단체 합동위원회가 1926년 4월 발전적 해소를 하면서 출범한 단체다. 특히 사상단체의 통일, 비타협적 민족주의자와의 제휴를 표방한「정우회선언」(1926. 11)은 사회주의진영의 민족협동전선(신간회) 참여를 이끌어 낸 중요한 문건으로 평가를 받고 있다. 같은 번지 내에는 1927년 11월경부터 1929년 8월까지 물산장려회관이 있었다.

자-07_ 조선극장 터(인사동 130)

새마을회관 옆 주차장 자리. 조선극장은 경영주 황원균이 천향원 북편에 엘리베이터에 식당·오락실까지 갖춘 7백여 석 규모의 최신식 3층건물을 신축하고 1922년 11월 개관한 연극·영화 겸용 극장이었다. 조선극장은 최신설비를 바탕으로 영화관 최초로 발성영화를 상영하는 등 서양영화 개봉관으로서도 성가를 높였지만, 그보다는 각종 명창대회와 신극단체의 단골무대로서 우리 문화운동에 크게 기여하였다. 그 가운데서도 특히 1923년 9월 극단 토월회가「카츄샤」(톨스토이의『부활』)를 상연하여 큰 성공을 거두고 우리 나라 신극운동의 횃불을 든 곳으로 유명하다. 근처 승동교회 뒤편의 낙세여관(인사동 142)은 당시 토월회의 임시사무소 노릇을 했던 곳이다.

아-05_ 조선노동연맹회 / 조선노농총동맹 회관터(견지동 88)

관훈빌딩 뒤 대중음식점 백학 자리. 1922년 10월 노동자계급의 단결을 통한 신사회의 건설을 표방하고 등장한 본격적인 노동운동단체 조선노동연맹회의 본부가 있던 자리다. 이곳은 또한 1924년 4월 화요회 계열의 노동연맹회를 주축으로 서울청년회 측의 조선노농대회를 끌어들여 노농운동의 전국적 단일대오로 조선노농총동맹이 출범할 당시의 회관터이기도 하다.

사-06_ 조선물산장려회 회관터(관훈동 30)

경인미술관 앞 청아빌딩 갤러리 Sun & Moon 자리. 1923년 1월 창립 이후 조선청년회연합회 회관을 임시사무소로 사용하던 물산장려회가 그 해 8월 민영휘의 기부로 마련한 회관자리다. 물산장려회의 활동이 사실상 휴무상태에 들어가 1924년 12월 민영휘에게 다시 양도하기까지 1년 4개월 간 회관으로 사용하였다.

아-05_ 조선일보 구사옥(견지동 111)
농협 종로지점 자리. 이 곳은 1920년 창간한 조선일보가 7년 만에 마련한 신축사옥으로 1927년 7월 입주하여 1935년 7월, 태평로 5층 신사옥으로 이전할 때까지 8년간 사용하였다.

사-05_ 조선청년회연합회 회관터(견지동 80)
서울중앙복음회관 입구. 조선청년회연합회는 3·1운동 이후 전국에 걸쳐 우후죽순처럼 생겨난 청년회의 통일적 지도를 위해 결성된 단체로, 1920년 12월 공식 출범할 당시 지금의 세종로 네거리 동화면세점 부근에 회관을 마련하였다가 1922년 무렵 이 곳으로 이전하였다. 1923년 1월 창립한 조선물산장려회의 임시사무소와 1924년 4월 출범한 조선청년총동맹의 창립회관으로도 사용되었다.

자-08_ 종로도서관 터(종로2가 37)
탑골공원 구내 서남쪽. 1919년 이범승이 구 대한제국 군악대 건물을 도서관으로 꾸며 개관하였는데, 재정난으로 인해 1926년 경성부로 이관되어 경성부립도서관 종로분관이 되었다. 종로도서관은 1968년 탑골공원 확장공사로 철거되어 사직공원으로 이전하였다.

차-05_ 종로 야시
일제하 종로대로 남쪽 보신각에서 단성사 맞은편까지 길가에 개설된 간이

시장. 종로에 야시가 개설된 것은 1916년부터로, 4~10월에 걸쳐 밤마다 오후 7시부터 12시까지 긴 노점행렬을 이루며 종로상가를 대표하는 명물로 등장하였다.

아-06_ 죽동궁 / 민영익 집터(관훈동 198)

홍익빌딩 자리. 갑신정변 당시 개화당 자객에게 중상을 당한 민비의 친정 조카 민영익이 살던 집이다. 본래 이 자리는 순조의 첫째 사위 김현근과 명온공주가 살던 집으로 세간에 죽동궁으로 더 잘 알려진 곳이다.

아-05_ 중앙일보 / 조선중앙일보 사옥터(견지동 60)

시사일본어학원 북쪽 평화당주식회사 앞. 중앙일보는 1931년 11월 중외일보의 판권을 인수하여 이 곳에서 창간되었다. 이후 중앙일보는 1933년 여운형이 사장에 취임하면서 제호를 조선중앙일보로 바꾸고, 1937년 11월 폐간당할 때까지 진보적인 색채의 민족여론을 대변하였다.

사-06_ 천도교 중앙총부(경운동 88)

안국역 서남편. 일제하 이 곳에는 천도교 중앙대교당·중앙종리원·수운기념관 등 웅장한 양옥 세 채가 '천도교타운'을 형성하고 있었다. 이 가운데 중앙대교당과 수운기념관은 종로2가 YMCA회관 강당과 더불어 당시의 민족적 여론을 대표하는 각종 집회가 열리던 민의의 마당이었다. 그리고 중앙종리원 건물은 천도교회와 '지상천국의 건설'을 목적하는 천도교청년당, 조선농민사 등 천도교 사회단체의 본부가 입주하여 민족운동의 한 진영을 형성하였다. 이 곳은 『개벽』『조선농민』등 6, 7종의 잡지를 매월 6만여 부씩 발행하는 민족언론의 진앙지이기도 하였다.

사-05_ 충훈부 터(관훈동 118)

가나아트 뒤쪽 일대. 조선조 국가에 공훈이 있던 훈신들의 포상과 공적보존 등의 일을 맡아보던 충훈부忠勳府 자리다.

자-08_ 탑골공원(종로2가 38)

1919년 3월 1일 오후 2시, 학생과 시민들이 운집한 가운데 하루 전 태화관으로 장소를 변경한 민족대표와 별도로 독립선언식을 거행한 장소다. 선언식후 독립만세를 부르고 태극기를 흔들며 가두시위에 돌입하면서 거족적인 민족운동의 시발점이 되었다. 탑골공원은 본래 원각사가 있던 곳으로, 대한제국기 우리 나라 최초의 근대식 공원으로 조성되어 3·1운동의 발화지로서 중요한 역사의 현장이 되었다.

자-06_ 태화관(인사동 154)

태화빌딩 자리. 1919년 3월 1일 오후 2시, 33인 가운데 29인이 참석한 가운데 독립선언식을 거행한 장소다. 이 곳은 본래 반정으로 왕위에 즉위하기 전 인조가 어린 시절을 보냈던 곳으로, 이후 안동김씨 김흥근의 저택, 헌종의 후궁 귀빈 김씨의 순화궁으로 그 주인이 바뀌었다. 그리고 일제가 한국을 강점할 무렵에는 이완용이 살면서 나라를 팔아먹는 역적모의를 하기도 하였다. 그 뒤 명월관 분점 태화관이 자리잡으면서 3·1운동을 맞았고, 이후 감리교회에서 구입하여 태화여자관으로 사용하였다. 지금 이 자리에 세워져 있는 태화빌딩은 태화기독교사회복지관의 회관으로 사용되고 있다.

사-05_ 통문관(관훈동 147)

1934년 인사동길에 문을 연 고서점으로 지금까지 그 명맥을 이어오고 있다. 퇴계 선생의 일기 일부, 월인천강지곡, 독립신문 등을 발굴하여 복간할 수 있도록 한 곳이기도 하다.

자-08_ 팽시서 터(종로2가 40)

탑골공원 옆 종로2가 파출소 동편. 시전에서 쓰는 자·말·저울 등과 물건값의 높고 낮음을 검사하고 관리하던 관아가 있던 자리다.

자-07_ 피마골 주점가 / 동양루 터(자-10 피카디리극장 동편 광장)
일제하 종로 뒷골목을 화려하게 장식하였던 선술집은 당시 조선인의 생활에 걸맞는 서민적 술집으로 각광을 받았다. 1930년대 중반 종로1가에서 동대문까지 뒷골목을 따라 약 220개 정도의 선술집이 성업하였는데, 그 가운데 비교적 규모가 큰 선술집으로 단성사 길건너 서편에 동양루라는 2층집이 유명하였다. 지금도 종로2가 YMCA회관 동쪽 골목길을 따라 즐비한 피마골 주점타운이 예전의 서민적 음주문화의 전통을 이어가고 있다.

자-05_ 한남권번 터(공평동 65)
종로외국어학원 앞 주차장. 1917년 경상·전라 양도의 기생을 중심으로 설립한 기생조합 한남권번이 있던 자리다. 1894년 갑오개혁으로 관기제도가 혁파된 이후 1908년 서울의 관기 출신들을 중심으로 한성기생조합(한성권번의 전신)이 조직되면서 등장한 기생조합은 일제하 일본식 권번으로 바뀌었는데, 한성권번·한남권번·대동권번 등이 대표적이었다.

아-06_ 한남서림 터(관훈동 18)
인사동길 명신당필방 자리. 간송 전형필이 1930년대 문화재 중개상을 시켜 경영하던 고서점으로, 당시 일본으로 반출되던 귀중한 서화와 골동품을 사들이는 거점이었다. 전형필이 한남서림을 통해 수집한 문화재들은 현재 성북동 간송미술관에 소장되어 있다.

차-06_ 한성전기회사 사옥 / 종로경찰서 / 김상옥 의거터(종로 2가 8)
장안빌딩 자리. 1898년 대한제국의 전차·전등·전화 사업을 독점 경영하는 특권회사로 설립된 한성전기회사(1904년 한미합작의 한미전기회사로 변경)의 사옥이 있던 자리다. 이 자리에는 1900년 시계탑이 인상적인 서양식 근대건축물이 들어섰는데, 1909년 회사의 경영권이 일본으로 넘어간 뒤(1915년 경성전기주식회사로 개칭) 사옥을 이전하면서 1929년까지 종로경찰서의 청사로 사용되었다. 일제하 종로경찰서는 숱한 민족운동가들이 체포되어 모진 고문을 당한 장소였다. 1923년 1월 12일 의열단원 김상옥 의사가 종로경찰서에 폭탄세례를 퍼부은 사건은 그러한 면에서 각별한 의미를 갖는데, 그 현장이 바로 이 곳이었다. 따라서 현재 제일은행 본점 앞에 있는 '김상옥 의거터'라는 표지석의 위치는 잘못된 것이다. 종로경찰서가 지금의 제일은행 본점 자리로 이전한 것은 1929년 10월이기 때문이다.

차-05_ 한성정부 선포터

보신각 앞 종로네거리는 3·1운동 직후인 1919년 4월 23일, 뒤에 대한민국 임시정부의 모체가 된 세칭 '한성정부'의 수립을 알리는 국민대회를 개최한 장소로 알려져 있다. 그러나 국민대회는 사실상 무산된 것이나 다름없었다. 1919년 4월 23일 정오, 종로 보신각 앞에서 학생과 시민들이 대대적인 시위운동을 개시함과 동시에 '13도 대표자'들이 봉춘관에 모여 '한성정부' 선포식을 갖기로 했는데, 당일 학생 몇 명이 「국민대회 취지서」와 '정부 선포문건'을 배포하고, '국민대회 공화만세'라는 깃발을 들고 만세를 부르는 데 그쳤다. 그렇지만 이 날 국내 '13도 대표' 25명 명의로 배포된 '한성정부' 선포문건은 대한민국 임시정부 수립 당시 '한성정부'의 법통성을 주장하는 근거가 되었다.

자-05_ 화신백화점 터(종로2가 3)

삼성생명빌딩 자리. 1937년 종로 네거리 길목에 지하1층, 지상6층의 신고전 양식의 대건물을 신축하여 종로상가의 상징이 되었던 곳이다. 1931

년 초라한 2층 벽돌집에 불과했던 화신상회를 인수하여 대형 백화점으로 성장시킨 박흥식은 종로 조선인상권의 마지막 자존심이자 친일자본가라는 두 얼굴을 가진 야누스적인 존재였다.

조선조의 문화유적	민영환 집터, 민익두가, 윤치호 집터, 의금부 터, 의화궁 터, 이완장군 집터, 이율곡 집터, 죽동궁/민영익 집터, 충훈부 터
갑신정변의 현장	박영효 집터, 우정국/전의감 터, 일본공사관 터
신문물의 도입과 종교·문화의 공간	MBC 라디오방송국 터, 관립외국어학교 터, 교동초등학교, 바 비너스/계명구락부 터, 예수교서회, 우미관 터, 인사동 전통문화의거리, 조선극장터, 조선일보구사옥, 종로도서관 터, 중앙일보/조선중앙일보 사옥터, 천도교 중앙총부, 통문관, 한남서림 터
피마골 주변의 풍물	육의전 터, 이문 터, 전동식당 터/이문설렁탕 터, 종로야시, 평시서 터, 피마골 주점가/동양루 터, 한남권번 터, 화신백화점 터
3·1운동의 현장	YMCA회관, 승동교회, 이종일 집터, 탑골공원, 태화관, 한성정부 선포터
민족·사회운동의 현장	구 신민당 당사터, 근우회 회관터, 대동인쇄 직공 파업터, 민영환 자결터, 서울청년회 회관터, 신간회 본부터, 양화직공조합 작업부터, 정우회 회관터, 조선노동연맹회/조선노농총동맹 회관터, 조선물산장려회 회관터, 조선청년회연합회 회관터, 한성전기회사 사옥/종로경찰서/김상옥 의거터

5) 종로3가 일대 : 운니동, 익선동, 낙원동, 돈의동, 묘동, 관수동

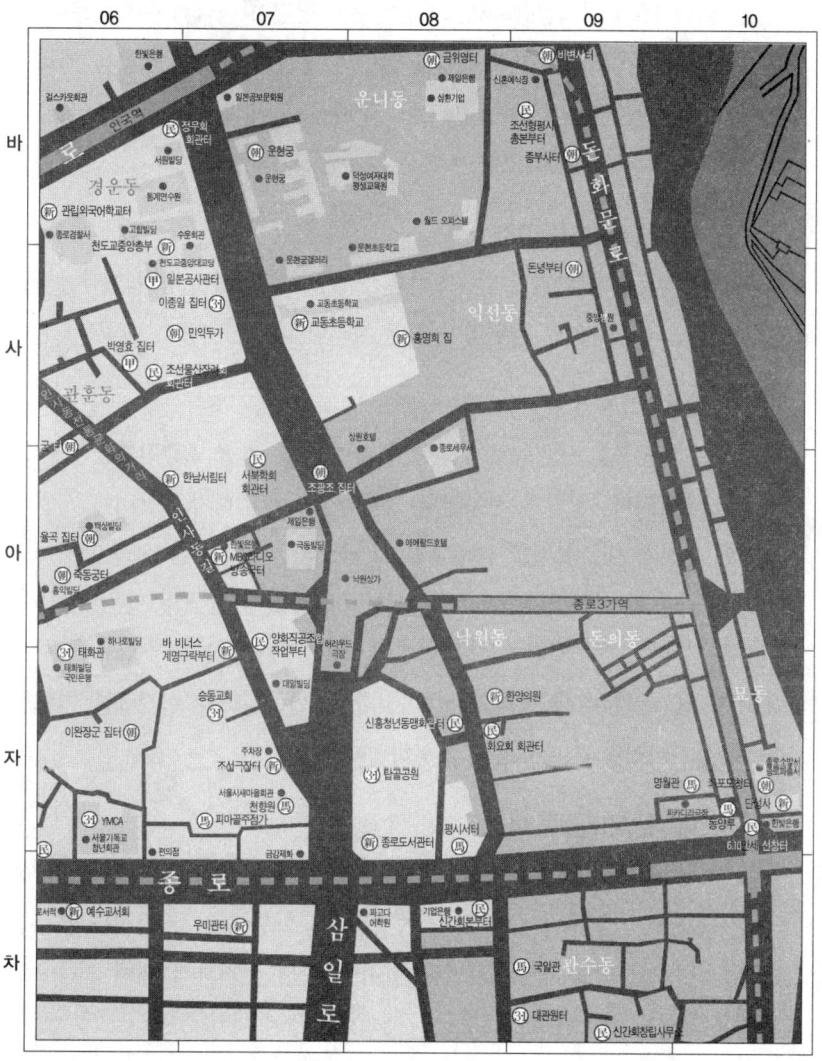

자-10_ 6·10만세 선창터

단성사 앞길. 순종의 장례식날을 기해 서울시내의 각급 학교 학생들을 중

셋째 마당, 문화지도 만들기_307

심으로 전개된 6·10만세운동의 시발점이 되었던 장소다. 1926년 6월 10일 오전 10시 창덕궁을 떠난 순종의 운구행렬이 지금의 돈화문로를 따라 종로에 다다를 즈음 파조교에서 일단의 청년 학생들이 삐라를 뿌리며 독립만세를 선창했는데, 이를 계기로 그 같은 시위가 당일 운구행렬을 따라 수차례에 걸쳐 계속되었다.

바-08_ 금위영 터(운니동 98)

원서공원 맞은편 삼환기업 앞. 조선후기 왕궁호위와 수도방어를 담당하는 중앙 5군영의 하나였던 금위영이 있던 자리다.

자-10_ 단성사(묘동 56)

단성사는 1907년 6월 종로3가 현 위치에 기존 목조 2층건물을 가지고 개관한 극장이다. 설립후 전통연희 전문극장으로 있다가, 1914년 서양식 외형에 일본식 내부설비를 갖춘 1천 석 규모의 극장건물을 신축 개관하면서 신파극을 공연하였다. 이후 단성사의 경영주가 된 박승필은 1918년 건물을 신축하고 영화관으로 특화시켜, 최초의 국산영화 「의리적 구투」 (1919. 10. 27, 현재 영화의 날)를 비롯해 민족영화의 이정표를 마련한 나운규의 「아리랑」(1926) 등을 개봉하였다.

차-09_ 대관원 터(관수동 144)

국일관 뒤 한성컴퓨터게임장 자리. 대관원은 관수동 화교촌에 위치한 중국음식점으로, 1919년 1월 27일 중앙YMCA 학생부 간사 박희도의 주선으로 시내 전문학교 학생대표가 회합하여 학생단 거사에 대해 처음으로 의견을 교환한 장소다.

사-09_ 돈녕부 터(익선동 56)

금호음악당 신축부지 자리. 임금의 외척과 종친들에 관한 사무를 맡아보던 돈녕부가 있던 자리다.

자-10_ 명월관(돈의동145) / 천향원(자-07 인사동110) / 국일관(차-09 관수동21)
지금의 피카디리극장 자리에 있던 요리집(요정) 명월관은 한때 서울 장안의 명물로, 서울오는 관광객은 대개 여기서 한 상 차려놓고 기생의 장구가락에 따라 흘러나오는 수심가 한 자락은 들어야 서울 다녀왔다고 말할 정도였다. 당시 요리집 가운데는 명월관, 천향원(인사동길 초입 인사문화마당 자리), 식도원 등이 일류로 꼽혔는데, 이 근처에서는 저녁 때 어스레해서 전등불이 들어올 때쯤 곱게 화장을 한 기생들이 행렬을 지어 인력거를 타고 각처 요리집으로 향하는 진풍경이 연출되었다고 한다.

바-09_ 비변사 터
창덕궁 돈화문 맞은편 비원주유소 자리. 중종 때 변방 군사문제를 논의하는 임시기구로 설치되어 1555년(명종 10) 상설관아가 된 뒤, 임진왜란 중에 전쟁수행을 위한 최고기관의 역할을 하면서 이후 사실상 의정부를 대신하여 군국사무 전반을 처결하는 정부 최고기구로 그 기능이 확대 강화된 비변사가 있던 자리다.

아-07_ 서북학회 회관터(낙원동 280)
건국주차장 자리. 대한제국 말기 대표적 교육구국운동 단체였던 서북학회의 회관이 있던 곳이다. 한미전기회사 사옥을 본떠 1909년 10월 준공된 3층 양옥의 서북학회 회관은 순연한 한국민의 성금으로 결실을 맺었다는 점에서 남다른 의미를 지녔다. 서북학회가 '한일합병'으로 해산당한 이후 회관건물은 학회에 병설된 사범양성기관 서북협성학교의 후신이라 할 수 있는 오성학교(1910~18)와 협성학교·협성실업학교(1922~40)의 교사로 사용되었다. 이후 서북학회 회관건물은 유석창에게 양도되어 해방후 조선정치학관(건국대의 전신)이 이 곳에서 문을 열었다. 현재 회관건물은 광진

구 모진동 건국대 구내로 이전되어 박물관으로 사용되고 있다.

바-07_ 운현궁(운니동 114)

지하철 안국역 동남쪽. 대원군의 사저 운현궁은 고종이 태어나 즉위할 때까지 어린 시절을 보냈던 곳으로, 대원군 집권 10년간은 물론 개항후 임오군변을 비롯한 정국의 격변 과정에서 세인들의 이목을 집중시켰던 역사의 현장이다. 운현궁의 건물로는 수직사·노안당·노락당·이로당과, 동쪽 덕성여대 평생교육원 구내에 대원군의 손자 이준용이 1910년 무렵에 지은 양관이 남아 있다.

아-07_ 조광조 집터

낙원악기상가 북쪽 건널목 자리. 조선 중종대 도학정치를 표방하며 급진적인 정치개혁을 시도하다 사화로 목숨을 잃은 사림파의 영수 조광조의 집이 있던 자리다.

바-09_ 조선형평사 총본부터(운니동 23)

돈화문로 서편 시티파크호텔 자리. 1923년 4월 진주에서 백정계급의 해방운동단체로 형평사가 처음 조직된 이래, 1924년 8월 대전에서 형평사 통일대회가 개최되면서 출범한 조선형평사 중앙총본부가 있던 자리다. 형평사는 당시 무려 25만의 회원을 갖고 있었던 백정들의 권익단체였다.

바-09_ 종부시 터(묘동 139)

돈화문로 이화회관, 국민은행 돈화문지점 앞. 종부시宗簿寺는 조선조 왕실의 족보를 편찬하고 종실을 관리하던 관청이다.

자-08_ 한양의원(낙원동 143)

종로민속순대타운 뒤쪽. 일제하 의학계의 원로중진 박계양이 운영하던 병원 자리로, 이 곳은 병원도 병원이지만 홍명희 정인보 최남선과 같은 당대 최고의 문사들이 어울리던 장소로 더 유명하다.

사-08_ 홍명희 집(익선동 33-6)

교동초등학교 뒤 주차장 옆 한옥집. 신간회 민중대회사건으로 구속되어 1년 6개월 형을 선고받고 1932년 1월 가출옥한 홍명희가 대하소설『임꺽정』을 집필하던 곳이다.

자-08_ 화요회 회관터(낙원동 173) / 신흥청년동맹 회관터(낙원동 210)

탑골공원 동문밖, 낙원동길 한솥 종로3가점 자리. 서울청년회·북풍회와 1920년대 전반 사회주의 사상운동을 주도하면서 제1차 조선공산당(1925년 4월 창립)의 모체가 되었던 신사상연구회(1923. 7)-화요회(1924. 11)의 사무실이 있던 자리다(1925년 현 허리우드극장 입구 낙원동 289번지로 이전). 화요회는 1924년 2월 북풍회와 제휴하여 청년운동단체로 신흥청년동맹을 조직하고, 이어 노농운동단체로 조선노농총동맹의 결성을 주도하면서 사회주의운동의 헤게모니를 장악해 나갔다.

신흥청년동맹은 창립 당시 관수동 91번지에 사무실을 두었다가, 1925년 9월 한양청년동맹과 함께 인사동 84번지 전 창문사 자리(자-07 현 피마골 주점타운 중간)로 이전한 데 이어, 1929년 현제 탑골공원 동문밖 과거 화요회 회관이 있던 맞은편(자-08 낙원동 210 : 낙원약국 자리)에 자리를 하고 있었다. 이 부근은 대한제국 말기 대표적 자강계몽운동단체였던 대한협회의 회관이 있었던 자리이기도 하다.

조선조의 문화유적	금위영 터, 돈녕부 터, 비변사 터, 운현궁, 조광조 집터, 종부시 터
신문물의 도입	단성사, 한양의원, 홍명희 집
피마골 주변의 풍물	명월관/천향원/국일관
3·1운동의 현장	대관원 터

민족·사회운동의 현장　6·10만세 선창터, 서북학회 회관터, 신흥청년동맹 회관터, 조선형평사 총본부터, 화요회 회관터

4. 역사와 함께하는 테마기행 코스

갑신정변의 자취-북촌 일대

북촌은 우리 나라 근대국가건설운동의 불길을 당긴 갑신정변의 주무대였다. 김옥균 등 정변 주역들의 집과 우정국을 비롯한 정변의 현장들은 개화파의 스승이었던 박규수의 집을 중심으로 반경 300m 안팎의 권역 안에 들어 있었다. 갑신정변은 민중의 지지를 도외시한 결과 '3일 천하'로 끝나고 말았는데, 그것은 정변 주역들이 조선왕조 집권세력의 본거지였던 북촌 출신의 개화 엘리트들이었다는 사실과 무관하지 않다.

3호선 안국역▷ 운현궁-현대사옥(경우궁, 계동궁 터)-헌법재판소(박규수, 홍영식 집터)-정독도서관(김옥균, 서재필 집터)-덕성여고(서광범 집터)-풍문여고(안동별궁 터)-우정국-경인미술관(박영효 집터)-천도교 중앙대교당(일본공사관 터)

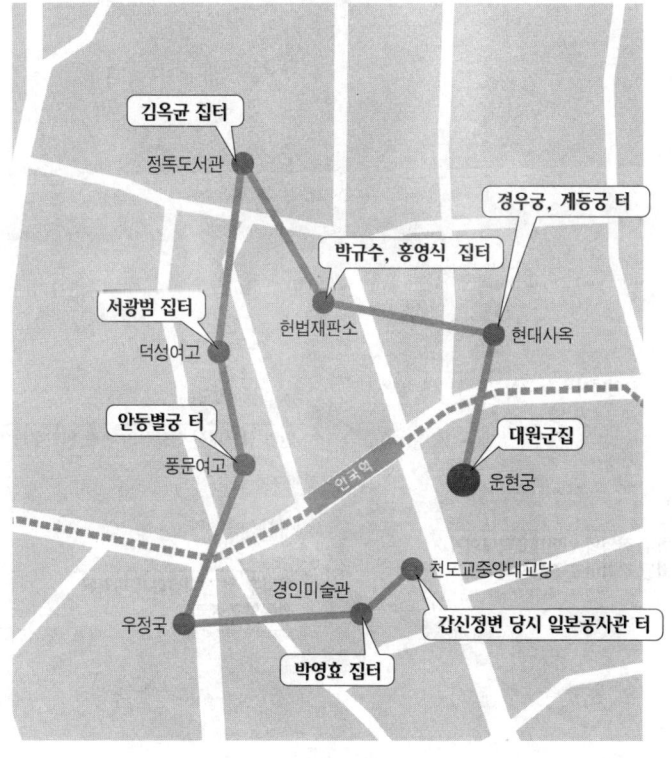

해방후 건국운동의 자취—북촌 일대

계동·재동 일대는 해방 직후 여운형 등 중도좌파와 안재홍 등 중도우파가 연합하여 조선건국준비위원회를 창립하고, 해방후 첫 대중집회를 개최한 건국운동의 진원지이자 미군 진주에 앞서 좌익계열이 전국인민대표자대회를 개최하고 조선인민공화국의 수립을 선포한 역사의 현장이다. 그리고 송진우와 김성수를 중심으로 우익세력을 대표하는 정당으로 한국민주당의 창립 준비작업이 진행된 해방직후 정치 일번지였다.

3호선 안국역▷ 헌법재판소(경기여고 강당터 : 조선인민공화국 선포)−현대사옥 앞마당(휘문중학교 자리 : 건준 첫 집회장소)−산내리 한정식(한학수집 : 고려민주당 창립)−건준 창립본부 터−안동손칼국수(여운형 집)−김성수 집−중앙고−비원빌라(송진우 집터)

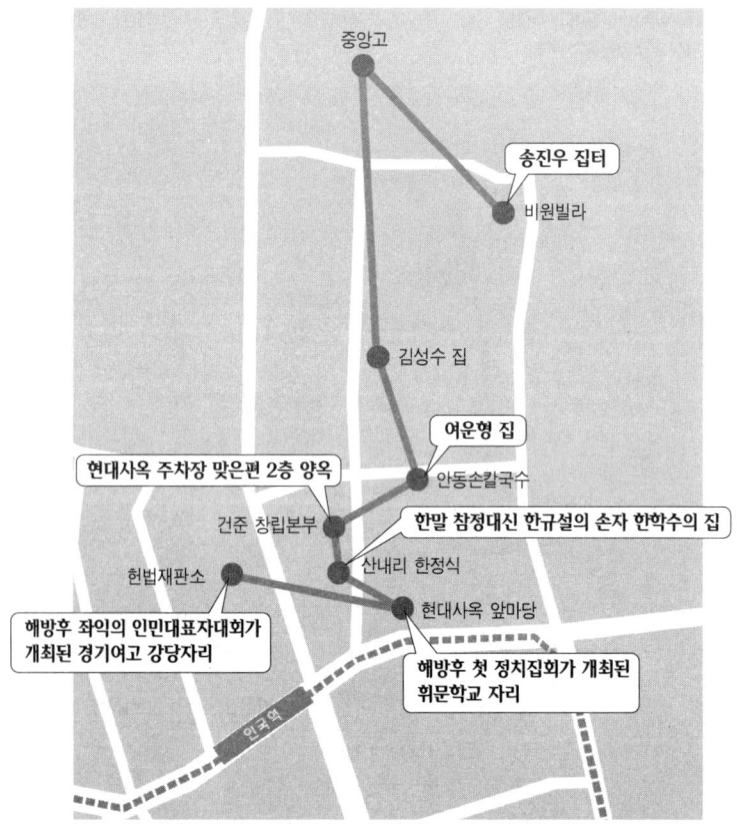

3·1운동의 자취 1 – 북촌 일대

거족적인 독립만세운동으로서 한국 민족주의의 신기원을 이룩한 3·1운동은 종로의 배후지인 북촌 일대에서 모의되어, 거사계획의 진척에 따라 점차 종로거리로 그 중심을 이동하였다. 북촌은 천도교계와 기독교계, 그리고 학생세력을 중심으로 개별적으로 추진되던 거사계획을 일원화하여 거족적인 민족운동으로 분출시킨 3·1운동의 모태와도 같은 곳이었다.

3호선 안국역▷ 김사용 집터(김성수 거처 : 3·1운동 당시 천도교계와 기독교계의 첫 만남)–유심사 자리(한용운 거처)–중앙고(숙직실 터 : 3·1운동 책원지)–손병희 집터–헌법재판소(최린 집터)–정독도서관–김승희 집터(이승훈과 송진우 2차 회합)–덕성여중(3·1운동 당시 천도교중앙총부)–덕성여고(감고당 터 : 6·10만세운동 격문 인쇄)

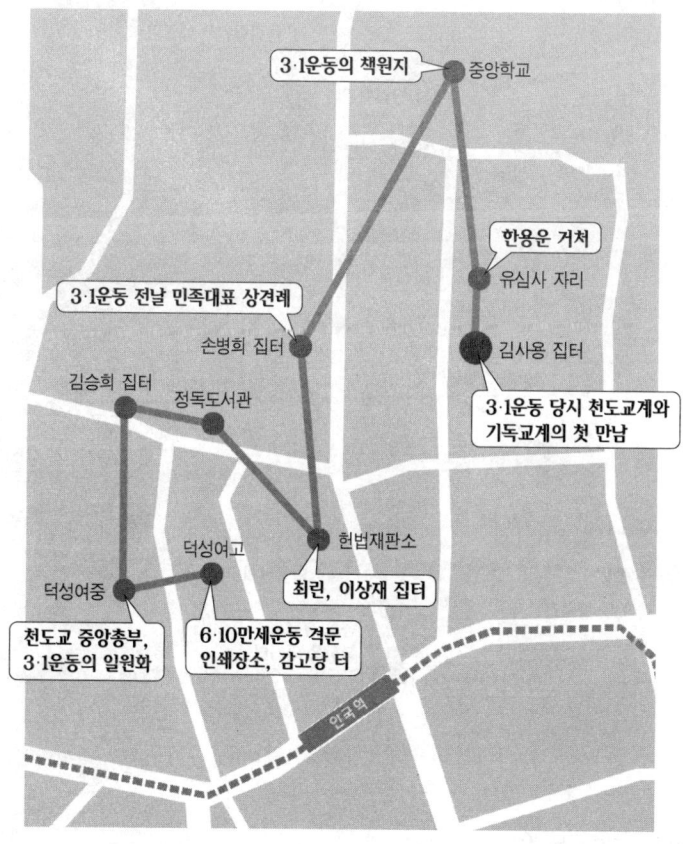

3·1운동의 자취 2 - 종로 일대

3·1운동은 북촌에서 모의되어 탑골공원▷보신각▷기념비전으로 이어지는 종로거리에서 그 역사적 깃발을 올리는데, 그 과정에서 종로는 독립선언서의 인쇄와 배포, 독립선언식과 만세시위가 이어진, 3·1운동의 심장부였다.

1·3·5호선 종로3가역▷ 탑골공원-대관원 터(학생단 독립운동의 책원지)-승동교회(학생단 독립운동의 거점)-이종일 집터(독립선언서 배포터)-경인미술관 앞 청아빌딩(물산장려회관 터)-태화빌딩(태화관 터)-서울YMCA(학생단 독립운동의 모태)-장안빌딩(종로경찰서, 김상옥 의거터)-보신각 앞(한성정부 선포터)-제일은행 본점(재판소 터)-재보험빌딩-연합뉴스빌딩(대한매일신보 창간사옥)-조계사(보성사 터 : 독립선언서 인쇄)

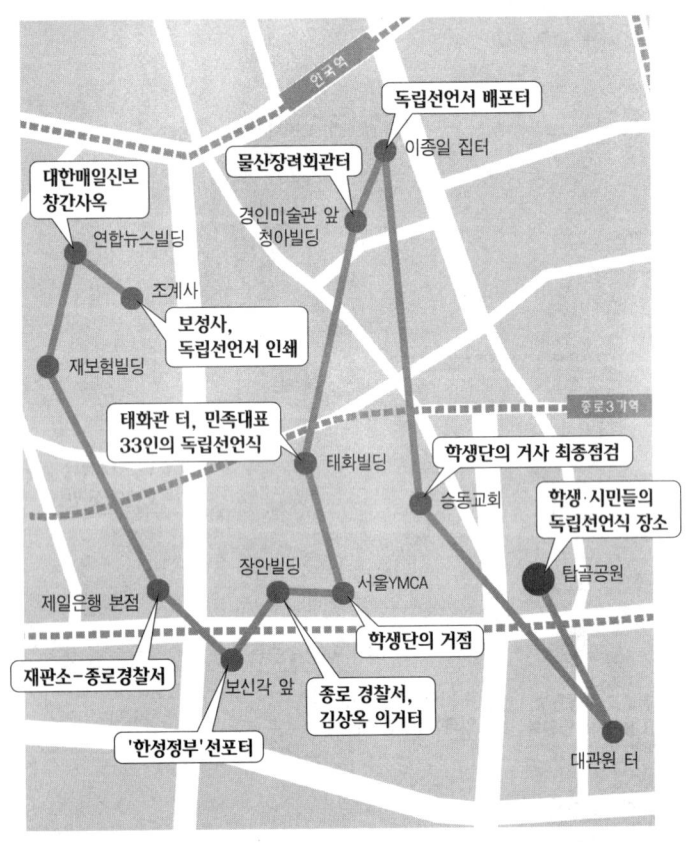

1920년대 사회운동의 자취 - 종로 일대

일제하 종로는 조선인 생활의 중심지이자 민족운동의 주된 거점으로서 각종 사회단체들이 밀집해 있었다. 민족적 정치투쟁과 공고한 단결, 그리고 기회주의의 일체 부인을 표방하며 1927년 비타협적 민족주의자들과 사회주의자들의 민족협동전선으로 출범한, 일제하 최대 규모의 민족운동단체 신간회 역시 예외없이 종로를 그 근거지로 삼고 있었다.

3호선 안국역▷ 북풍회 회관터-SK 재동주유소(정우회 회관터)-서원빌딩(김찬 집터 : 조선공산당 창립의 주역)-홍명희 집-화요회 회관터(1924, 1925)-신흥청년동맹 회관터(1929)-신간회 본부터-신간회 창립 사무소-피마골 주점타운(신흥청년동맹, 1925)-서울YMCA(신간회 창립대회)-장안빌딩(종로경찰서 터)-종로외국어학원(대동인쇄 직공 파업터)-근우회 회관터-조선노동연맹회·조선노농총동맹 회관터-농협 종로지점(조선일보 구사옥)-서울중앙복음관 입구(조선청년회연합회·조선청년총동맹 창립본부터, 서울청년회·전진회·KARF 회관터)-평화당주식회사 앞(중앙일보·조선중앙일보 사옥터)-서울관광호텔 뒤(조선지광사 터)-신간회 경성지회 회관터

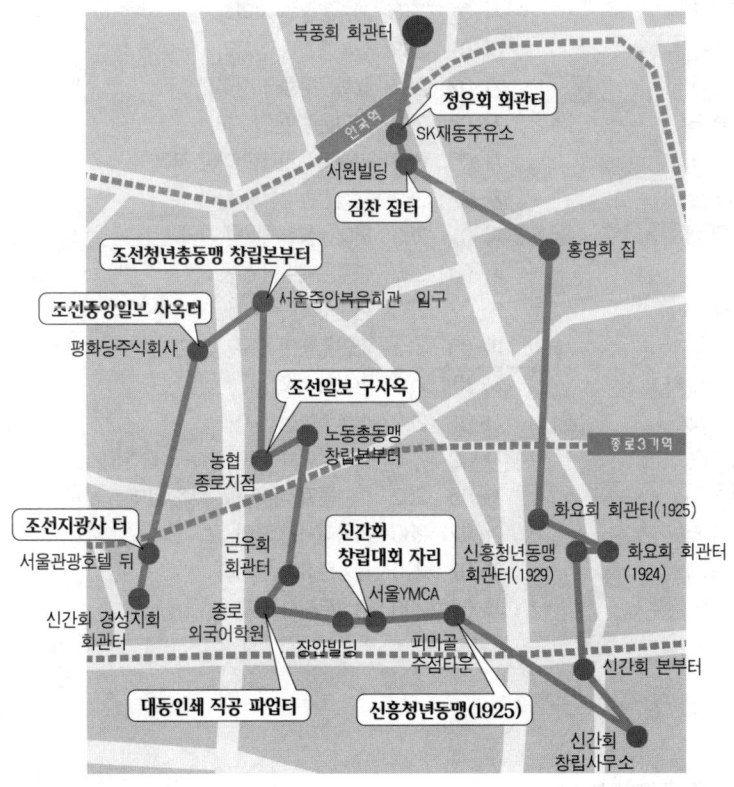

5. 주제별 색인

1) 조선조의 문화유적

관 청 터

공조 터	자-01	286	세종문화회관 자리
관상감 터	마-07	280	현대사옥 구내 동남편
규장각 터	라-03	275	경복궁 동편 국군서울지구병원 자리
금위영 터	바-08	308	원서공원 맞은편 삼환기업 앞
기로소 터	자-02	286	교보빌딩 자리
돈녕부 터	사-09	308	금호음악당 신축부지
병조 터	아-01	287	세종로공원 자리
비변사 터	바-09	309	창덕궁 돈화문 맞은편 비원주유소 자리
사간원 터	마-03	276	경복궁 맞은편 갤러리 현대 부근
사헌부 터	사-01	288	세종로공원 자리
예조 터	사-01	288	정부종합청사 자리
우포도청 터	차-02	289	광화문우체국 자리
의금부 터	자-04	297	제일은행 본점 자리
의정부 터	사-02	289	광화문 시민열린마당 자리
이조 터	사-02	289	문화관광부청사 자리
장예원 터	자-01	289	현대해상화재빌딩 자리
전옥서 터	차-04	298	광주은행빌딩 부근
제생원 터	마-07	283	현대사옥 구내 서남편
종부시 터	바-09	310	국민은행 돈화문지점 앞
좌포도청 터	자-10	289	단성사 자리
중추부 터	사-01	289	정부종합청사 자리
중학 터	사-02	290	한국일보사 뒤편 중학동 83 일대
충훈부 터	사-05	302	인사동길 가나아트 뒤쪽 일대
한성부 터	아-02	290	미국대사관 자리
형조 터	아-01	290	세종문화회관 자리
호조 터	자-02	290	광화문전화국 자리

집 터

감고당 터	마-05	275	덕성여고 교정 북편
민영환 집터	사-04	294	조계사 경내 동문안 주차장 자리
민익두 가	사-06	294	천도교 중앙대교당 남쪽
성삼문 집터	라-05	276	정독도서관 입구
운현궁	바-07	310	지하철 안국역 동남편
윤치호 집터	아-05	297	우정국로 신한은행 종로지점 자리
의화궁 터	아-06	298	인사동길 성보갤러리 일대
이완장군 집터	자-06	298	하나로빌딩 남쪽 이문식당 주변
이율곡 집터	아-06	298	관훈동 백상빌딩 자리
정도전 집터	아-03	289	종로구청 일대
조광조 집터	아-07	310	낙원악기상가 북쪽 건널목 자리
죽동궁 / 민영익 집터	아-06	302	홍익빌딩 자리

2) 갑신정변의 현장

경우궁 옛터	마-07	280	현대사옥 앞마당
계동궁 터	마-07	280	현대사옥 앞마당
김옥균 집터	라-05	275	정독도서관 구내 동남쪽
박규수 집터	미-05	281	헌법재판소 구내 서북쪽 재동 백송 자리
박영효 집터	사-06	295	인사동길 동쪽 경인미술관 자리
서광범 집터	마-05	276	덕성여고 교정 남쪽
안동별궁 터	바-05	277	풍문여고 자리
우정국 / 전의감 터	사-05	297	우정국로 초입
일본공사관 터	사-06	299	천도교 중앙대교당 자리
취운정	가-06	277	감사원 · 삼청동우체국 일대
홍영식 집 / 제중원 터	마-05	283	헌법재판소 구내 서북쪽

3) 신문물의 도입과 종교·문화 공간

신식학교

관립외국어학교 터	바-06	293	종로경찰서 자리
교동초등학교	사-07	293	낙원상가 북편
수진궁 / 수진측량학교 터	아-04	288	거양빌딩 자리
용동궁 / 민겸호 집 / 숙명여학교 터	아-03	288	대한재보험빌딩 자리
종로도서관 터	자-08	301	탑골공원 구내 서남쪽
학생 6거리	사-05	277	안국동로터리

언론기관

동아일보 구사옥	차-02	286	동아일보 일민미술관 자리
조선일보 구사옥	아-05	301	우정국로 농협 종로지점 자리
중앙일보 / 조선중앙일보 사옥터	아-05	302	시사일본어학원 북쪽 평화당주식회사 앞

종교공간

각황사 터	사-04	285	조계사 서편 '숙명여학교 옛터' 표지석 자리
보성중학교 / 보성사 / 조선불교중앙교무원 / 태고사	사-04	287	조계사 자리
예수교서회	차-06	296	종로서적 동관 대한기독교서회
천도교 중앙총부	사-06	277	지하철 안국역 서남편

문화예술공간

MBC 라디오방송국 터	아-07	292	인사동 덕원미술관 자리
바 비너스 / 계명구락부 터	자-07	294	인데코 화랑 자리
인사동 전통문화의 거리	사-05	298	인사동길
통문관	사-05	303	인사동길 북편 초입
한남서림 터	아-06	304	인사동길 명신당필방 자리
한양의원	자-08	310	탑골공원 문밖 종로민속순대타운 뒤쪽
홍명희 집	사-08	311	교동초등학교 동편 뒷골목 주차장 옆 한옥집

극장 · 영화관

단성사	자-10	308	지하철 종로3가역 앞
우미관 터	차-07	296	종로2가 민속주점 화개장터 자리
조선극장 터	자-07	300	인사동길 새마을회관 옆 주차장 자리

4) 피마골 주변의 풍물

시전의 전통과 그 파장

육의전(면주전, 백목전, 포전, 지전, 입전, 어물전) 터	자/차-04/05	297	종로 네거리 일대
종로야시	차-05	301	보신각~단성사 맞은편 남쪽 길가
평시서 터	자-08	303	탑골공원 옆 종로2가 파출소 동편
화신백화점 터	자-05	305	삼성생명빌딩 자리

음식점과 선술집

동양루 터	자-10	304	피카디리극장 동편 광장
이문 터	자-05	298	삼성생명빌딩 동북쪽 골목길
이문설렁탕 터	자-06	299	삼성생명빌딩 동남편 토속마을순대국 자리
일삼옥설렁탕 터	자-02	290	교보빌딩 동남편 시대패션 자리
전동식당 터	자-05	299	공평빌딩 뒷골목 정통삼계탕 자리
청진동 해장국골목	자-03	290	종로1가 청진동길
피마골 주점가	자-07	304	종로2가 YMCA회관 동편 골목길

요리점과 기생

국일관 터	차-09	309	국일관 드림팰리스 자리
명월관 터	자-10	309	피카디리극장 자리
천향원 터	자-07	309	인사동길 남쪽 초입 서울시 새마을회관 자리
한남권번 터	자-05	304	종로외국어학원 앞 주차장 자리

5) 3·1운동의 현장

YMCA회관	자-06	292	서울기독교청년회관
김성수 거처	다-07	281	중앙고 앞길 대동상고 진입로 옆집
김승희 집터	라-04	275	국군서울지구병원 동북쪽 정독식당 앞
대관원 터	차-09	308	관수동 국일관 뒤 한성컴퓨터게임장 자리
보성사 터	사-04	287	조계사 서편 경내
손병희 집터	라-06	276	가회동사무소 북편
승동교회	자-07	295	인사동길 남쪽 초입
이종일 집터	사-07	298	경운동 천도교중앙총부 입구
중앙고보	가-07	283	계동 1번지
천도교 중앙총부 / 보성전문	마-04	277	덕성여중 자리
최린 집터	마-06	283	헌법재판소 구내 동북쪽
탑골공원	자-08	303	종로2가
태화관	자-06	303	태화빌딩 자리
한성정부 선포터	차-05	305	보신각 앞 종로네거리
한용운의 거처	다-07	282	계동 중앙고 진입로변 중앙탕 옆골목 두 번째 집

6) 민족·사회 운동의 현장

자강계몽운동

기호학교 / 중앙학교 / 동아일보 창간사옥 터	라-05	275	정독도서관 남쪽 아트숍 경(敬)
대한매일신보 창간사옥 / 중동학교 터	사-03	286	연합뉴스빌딩 자리
만민공동회 터	차-05	287	종각역 영풍문고 앞 종로 네거리
민영환 자결터	아-05	294	한미빌딩 북쪽 길가
서북학회 회관터	아-07	309	극동빌딩 북편 건국주차장 자리
기념비전 / 황성신문 창간사옥	자-02	286	세종로 네거리

실력양성운동과 의열투쟁

송학선 의거터	마-08	282	창덕궁 서쪽 금호문 앞
조선물산장려회 회관터	사-06	300	경인미술관 앞 청아빌딩 자리
조선청년회연합회 회관터	사-05	301	견지동 우정국로변 서울중앙복음회관 입구
한성전기회사 사옥 / 종로경찰서 / 김상옥 의거터	차-06	304	YMCA옆 장안빌딩 자리

노동운동 · 형평운동

대동인쇄 직공 파업터	자-05	293	종로외국어학원 자리
양화직공조합 작업부 터	아-07	296	대일빌딩 북편 성심아트 자리
조선노동연맹회 / 조선노농총동맹 회관터	아-05	300	관훈빌딩 뒤 대중음식점 백학 자리
조선형평사 총본터	바-09	310	돈화문로 서쪽 뒷골목 초입 운니동 시티파크 호텔 자리

사회주의 사상운동

북풍회 회관터	마-06	281	한국병원 남쪽 자현당표구사 부근
서울청년회 회관터	사-05	295	우정국로변 서울중앙복음회관 입구
신흥청년동맹 회관터	자-08	311	탑골공원 동문밖 낙원약국 자리
화요회 회관터	자-08	311	탑골공원 동문밖 낙원동길 한솥 종로3가점 자리

신간회운동

6 · 10만세 선창터	자-10	307	단성사 앞길
근우회 회관터	자-05	293	종로외국어학원 뒷골목 남원추어탕 자리
신간회 경성지회 회관터	자-04	288	서울관광호텔 남편 잉글랜드양복점 자리
신간회 본부터	차-08	296	시사영어사빌딩 기업은행 종로지점 앞
이상재 집터	마-06	282	헌법재판소 구내 동북쪽
정우회 회관터	바-06	299	지하철 안국역 앞 재동주유소 자리

해방후 건국운동과 정치운동

건국준비위원회 창립본부	마-07	280	현대사옥 주차장 맞은편 2층 양옥
구 신민당 당사터	사-05	293	인사동길 북쪽 입구
송진우 집	나-08	281	창덕궁 후원 서편 중앙고로 좌회전하는 길목 비원빌라 자리
여운형 집	라-07	282	현대사옥 북편 안동손칼국수 자리
전국인민대표자대회 터	마-06	282	헌법재판소 자리

찾아보기

가

각황사 50
간송미술관 260
감고당 24
갑신정변 18, 49, 177, 200, 202, 210, 233
갑오개혁 49
개국기원절 33
개벽(사) 95, 96, 205, 206
개화사상 233
건국대학교 196
건국준비위원회(건준 창립본부) 179, 209, 215, 217, 218
건국치안대 218
게일(J. S. Gale) 146
경교장 125, 127, 128, 130
경기감영 124
경기고등학교 18, 19, 50, 86, 108
경기여고 20, 22, 86, 108, 230, 235
경성노동연맹 64
경성방직회사 59
경성부 명세신지도 20, 22, 43
경성부 지형명세도 20, 23
경성부 청사 68
경성부관내 지적목록 20, 23, 150
경성신문 30
경기여고보 → 경기여고
경성여상 86
경성인쇄직공조합 64, 86

경성일보 95
경성제일고보 → 경기고등학교
경신학교 144, 146
경우궁 209, 210
경운궁 → 덕수궁
경위원(警衛院) 94
경인미술관 19, 202
계동궁 209, 211
계동소학교 193
계명구락부 96, 256, 259
고려공산동맹 57
고려민주당 215
고종즉위 40년 칭경 기념비전(稱慶紀念碑殿) 30
관민공동회 31, 45, 255
관상감 210
관철여관 101
광무대 98, 104, 118
광혜원 22, 38, 138, 144, 159, 230, 233, 235
교동초등학교 87, 97, 193
국문동식회 30
국일관 102
권동진 62, 64
극예술연구회 101, 254
근우회 64, 93
근화여학교 → 덕성여고
기생조합 103, 115, 246
기생촌 104

찾아보기_325

기포드(D. L. Gifford) 137, 141
기호학교(중앙학교) 43, 50
기호흥학회 42, 194
김구 110, 125, 127, 128, 142
김규식 44, 125, 128, 142, 145, 146
김기전 205
김기진 96, 100, 112, 117, 118, 253
김덕창 84
김동인 95, 117
김두한 101
김마리아 141, 143
김병로 63, 215
김복진 100, 117
김사국 53, 57
김상옥의 의거 67
김성수 50, 93, 111, 221, 223, 225
김순애 142
김억 95
김영섭 162
김영팔 117
김옥균 18, 200, 202, 230
김원벽 52, 255
김윤방 141
김윤오 142
김찬 56, 111
김태준 97
김필례 141
김필순 142
김함라 141

김활란 141, 162

나

나도향 95, 117
나운규 99, 243
낙세여관 100
낙원회관(카페) 74, 75, 114
남궁억 29, 30, 34
남궁혁 142
남대문교회 117
남산골 한옥마을 21, 202
노정일 94
농상공학교 31

다

다동조합 103, 246
다방
　멕시코 75
　제비 75, 259
단성사 78, 98, 99, 118, 242
달성교회 → 상동교회
당구장 75
대관원 52, 83
대동권번 103
대동인쇄주식회사 85, 86
대성학교 36
대영성서공회 91
대동권번 103

대학로 69
대한국민의회 53
대한매일신보 37, 94, 110
대한민국 임시의정원 53
대한민국 임시정부 125, 127
대한애국부인회 142
대한자강회 34, 44
대한협회 34, 44
대한황성신문 → 황성신문
덕성여고 21, 86
덕수궁(경운궁) 134, 127, 171, 173
　　석조전 174
　　수옥헌 173
　　중명전 172, 173
덕원빌딩 63
도티(S. A. Doty) 141
독립공원 109
독립관 28, 109, 148
독립문 28, 109
독립신문(사) 29, 167, 168, 169
독립협회 26, 148, 160
　　평양지회 146
동덕여학교 59, 86
동순태빌딩 94
동아부인상회(동아백화점) 76, 77
동아일보 54, 62, 93
동양루 81, 244, 248
동양염직주식회사 84

라

러시아공사관 133, 134, 135, 138
러시아대사관 159, 163
레닌주의동맹 58

마

마산동 자기회사 36
마펫(S. A. Moffett) 138, 145
만민공동회 45, 53, 110
만수성절 33
매일신보 32, 94
매천야록 44
명동성당 44, 138, 208
명성왕후 민씨 187, 189, 211
명월관 55, 102, 118, 244
명제세 59, 60, 112
모던 보이 73, 76, 81
무산자동맹회 56
무어(Samuel F. Moore) 91, 254
문일평 23, 24, 108, 230
문화주택 82
미국공사관 133, 136, 138, 169, 173
미쓰코시 백화점 76, 105
민규식 77
민대식 20, 82, 97, 203
민영익 108, 211, 233, 235
민영환 27, 147

민영휘(민영준) 20, 59, 77, 82, 203, 211, 213
민익두 가 204
민찬호 166
밀러(F. S. Miller, 閔老雅) 145

바

박규수 23, 24, 229, 230, 233
박동완 162
박문서관 88
박서양 255
박성춘 45, 255
박승목 100
박승빈 96, 259
박승필 98, 99, 118, 243
박승희 118, 253
박영교 230
박영효 19, 50, 93, 108, 110, 202, 222
박영희 95, 96, 117
박은식 37
박인덕 156, 157
박제순 108, 172
박종화 95, 117
박지원 177, 230
박헌영 230, 236
박흥식 77
방응모 94
방정환 205

배재공원 163
배재학당 29, 31, 136, 146, 159, 160, 163
   산업부 165, 168
   삼문출판사 29, 168
백록동 24
백범기념관 130
백조 95
법어(法語)학교 37, 43
베델(E. T. bethell, 裵說) 37
보성사 41, 52, 204
보성소학교 42
보성전문학교 86
보성학교(보성고보) 37, 41, 50, 92, 196
보신각 66
복혜숙 100, 253, 256
북촌 18, 25, 45, 49, 66, 123, 176, 220
북촌 한옥마을 223, 237
북풍회 56, 58, 67
비너스(바) 75, 114, 256

사

사사관리서(寺社管理署) 91
사이토 마코토(齊藤實) 54, 113, 133
4·19도서관 131, 132
4·19묘지 131
사회주의자동맹 57, 112
3·1운동 49, 66, 204, 205, 220,

225, 236, 255, 260
삼천리(사) 95
상동교회 38
상동청년회 39, 110
새문안교회 117, 138, 139, 142, 158
색주가 81, 250
서광범 21, 202, 230
서대문(돈의문) 26, 28, 33, 133
서병호 142
서북학회 40, 72, 194, 198
서북협성학교 41, 195
서상륜 139
서우학회 → 서북학회
서울청년회 55, 56, 58, 59, 64, 67, 96, 112
서재필 19, 26, 27, 29, 31, 108, 146, 148, 166, 169
선술집 81, 247
세브란스병원 117
세창양화점 84, 86
소년(잡지) 39
소래(松川)교회 139, 142
손병희 52, 204, 205, 208, 223, 225
손정도 157, 162
손탁(Antoinette Sontag) 147
손탁호텔 27, 147, 148, 149, 150, 172
송계백 50, 221, 225
송병준 94, 103, 119

송진우 50, 93, 217, 221, 223, 225
수운기념관 88, 90, 205, 208
숙명여고보 86
스크랜튼(Mary F. Scranton) 대부인 152, 159
승동예배당 52, 91, 117
시구개수사업 72
시대일보 94
시병원(施病院) 38, 159, 160
시전(市廛) 61, 70, 83
시천교당 56, 59
식도원 102, 246
신간회 60, 62, 64, 67, 93, 237
　경성지회 63, 64
　민중대회사건 97
신문관 39
신민(잡지) 95
신민회 36
신석우 62, 94
신채호 37, 89
신흥우 32, 53, 166
신흥청년동맹 56, 64, 111
심우섭 101, 220
심훈 101, 117, 220

아

아관파천 133, 135, 147, 148
아리랑(영화) 99
아서원 119

아소정(我笑亭) 184
아어(俄語)학교 37
아펜젤러(H. G. appenzeller) 27, 31, 147, 158, 159, 160, 165, 168
안경수 28, 29, 109, 148
안광천 58, 96
안동교회 50, 117, 177
안석영 99, 100, 253
안석주 117
안순환 102, 119, 244
안재홍 62, 94, 216
안종화 99, 118
안창호 32, 36, 54, 142, 145, 146, 166, 167
안희제 94
앉은술집 81, 249
알렌(H. N. Allen) 138, 144, 159, 235
양기탁 36, 37
양명 57
양홍묵 32, 166
양화직공조합 85
양화진 26, 109, 123
  외국인 묘지 123
언더우드학당 141, 144, 145, 146
언더우드(H.G. Underwood, 元杜尤) 27, 136, 138, 139, 144, 145, 146, 147, 158
엘러스(A. J. Ellers) 141
엡윗청년회 39, 110, 160

여운형 94, 209, 215, 216, 218, 230, 236
연동 91, 117
연동교회 146
연동여학교 → 정신여고
연동(연못골, 蓮池洞) 선교기지 141, 146
연정회 113
연학년 100, 117
열빈루 102
염상섭 95, 117
영보빌딩 77
영화의 날 99
예원학교 137, 173
예종석 93, 115
오긍선 32
오상순 95
오성학교 196
오세창 259
올링거(F. Ohlinger) 165, 168
왜성대 68
외아문 22, 108, 233
우미관 98, 101, 114
우순청(右巡廳) 30
우정국 200, 210, 233, 235
운종가 70
운현궁(雲峴宮) 49, 177, 179, 181, 193
  경근문(敬覲門) 180, 193
  경송비(慶松碑) 190
  공근문(恭覲門) 180, 193

노락당(老樂堂)　180, 187
　　노안당(老安堂)　180, 183
　　노안당 서행각(西行閣)　186
　　수직사(守直舍)　181
　　아재당(我在堂)　183, 184
　　양관(洋館)　193
　　이로당(二老堂)　180
원세훈　215
원흥사(元興寺)　91
유각경　141
유관순　141, 155, 157
유길준　43
유심(사)　52, 224
유진태　64, 94
육군위생원 건물　43
6·10만세운동　225
육영공원　37
윤치호　27, 28, 29, 30, 34, 44, 147, 169
윤효정　34, 108, 200
융희학교　43
은근짜　76, 116
을미사변　133, 148
의금부　66
의리적 구투(영화)　99, 243
의화궁　82
이갑　42, 196
이갑수　113
이경손　75, 99

이광수　96, 113, 117
이규갑　53
이기붕　131
이동녕　36, 110
이문안설렁탕　80, 260
이범승　88
이상　75, 256
이상재　27, 30, 44, 53, 62, 94, 230, 237
이상협　93, 94
이상화　95, 117
이서구　100, 118
이승만　32, 53, 125, 131, 166, 167
이승훈　50, 93, 221, 222, 223
이시영　131
이영　57, 220
이완용　27, 147, 172, 228
이용구　90
이용익　196
이종일　52, 204
이종호　41, 42, 196
이준　39, 110
이토 히로부미(伊藤博文)　150, 171
이필주　162
이호　117
이화여고 심손기념관　138
이화여전　154
이화장　131
이화학당　29, 141, 146, 151, 152,

154, 155, 159, 160
메인 홀 153, 155
백주년기념비 152, 154
보구여관(保救女館) 159
심손기념관 138, 143, 154
유관순기념관 155, 156
프라이 홀 151, 154
이회영 39
인사동 전통문화의 거리 83, 97, 240, 259, 265
2 · 8독립선언 50, 142, 225
인사문화마당 252
일본공사관 20, 200, 202, 210
일삼옥설렁탕 80
일월회 58, 96
일진회 90
임오군변 185, 200
임용상 216, 218
임화 117

자

장산(사) 60
장안빌딩 220, 263
장지연 30, 34
장한몽(신파극) 98
재동 백송(白松) 23, 230, 233
재미대한애국부인회(槿花會) 143
적십자병원 124, 127
전덕기 36, 39, 110

전동식당 80, 263
전영택 95, 114, 117
전진회 57
전차 72
전형필 97, 259
정독도서관 18
정동 25, 45, 91, 123
정동감리교회 146
정동교회 29, 157
정동구락부 26, 147, 148, 150
정동여학교 → 정신여고
정동장로교회 → 새문안교회
정동제일감리교회 29, 146, 157, 158, 159, 160, 162
정백 57, 220
정세권 60
정신여고 141, 142
정우회 56, 58, 67, 96
정인보 89
정지용 101
제국신문사 34
제생원 210
제용감 31
제중원 38, 138, 144, 159, 235
조계사 42, 117
조계종 117
조대비(익종비) 185
조만식 94
조병옥 94, 157, 215

조선건국준비위원회 → 건국준비위원회
조선공산당 55, 62
　　ML당 58, 67
조선광문회 40, 96
조선교육협회 58, 112
조선권번 103
조선그리스도인회보 168
조선극장 99, 100, 101, 252
조선기독교청년회(YMCA)연합회 91
조선노농대회준비회 57
조선노동당 56, 64
조선노동연맹회 56, 85
조선노동총동맹 56
조선농민사 64, 91, 205
조선도서주식회사 85
조선물산장려회 57, 59, 64, 67, 84,
　　112, 113, 208
조선민립대학기성회 58
조선민흥회 60, 67, 113
조선불교중앙총무원 92
조선불교청년회 64, 92
조선야소교서회 91
조선야소교연합공의회(KNCC) 91
조선어학연구회 97, 259
조선어학회 97
조선여자기독교청년회(YWCA) 141
조선영화예술협회 99
조선은행 28, 148
조선인민공화국 230, 236

조선일보 54, 62, 86, 93, 97
조선중앙기독교청년회(종로 YMCA) 42,
　　43, 59, 63, 64, 72, 76, 84, 88,
　　91, 196, 208
　　중앙 YMCA학관 86
조선중앙일보 94
조선지광(사) 58, 67, 95, 96
조선지주식회사 83
조선청년총동맹 57, 112
조선청년회연합회 55, 56, 59, 112
조선총독부 68, 202
조선프롤레타리아예술동맹(KAPF) 57, 64,
　　96
조선헌병대사령부 → 남산골 한옥마을
조선형평사 64, 82
조성환 110
조정윤 42, 196
존스(G. H. Jones, 趙元時) 165
종교예배당 91
종로 백목전 31, 53
종로 보신각 53
종로 야시 78, 79, 115
종로경찰서 65, 66, 67, 115
종로도서관 88, 116
종현 천주교당 → 명동성당
주시경(주상호) 30, 32, 166
주요한 94, 95, 117
중동학교 86
중앙학교 50, 86, 93, 111, 225

중앙고보 숙직실 225
중앙교회 160
중앙일보 94
중앙학림 92
중외일보 94
진고개 68, 76, 77, 104, 105
진학문 94, 110

차

창덕궁 200, 210
창덕여고 22
창조(잡지) 95
천도교 구파 62
천도교 중앙총부 50, 90, 203, 206, 223
 중앙대교당 19, 90, 199, 200, 204, 205, 206, 208
 중앙종리원 90, 205
 천도교소년(연합)회 91, 205
 천도교청년당 64, 90, 205
천연정 42, 200
천향원 99, 102, 246, 252
청계천 68
청교도적 프로테스탄티즘 144, 162
청년학우회 36, 40
청진동 해장국 골목 263
최남 77
최남선 39, 50, 89, 94, 117, 221, 223
최린 50, 62, 113, 221, 222, 223, 229, 230, 236
최병헌 158, 162, 165
최선익 94
최승희 118
최창학 125, 130
춘생문사건 133, 147, 148
취운정 24
칠궁 211

카

카페 74

타

탑골공원 52, 66, 82, 228, 256, 260
태고사 117
태극서관 36
태화관 52, 228, 260
태화궁 44
토월회 100, 101, 118, 252

파

파조교 78, 98
평리원 → 의금부
폐허(잡지) 95
피마골 80, 83, 241, 265
피마골 주점타운 250
피마병문 82, 242
피카디리극장 244, 246

하

한강철교 109
한국독립당 127
한국통감부 202
한규설 64, 77, 112, 172, 215, 222
한남권번 103, 246
한남서림 97, 259
한미전기회사 42, 66, 72
한미호텔 127
한북흥학회 → 서북학회
한성정부 53
한성기생조합(한성권번) 103, 246
한성도서주식회사 116
한성상업회의소 61, 89
한성중학교 → 경기고등학교
한양이원 88
한양청년동맹 64, 112
한용운 52, 62, 92, 225
한일은행 89, 97
한청빌딩 77
한학수 77, 215
함태영 223
허헌 63
헌법재판소 22, 229, 236
헐버트(H. B. Hulbert) 29, 168
헤론(J. W. Heron) 138

현대사옥 209, 211
현상윤 50, 221, 225
현순 162
현진건 95, 117
협성학교·협성실업학교 59, 86, 196
협성회 31, 32, 146, 160, 166
홍면희(홍진) 53
홍명희 62, 89, 94, 97, 118, 215
홍사용 95
홍영식 22, 109, 202, 230, 233
홍증식 220
화교촌 116
화신백화점 76, 77, 263
화요회 56, 58, 67, 111
황국중앙총상회 61
황성기독교청년회(서울 YMCA) → 조선중앙
  기독교청년회
황성신문 30, 109
황원균 99
회동좌기 78, 79
효명세자(익종) 230
휘문학교 50, 86, 209, 211, 214, 215,
  217, 218
흥선대원군 185
흥선대원군(이하응) 179, 185
흥업구락부 62

지은이 | 장규식(張圭植, chodam@korea.com)

1963년 경기도 파주에서 태어나 연세대학교 문과대학 사학과를 졸업하고, 같은 대학원에서 문학박사학위를 받았다. 연세대학교와 서울시립대학교 등에서 강의를 하였고, 연세대학교 국학연구원 연구교수를 거쳐 현재 미국 코넬 대학 동아시아연구소의 객원연구원으로 있다.

주요 논저로는 「해방후 국가건설운동과 지역사회의 동향」(1994), 「1920~30년대 YMCA 농촌사업의 전개와 그 성격」(1995), 「해방정국기 중간파 노선과 한국민족주의」(1997), 『서울 근현대 역사기행』(1998), 「도산 안창호의 민족주의와 시민사회론」(2000), 『일제하 한국기독교 민족주의 연구』(2001), 「YMCA 학생운동과 3·1운동의 초기 조직화」(2002), 「거대도시 '서울공화국'의 명암」(2003) 등이 있다.

서울, 공간으로 본 역사

장규식 지음

1판1쇄 인쇄 2004년 5월 24일
1판1쇄 발행 2004년 5월 31일

발행처 도서출판 혜안
발행인 오일주

등 록 1993년 7월 30일 제22-471호
주 소 서울시 마포구 서교동 326-26번지 102호
전 화 3141-3711~3712
팩 스 3141-3710
이메일 hyeanpub@hanmail.net

값 15,000원
ISBN 89-8494-219-7-03910